Janet

Heli youyu.

CYFRES Y CEWRI

CYFRES Y CEWRI 21

Cofio'n ôl

GRUFFUDD PARRY

Gwasg
Gwynedd

Argraffiad Cyntaf – Tachwedd 2000

© Gruffudd Parry 2000

ISBN 0 86074 165 6

*Cyhoeddwyd ac Argraffwyd
gan Wasg Gwynedd, Caernarfon*

I'r Tair Merch
ENID, MAI a SIÂN

a'r Tair Wyres
LUNED, BETHAN a LOIS

A gwêl dyn golli ansylweddol hud
Y breuddwyd droes yn ddydd cyffredin, mud

Ac eto gwn ar hynt fy rhawd
Fod rhyw ogoniant wedi colli o'r ddaear hon

WORDSWORTH

Cynnwys

Rhagair

Ar gais a thrwy gefnogaeth Gwasg Gwynedd y daeth y gyfrol hon i fod. Cafwyd cymorth parod a charedig nifer o gyfeillion a ffrindiau a gwerthfawrogir hynny yn fawr iawn. Bu fy nai, y Dr Dafydd Glyn Jones, yn ddigon gwrol i ddarllen y cyfan a bu ei awgrymiadau yn help i lanhau a thacluso.

Y gymdeithas oedd yng Ngharmel ac yn Ysgol Botwnnog a Llŷn yw sail a chefndir y rhan fwyaf o'r deunydd ac er ei bod wedi newid llawer yn ystod y blynyddoedd, mae'r rhuddin yn aros ac y mae fy nyled i yn fawr i'r ddau le. Byd bach cyfyng ydi o, ond mae o'n medru bod yn ddyfn iawn ambell dro.

Diolch yn fawr i deulu Tan-y-bwlch a theulu 21 Maes Hyfryd, Carmel ac i Mrs Blodwen Humphreys Pwllheli am fenthyg lluniau ac i Arfon Huws am ganiatâd i ddefnyddio'r lluniau o'r Gwyndy a Gwastadfaes.

Bu Kit a'r genod yn oddefgar iawn ac yn gefnogol, achos doeddwn i ddim llawer iawn o eisio 'gneud llyfr'. Arna i mae'r bai am unrhyw flerwch sydd ar ôl.

GRUFFUDD PARRY

Cyn Cof

Mae'n debyg fod Richard Parry, Bryn Awel, Carmel wedi hen orffen plannu'r ardd cyn diwedd Ebrill 1915, a'i fod o'n disgwyl gweld chwydd bach yn y pridd cyn bo hir ac egin tywyll yn dod i'r golwg fyddai'n tyfu'n wlydd cryfion i gau'r rhesi erbyn canol haf. Roedd o wedi gorfod plannu'n gynnar ym Mryn Awel ers tair neu bedair blynedd am fod ei gartref, y Gwyndy, led cae o Fryn Awel, lle'r oedd ei fam a'i chwaer yn byw, yn dibynnu arno i edrych ar ôl y tir a'r ddwy fuwch oedd yn ei gadw. Ar ôl i'w frawd Griffith gael ei ladd mewn damwain ddychrynllyd efo beic ryw bedair blynedd ynghynt ac i Mary Parry ei fam a Mary Jane ei chwaer gael eu gadael eu hunain a gorfod dibynnu ar y mab hynaf unwaith yn rhagor yr oedd y cyfrifoldeb am y Gwyndy wedi dod i'w ran.

Yr oedd Richard Parry wedi gorfod cymryd cyfrifoldeb dros ei deulu saith mlynedd ar hugain cyn hynny hefyd pan ddaeth o o'r môr yn llongwr addawol deunaw oed ar ôl marw'i dad ac aros gartre a mynd i'r chwarel er mwyn bod yn gefn i'w fam a'r tri phlentyn amddifad. Ychydig feddyliodd o yr adeg honno y byddai cyfrifoldeb am y Gwyndy yn dod yn ôl arno ac yntau erbyn hyn wedi priodi ac yn dad i ddau o blant – Thomas yn un ar ddeg oed a Richard Williams yn bump. Er mai croeso llugoer oedd Jane ei wraig wedi'i gael gan ei theulu yng nghyfraith, ar wahân i Griffith oedd wedi bod yn arbennig o garedig wrthi, eto nid oedd hynny wedi mennu dim ar eu perthynas hwy fel teulu â'i gilydd ym Mryn Awel. Roedd Tomi yn y dosbarth sgolarship yn Ysgol Penfforddelen a Mr Ellis y Prifathro yn ei ganmol yn arw, a hynny yn gwneud ei dad a'i fam yn falch oherwydd yr oedd Tomi wedi bod braidd yn hir yn gollwng ac yn dechrau cerdded, ac roedd o wedi cael ei dair cyn ei fod o'n siarad. Ond yr oedd Mr Ellis yn siŵr y byddai Tomi yn mynd i Ysgol Pen-y-groes y flwyddyn wedyn. Byddai Richard Williams yn gorffen yn yr ysgol fabanod yng Ngharmel y flwyddyn wedyn hefyd ac yn mynd i Benfforddelen. Un aflonydd, tueddol i wneud drygau oedd o ond annwyl dros ben a phawb yn ffond ohono fo.

Yn chwarel Dorothea yn Nyffryn Nantlle yr oedd Richard Parry yn gweithio erbyn hyn – wedi symud yno o chwareli Moeltryfan am fod yr arian yn well. A rhwng bod ei gyflog o'n weddol a'u bod nhw'n cael cynnyrch o'r ardd ac o gae tatws y Gwyndy, a bod y wraig yn wniadwraig wedi cael dau dymor o ysgol wnïo cyn priodi a bod y tŷ, a gostiodd £160, wedi talu amdano, roedd eu byd nhw'n weddol ddiogel er eu bod nhw'n dlawd. Ar wahân bod y rhyfel wrth gwrs, a bod y Jyrmans oedd yn bobol ddrwg iawn a'r Kaiser, oedd yn waeth, yn fygythiad nes byddai byddinoedd Prydain Fawr a'r Grand Fleet wedi rhoi terfyn arno. A fyddai hynny ddim yn hir.

Rhwng dechrau a chanol Mai yr oedd Jane wedi bod yn edrych yn ddrwg, yn enwedig yn y bore amser brecwast, ond yr oedd y tun bwyd a'r botel de yn barod yn brydlon erbyn hanner awr wedi chwech bob dydd. Ar ôl iddo ddod i fyny o'r Gwyndy un gyda'r nos y deallodd o y byddai yno ddigwyddiad pwysig cyn diwedd y flwyddyn ac y byddai ar Jane angen dillad llac i guddio'i chyflwr ac na fyddai hi'n mynd i'r capel am rai wythnosau tua diwedd Tachwedd.

Aeth y gwanwyn yn haf a'r haf yn hydref; daeth y tatws newydd o'r ardd at fwyd chwarel, suddodd y Jyrmans y 'Lusitania', roedd yno gwffio dychrynllyd yn y Somme a llawer o hogia yn mynd yn soldiwrs am fod cymaint o bwysau arnyn nhw a swyddogion y fyddin a phregethwyr fel John Williams Brynsiencyn yn ricriwtio ar y Maes yng Nghaernarfon ar ddydd Sadwrn. Ond yr oedd cyfrifoldeb am Fryn Awel a'r Gwyndy yn ddigon o reswm na fyddai Richard Parry yn mynd yn soldiwr hyd yn oed pe byddai Lloyd George yn dod â chonsgripsiwn. Ar wahân i'r gyfrinach arall oedd rhwng y ddau erbyn hyn.

Aeth Jane yn ôl ei harfer i Langwnnadl yn Llŷn ym mis Awst ar ôl i'r ysgol gau a mynd â'r ddau hogyn efo hi i dŷ Nain ym Min Afon, lle difyr iawn iddi hi gael mynd yn ôl i'w hen gynefin ac i'r plant gael newid o gloddiau cerrig Carmel i gloddiau pridd cysgodol, llydan, blodeuog cefn gwlad, a chael torri gelaits yng nghae'r Plas i wneud cychod i hwylio ar yr afon oedd yn rhedeg o fewn deg llath i ddrws cefn y tŷ, a chael mynd o dŷ i dŷ i'r teulu gael eu gweld ac iddynt hwythau ddod i adnabod ewythredd a modrybedd a llu o gefndryd a chyfnitherod. Mynd i'r Eglwys, lle'r oedd hi wedi priodi yn 1902. Mynd â'r hogia i Borth Golmon i weld y llong wedi'i chlymu wrth y graig ac i ddisgwyl cwch pysgota i mewn i gael mecryll i swper. Ac yn y diwedd mynd yn ôl i Bwllheli efo coets Tir Gwenith i ddal y trên i stesion Groeslon lle byddai Richard Parry yn ei chyfarfod efo car a merlen Glynmeibion.

Peth digon braf oedd gweld bywyd yn dod yn ôl i drefn, a Tomos yn dechrau yn Ysgol Pen-y-groes a Richard yn mynd i Benfforddelen. Cyfarfod Gweddi a Seiat a thair oedfa ar y Sul. Tair oedfa gyfarfod gweddi ddydd Llun Diolchgarwch, a dim ond capel nos wedyn am rai Suliau. Gwneud pwdin 'Dolig a'i hongian wrth y bachau o seilin y pantri. Roedd Ifan Tŷ Cam, brawd Jane, wedi addo y gwnâi o ofalu am yr ŵydd o'r Farchnad Felys ym Mhwllheli ac y byddai'n ddigon hawdd iddo ei danfon i Garmel gan ei fod o'n mynd i Gaernarfon yn aml ynglŷn â busnes y Coparetif, a'i bod yn amlwg na fyddai Jane mewn cyflwr i fynd i Bwllheli.

Yr oedd Martha Bullock, cyfnither Richard Parry o'r Cilgwyn wedi addo dod i gadw tŷ a thendro am y pythefnos dros yr achlysur, ac os byddai pethau'n digwydd yn ystod dyddiau'r Nadolig fyddai ddim gwahaniaeth ganddi hi gan nad oedd dim byd mawr yn galw. Ond aeth y Nadolig a'i gelyn coch a'i afalau a'i orennau heibio yn ddifyr fel arfer, a'r wythnos ar ôl y Nadolig yr un mor dawel.

Roedd Willie Wmffras, ffrind Richard Parry, wedi galw ar ôl y capel y nos Sul drannoeth y Calan ac wedi aros braidd yn hwyr. Y plant wedi mynd i'w gwlâu a hithau'n tynnu at wyth o'r gloch pan gododd o a dweud nos dawch. Dim ond 'Dw i'n meddwl bod well i chi fynd i Gae'r-moel,' ddwedodd Jane, ond yr oedd hynny yn ddigon. Tyddyn yr ochor arall i'r ffordd fawr oedd Cae'r-moel a Jane Catrin fyddai'n mynd i ofalu am famau yn geni plant ac yr oedd hi ym Mryn Awel ymhen ychydig funudau y noson honno a Richard Parry yn cychwyn, yn ei ddillad Sul, i Ben-y-groes i dŷ'r doctor.

Siom oedd deall yn y Gwyddfor ar ôl cerdded y ddwy filltir a hanner o Garmel fod y doctor wedi ei alw allan i'r Morfa Coch, ffarm ym mhen pellaf Dinas Dinlle, ond doedd dim i'w wneud ond cychwyn gynted posib. Yr Allt Goch, Lôn Glyn, Llandwrog, Dinas Dinlle, a chryn filltir wedyn i gyrraedd Morfa Coch a hithau yn hanner nos. Yn ffodus iddo yr oedd pethau drosodd ym Morfa Coch a'r gwas yn dod â cheffyl Doctor Edwin at ddrws y tŷ yn barod iddo.

Distawodd sŵn carnau'r ceffyl ar hyd y ffordd gyda glan y môr a chychwynnodd yntau ar ei bum milltir o daith yn ôl i fyny'r rhiwiau i Garmel a gadael sŵn y tonnau'n torri ar y traeth yn y tywyllwch a diolch y byddai'r doctor wedi cyrraedd ymhell o'i flaen.

Tua chwech o'r gloch y bore y daeth Jane Catrin i lawr i'r gegin ffrynt a'r swpyn bach yn ei breichiau a dweud,

'Hogyn bach sy'ma ylwch... 'igon o 'feddod... hogan oedd hi eisio 'ntê... ond ma hi wedi gwirioni efo hwn... yn do nghaliad i...' a'i roi i'w dad i'w ddal.

'Beth fydd ei enw fo?' gofynnodd y doctor pan oedd y ddau yn cael cwpaned o de cyn iddo gychwyn adre.

Yr oedd fflach o hiraeth yn gymysg â'r llawenydd yn llygad Richard Parry pan ddeudodd o,

'Yr un enw â 'mrawd 'dw i'n meddwl – Griffith.'

Pictiwrs

Na, nid 'Pictiwrs Bach y Borth', y byddai Triawd y Coleg yn mynd iddyn nhw pan fyddai hi'n bwrw glaw ym Mangor ar bnawn dydd Sadwrn. Nid pictiwrs Mrs Davies yn y Guildhall yng Nghaernarfon chwaith, er bod y rheini yn bictiwrs ffyrs clas. Cowbois. Eangderau'r paith yn y gorllewin pell, a'r cowbois da yn niogelwch y corál yn edrych allan fel yr hogan honno yn y Beibil 'drwy'r dellt', ac yn gweld cwmwl o lwch yn codi ar y gorwel ac yn gwybod ei bod hi yn now or nefar. Ac wrth i'r cwmwl llwch droi yn fodau ar gefnau ceffylau yn rhuthro tuag atom ni ar y gwastadeddau, a Johnny Glyn wedi gwyro dros y piano i wneud sŵn carnau ceffylau, byddai sŵn a banllefau'r gynulleidfa yn peri y byddai clychau bach yn canu yn eich clustiau chi ac y byddai'r llun yn diflannu a'r neuadd yn goleuo a Mrs Davies yn sefyll ar ganol y llwyfan o flaen y sgrin a'i llygaid yn beryclach eu golwg na ffroen yr un gwn. Gormod o dwrw! Neb i symud o'i sêt eto! Rhagor o gambyhafio felly ac mi fyddai yno 'cyt thy comics' ar y diwedd. A ph'run bynnag roedd yn rhaid rhoi'r golau achos roedd eisio i Wili Wilias, Hen Walia fynd allan, a mi oedd 'i fam o'n disgwyl wrtho fo yn y drws achos bod 'i nain o'n sâl.

Na, nid pictiwrs felly, ond yn hytrach dau lun oedd Nhad a Mam wedi'i gael yn bresant priodas gan un o'r teulu o ochor fy nhad. Y rheini oedd 'y pictiwrs'. Fel 'oil painting' y cyfeirid atynt er mai rhyw fath o brintiadau lliw ar ganfas oedden nhw, ac Ephraim R. Jones, Alaw Eifion, wedi eu fframio nhw mewn fframiau gilt, a gwneud yn siŵr na fyddai yr un sbecyn o lwch yn mynd arnyn nhw trwy selio'r cefn efo papur llwyd a phast peilliad yn ddiogel na fyddai na gwyfyn na rhwd yn mynd drwodd.

Crydd wedi fforchogi ei fedrau i wahanol gyfeiriadau oedd Ephraim Jones – crydd yn trwsio ambarelau, yn trwsio pynjars mewn olwynion beics, yn gwerthu carbeid ar gyfer lampau beic, a gwerthu oel trypan a leinsiad oel at gymysgu paent. Cerddor a chodwr canu a llythrennau ar ôl ei enw. Bardd, a'i drawiadau yn y mesurau caeth yn wreiddiol os nad yn uniongred. Megis ei englyn i fis Tachwedd,

Yn Tachwedd pawb yn tuchan – a storom
    Ers oriau yn stwyrian.
  Clyw y dŵr yn cloi y draen,
  Clo y drws clyw y daran.

Dyn oedd wedi codi tŷ a siop iddo'i hun a'i wraig, Elin Jones, a'r tŷ yn fwy na'r un tŷ arall ym mhentref Carmel, ond heb erioed gael gwell enw na 'Boot Stores'. Fel 'Ephraim R. Jones, Boot Stores' y byddai ei enw yn ymddangos yn 'Adroddiad Blynyddol Eglwys a Chynulleidfa y Methodistiaid Calfinaidd yn Carmel Arfon'.

Yr oedd Elin Jones yn ddychrynllyd o grefyddol. Yr oedd fflam diwygiad '04 wedi dal ynghynn ynddi nes ei bod yn cadw mor sanctaidd y dydd Saboth fel ei bod yn gyrru'r gath allan ar nos Sadwrn ac na châi ddod yn ei hôl hyd fore Llun. Byddai'n cael llyfu'r platia i gyd ar fore Llun, achos fyddai Elin Jones ddim yn golchi'r llestri ar ddydd Sul – 'na wna ynddo ddim gwaith'. Hi oedd yr unig un fyddai'n gweddïo'n gyhoeddus, ac yr oedd tinc y gorfoledd yn dal yn ei llais hi, yn enwedig ar bnawn Llun Diolchgarwch pan fyddai llond y capel o bobol.

Ond y pictiwrs oedd Ephraim Jones wedi'u fframio, mewn fframiau gilt – un bob ochor wrth ben y mantlpîs yn y gegin ffrynt yr oedd y rheini, a rhyw lun oedd Ann Tŷ'r Ysgol, Llangwnnadl, cyfnither i Mam o Lŷn, wedi'i beintio yn y canol rhwng y ddau. Llun digon del a chysidro mai dim ond hogan ifanc oedd hi, ond wrth reswm doedd o ddim yr un fath â'r pictiwrs. Enwau Saesneg oedd ar eu gwaelod nhw – 'Cottage in the Highlands' a 'Watering Cattle in the Highlands'. Bwthyn to gwellt yng nghysgod coed mawr mewn hafn rhwng mynyddoedd yn ucheldir yr Alban oedd 'Cottage in the Highlands', a hogan bach mewn ffrog laes, a golwg arni fel na fasa menyn ddim yn toddi yn ei cheg hi, yn rhoi bwyd i'r ieir, a'i mam yn sefyll yn y drws yn edrych arni. Ieir iawn, digon tebyg i'n hieir ni, yn gymysgfa o Rhode Island a Wyandotte a gwehelyth cymysgryw eraill.

Oedd roedd yr ieir yn iawn. Ond naw wfft i'r gwartheg oedd yn y llun arall. Eu cyrn tua llathen o hyd a'u cyrff yn flew cochion llaes drostynt fel petai rhywun wedi rhoi cwrlid am eu cefnau i'w cadw'n gynnes yn nhrymder gaeaf. Y tŷ, a'r beudy dan unto iddo, mewn hafn goediog yr un fath ag yn y llun arall ond bod llethr yn arwain at lan y llyn lle'r oedd y gwartheg yn mynd i yfed. Ar ôl iddyn nhw gyrraedd. Ond os oedd y gwartheg yn od, yr oedd y dyn oedd yn eu gyrru nhw yn odiach fyth. Stwcyn solat a chap crwn a thoslyn arno am ei ben. Hynny yn beth rhyfedd. Crysbas digon cyffredin ond ei fod o braidd yn llaes a bod ganddo fo felt am ei ganol. Ond a'n gwaredo! Sgert yn lle trywsus. A sana pen glin. A'r unig ateb gan Mam i'r cwestiwn pam fod y dyn yn gwisgo sgert oedd, 'O, fel 'na ma' nhw yn Sgotland.' Rhad arnyn nhw!

Chafodd y gwartheg ddim dŵr yn ystod y blyn-yddoedd a phigodd yr ieir yr un gylfiniad o'r bwyd oedd yr hogan bach yn daflu iddyn nhw. Perthyn i'r 'heffer honno a frefa o'r hen fyd' yr oedd y gwartheg a'r ieir, a doedd y dyn efo sgert na'r hogan bach a'i mam ddim yn heneiddio. A'r un dail oedd wedi bod ar goed y ddau lun hynny er pan roed nhw i fyny ym Mryn Awel am y tro cyntaf erioed.

Y tŷ oedd fy nhad wedi ei godi ar ddarn o dir y Gwyndy, ei gartref, ar ôl iddo briodi oedd Bryn Awel, a'r tŷ y buom ni yn byw ynddo fel teulu nes i ni symud i'r Gwyndy, yr hen gartref oherwydd rhyw ffrwgwd deuluol, a lle buom ni yn byw am chwe blynedd nes i'r ffrwgwd ailgodi a pheri i ni symud i Wastadfaes, tyddyn yr ochor isaf i'r pentref yng Ngharmel. A'r ffrwgwd? Mae hi'n ddigon hen erbyn hyn mae'n siŵr. Modryb i ni, chwaer fy nhad, wedi cael ei gadael ei hunan yn y Gwyndy ar ôl marw fy nain, ac wedi dechrau clywed drysau yn clepian yn y nos a chlywed aroglau mwg yn y llofft gefn, a phenderfynu y byddai'n fwy rhesymol iddi hi gael dod i fyw i Fryn Awel a ninnau fynd i'r Gwyndy, a fy nhad ddal ymlaen i ffarmio'r chwe acer o dir fel yr oedd o wedi gwneud byth er pan fu farw'i dad. Doedd o ddim yn eithriad yn hynny o beth achos yr oedd yna ysfa tir mewn chwarelwyr. O Sir Fôn ac o Lŷn yr oedd hynafiaid y rhan fwyaf ohonyn nhw wedi dod.

Chlywsom ni ddim drysau yn clepian, a chlywodd yr un ohonom ni'n pump aroglau mwg yn yr un o'r llofftydd yn y Gwyndy. Roedd hi'n ddigon difyr yno a deud a gwir. Ond stori wahanol oedd yn dod o Fryn Awel yn fuan iawn. Ffeirio'r ddau dŷ a ninnau dalu rhent o chwe phunt y flwyddyn am y tir oedd y telerau, ond ymhen llai na hanner blwyddyn yr oedd Modryb Mary yn teimlo y leciai hi fynd yn ôl i'r Gwyndy. Fe allai hi gael deuddeg punt yn y flwyddyn o rent am y tir. Medda hi! Mi fu'n swnian am bum mlynedd, a phenderfynu gadael iddi gael ei ffordd ei hun unwaith yn rhagor wnaed yn y diwedd. Ond yr oedd hynny yn golygu fod yn rhaid i ninnau gael 'lle' erbyn hynny gan fod ganddon ni ddwy fuwch a llo a dau fochyn a chryn ddau ddwsin o ieir, ac yn ôl beth oedd athrawon Ysgol Sir Pen-y-groes yn ei ddeud yr oedd Tomos am wneud yn ddigon da yn yr 'Higher' i gael mynd i'r Coleg, a byddai hynny yn golygu costau y byddai cael llaeth a menyn a thatws a chig moch yn help i'w cyfarfod.

Adeg y mudo i Wastadfaes, fy nhad ei hun, gyda'r nos ar ôl dod adre o'r chwarel, gariodd y ddau bictiwr o'r Gwyndy. Cymerodd ddau ddiwrnod i ni symud y cwbwl o'r pethau. Mam a ninnau a'r cymdogion yn cario yn ystod y dydd, ac mae'n syndod gymaint o fân gelfi fedr dau yn clustio basged ddillad ei symud. Y dynion – Richie Cae'r-moel a Richard Jones Maes-gwyn a Richard Jones Bodgwilym gariodd y seibord a'r soffa a'r byrddau a dodrefn trymion felly gyda'r nos ar ôl bwyd chwarel, ac er syndod a gollyngdod i bawb ohonom ni, thorrwyd un dim, a doedd dim marc ar yr un o'r dodrefn gan fod pawb wedi bod mor ofalus. Fe ddaeth Jane Catrin, Cae'r-moel at y tŷ yng Ngwastadfaes yn ystod pnawn y mudo – hithau yn helpu ei gorau – a'i chôt wedi ei chau ond ei bod hi heb roi ei breichiau drwy'r llewys am ei bod hi'n cario'r ddau lestr oedd ar y silff o dan y bwrdd molchi yn y llofft ffrynt. Roedden nhw'n rhai crand iawn yn digwydd bod, a rhosod pinc y tu fewn a'r tu allan iddyn nhw. Ond boed nhw grandia bo nhw, doeddach chi ddim yn cario pethau felly ar goedd gwlad. 'Neisiach o'r golwg 'te Gruffudd bach,' meddai. Er, welodd hi yr un creadur byw ar ei thaith – fe allai fod wedi eu cario nhw ar ei phen.

Y Nadolig cyntaf yng Ngwastadfaes yr oedd yna gelyn coch ar 'y pictiwrs' yn ogystal ag yn y llefydd arferol fel yn yr ornaments ar y silff ben tân. Nid fod hynny yn diraddio'r pictiwrs o gwbwl, ond efallai ei fod yn llacio rhyw ychydig ar safonau'r Gwyndy. Prawf o hynny hwyrach oedd mai Mam ei hun osododd y celyn ar y ddau a pheri fod pawb yn rhyw ddal ei wynt wrth ei gweld yn mynd i ben cadair i gyflawni gweithred mor fentrus. Ddeudodd fy nhad ddim byd chwaith pan welodd o nhw ar ôl dod adre o'r chwarel, dim ond nodio a gwenu a deud, 'Wel ia, iawn am wn i wir.'

Ymateb gwahanol iawn gafwyd ganddo flynyddoedd yn ddiweddarach pan ddaeth y gramaffon acw. Un fahogani goch oedd hi, wedi ei phrynu yn siop Tom Powell ym Mhen-y-groes. Un o safon uchel iawn a llun ci bach du a gwyn yn eistedd yn gwrando ar gramaffon y tu fewn i'w chaead hi. Newydd sbon, a'i phrynu hi wedi bod

yn dipyn o fenter a hithau'n costio wyth bunt. Ond yr
oedd Tomos bron â gorffen yn y Coleg erbyn hynny ac fe
fyddai yn ennill cyn bo hir. Yr oedd moto Pen-ffridd yn
mynd â phobol i siopa i Ben-y-groes ar nos Wener, ac ar
hwnnw ar ei ffordd yn ôl y cyrhaeddodd hi yn sglein i
gyd ac aroglau newydd arni hi a barodd am ddyrnodiau.
Ond ymhle i'w gosod hi oedd y cwestiwn. Yr oedd yno
gramaffon yng Nghae'r-moel – un a chorn arni hi yr un
fath â'r llun oedd ar ein un newydd ni. Ar y seffiniar yn y
llawr yr oedd honno yng Nghae'r-moel. Ond doedd acw
ddim seffiniar. A ph'run bynnag, yr oedd y gramaffon
acw yn wahanol, yn ddim ond blwch sgwâr a'r caead yn
agor i fyny i'r fraich a'r lle rhoi record ddod i'r golwg, a
dau ddrws bach a dyrnau pren arnyn nhw yn agor yn ei
ffrynt hi i wneud lle i'r sŵn ddod allan. Gan nad oedd
acw seffiniar na bwrdd bach isel fel fyddai'n gweddu, ei
gadael hi ar y bwrdd yn y gegin ffrynt benderfynwyd nos
Wener. Tomos feddyliodd bore Sadwrn y byddai hi'n
edrych yn dda ar y seibord,

'Nefoedd fawr!' oedd ymateb fy nhad, 'rowch chi ddim
peth fel 'na ar y dodrefnyn gora yn tŷ debyg?'

'Ma hi yn fahogani yr un fath â'r seibord,' meddai
Tomos, ac ychwanegodd Mam,

'A mae hi wedi costio wyth bunt; saith oedd y seibord.'

Ar y seibord yr aeth y gramaffon. Felly y byddai hi yn
digwydd y rhan amlaf. Ac oddi ar y seibord y canodd
Evan Williams 'O na byddai'n haf, yn ha-af o hyd', y
canodd Madam Teleni ei chaneuon gwerin, y seiniodd yr
'Haleliwia' i'r llofftydd a hyd yn oed i ben draw'r ardd ac
y llifodd 'Tea for Two' a 'Show me the Way to go Home' i

lawr am Fodgwilym a Llidiart Mynydd nosweithiau tawel dechrau haf.

Efallai mai'r nesaf i'r ddau bictiwr o ran pwysigrwydd oedd y llun oedd wedi'i fframio mewn ffrâm bren heb ei gildio ar y pared gyferbyn â'r ffenest yn y gegin gefn, sef llun yr hogyn bach pen cyrliog hwnnw a'r olwg nefolaidd arno efo'i bibell glai a'i glap o sebon yn chwythu swigod. 'Ngwas-i,' meddai Mrs Jones Bodgwilym wrth edrych arno, 'peth bach – mor ddiniwad', heb fawr feddwl ei bod hi a'r teulu ymysg merthyron cynnar llifeiriant yr hys-bysebwyr, achos pan ddeallon nhw mai hysbysebu sebon yr oedd y diniweityn trywsus melfed, eu hymateb wrth uniaethu â gwrthrych eu hedmygedd oedd, 'Wel ia yli – Pear's Soap fydd gynnon ni bob amsar.'

Ar wahân i'r pictiwrs yr oedd ganddom ni luniau oedd bron â bod yn bictiwrs. Dau lun mawr du a gwyn wedi eu fframio, un o Nhad ac un o Mam. Dyn yn dod i'r drws yn cynnig gwneud lluniau mawr o luniau bach oedd wedi bod yn gyfrifol am y rheini. Roedd Nhad a Mam, y ddau, wedi cael tynnu eu llun ddiwrnod eu priodas gan un o ddynwyr lluniau enwog y dydd, Pound, ar y Maes yng Nghaernarfon, ac o'r llun hwnnw y tynnwyd y ddau ddarlun mawr. Roedd Mam yn ei ffrog briodas, ac er mai dim ond y bodis oedd i'w weld roedd hi'n amlwg ei bod hi'n ffrog ardderchog iawn. Yr oedd yna hanner cant o fotymau arni hi, deuddeg rhes o blêts ar y bodis, a thair rhes o frêd yn fflownsio ar odre'r sgert. Catrin Llain Las yn Llangwnnadl yn Llŷn, lle'r oedd Mam wedi cael dau dymor o ysgol wnïo, oedd wedi gwneud y ffrog, ac wedi dweud, 'Os ydi Jane Pen-bont yn priodi, mi wnawn ni ffrog iddi fydd yn sefyll wrth 'i senna hi,' ac fe safodd am flynyddoedd. Wedi dod i weini i Dal-y-sarn yr oedd hi – un arall o'r pethau oedd 'yn Nhal-y-sarn ers talwm' – ac wedi taro ar Richard Edwin Parry, mab y Gwyndy yng Ngharmel ar ei ffordd adre o Gaernarfon ryw nos Sadwrn.

Yr oedd hi wedi dechrau gweini ym Mrynodol yn Llŷn pan oedd hi'n bedair ar ddeg oed, ac wedi cael mynd oddi yno i Blas Cefnamwlch, ac wedyn efo'r Canon Godley i'r Canonry ym Mangor am dymor cyn cael lle yn Seaforth yn Lerpwl ac aros yno am ddwy flynedd. A ŵyr beth a barodd iddi hi ddod o Seaforth i Dal-y-sarn. Ond y nos Sadwrn honno ar y ffordd o Gaernarfon fe seliwyd tynged Richard Edwin Parry, mab y Gwyndy.

Mae'n ddigon posib nad oedd Richard Parry yn hollol sad ar ei draed y noson honno. Nid bod dim byd mawr o'i le ar ei gerddediad; roedd dyn oedd yn dringo'r ysgolion bob dydd i lawr twll chwarel yn Nyffryn Nantlle yn ddigon sicr ar ei droed. Ond os oeddech chi wedi bod yn y dre efo William Roberts Bryn Môr ac wedi galw yn yr Eagles ac efallai yn y Ring Newydd ar eich ffordd adre – wel... A ph'run bynnag, doedd ei enw ddim ar lyfr y capel – doedd o ddim yn 'gyflawn aelod'. Gwaetha'r modd yng ngolwg yr eneth ddaeth yn wraig iddo yn ddiweddarach, ofynnodd o ddim am gael ei docyn aelodaeth yn ôl ar ôl cael ei ddiarddel am rywbeth neu'i gilydd. Ddim wedi bod yn cerdded yn hollol syth ar nos Sadyrnau mae'n bosibl, achos yn hogyn ifanc, roedd o wedi bod yn llongwr am flynyddoedd, wedi rowndio'r Horn fwy nag unwaith, ond wedi penderfynu dod adre pan fu farw'i dad i fod yn gefn i'w fam weddw a'r tri phlentyn.

Trydedd wraig ei dad, Thomas Parry, oedd ei fam, a'r Thomas Parry fe ymddengys yn dipyn o dderyn yn ei ddydd. Wedi priodi dair gwaith. Wyth o blant i gyd – un o'r wraig gyntaf, tri o'r ail a phedwar o'r drydedd, ac yr oedd ganddi hi, fy nain, un wrth ei throed, fel bydd pobol yn deud, pan briododd hi. Ei phlant o'i gŵr oedd fy nhad, ei frawd Tom aeth i'r Mericia, Griffith gafodd ei ladd, a Mary Jane, Modryb Mary o gymysg goffadwriaeth. Ond y noson honno ar ei ffordd adre o Gaernarfon efo William Bryn Môr fe gafodd mab hynaf Mary Parry glustan y bu'n ddiolchgar amdani weddill ei oes.

Yn y llun ohono wrth ochor llun fy mam ar y palis wrth y grisiau yn y gegin ffrynt, roedd o'n edrych yn batrwm o'r gŵr ifanc parchus, dilychwin ei foes, efo'i dei fain a'i goler starts, ei giw pi fel bwled, a'i fwstas yn ddau big cyn feined â phig deryn. Dim ond o'u hysgwyddau i fyny yr oedd y ddau yn y lluniau ar y palis. Roedd y llun gwreiddiol yn dangos y ddau yn eu llawn faintioli – Nhad yn eistedd yn urddasol ar gadair freichiau ag antimacasar ar ei chefn, a Mam yn sefyll wrth ei ochor, yn syth fel cawnen a'i llaw yn gorffwys ar fwrdd bach fel y byrddau fyddai'n dal aspidistra. Hynny yn iawn er mwyn dangos y fflownsus yn y ffrog briodas, ac er mwyn dangos y gadwyn wats arian ar draws gwasgod y priodfab. A'r melfed ar goler ei gôt. Yn y bocs lluniau o dan y gwely yn y llofft gefn yr oedd y llun gwreiddiol yn cael ei gadw, a dim ond wynebau'r ddau oedd yn edrych ac yn cadw gwyliadwriaeth arnom ni oddi ar y palis.

Yr oedd yna lun llong hefyd na ddaeth o ddim i'n canlyn ni i Wastadfaes pan ddaethom ni o'r Gwyndy.

Llun y 'Dunnerdale' oedd o, un o longau Davies y Borth yr oedd fy nhad wedi ymuno â hi yn San Fransisco ym mis Chwefror 1888. Ond pan laniodd y Dunnerdale yn Lerpwl yn ddiweddarach yn y flwyddyn, newydd drwg am farw ei dad oedd yn disgwyl y llongwr ifanc pedair ar bymtheg oed. Dyna sut yr aeth y llongwr oedd yn gobeithio cael mynd i'r ysgol y flwyddyn honno i ddechrau bod yn gapten llong, yn chwarelwr yn Nyffryn Nantlle. Ond chlywodd neb erioed ganddo fo'i hun yr un gair am ei brofiadau pan oedd o'n llongwr – y storm enbyd y bu'r barque 'Parsee' ynddi wrth rowndio'r Horn yn 1877, na'r corwynt ym Mae Biscay. Tybed oedd yna ryw law ddirgel wedi tynnu'r llen ar y blynyddoedd cyn ei fod o'n ddeg ar hugain oed, ac mai o'r flwyddyn honno pan briododd o yr oedd o'n dymuno i'w stori ddechrau? Yr oedd yno goitiws yn y Gwyndy – prawf fod Richard Edwin Parry yn berchen car a merlen cyn iddo briodi. Ond ddaeth hyd yn oed y llun llong ddim efo ni i Wastadfaes.

Ymhen tridiau neu bedwar ar ôl y mudo y sylweddolwyd fod yno un llun – rhyw fath o bictiwr – wedi dod o'r Gwyndy nad oedd o'n perthyn dim byd i ni. Darganfod ar ôl peth ymholi fod Mary Jane wedi deud wrth Jane Catrin Cae'r-moel am fynd â fo i Wastadfaes, mai Richie, fy nhad, oedd piau fo. 'The Battle of El-Teb', yr erchyllbeth mwyaf dychrynllyd o gynnyrch yr 'Ymerodraeth' a welodd neb erioed. Rhesi ar resi o soldiwrs bach mewn cotiau cochion a hetiau duon am eu pennau yn sefyll yn rhenciau a'u cefnau atoch chi yn wynebu rhyw godiad tir a chymylau o fwg yn codi o'r tu ôl iddo. Fe allai mynd â'r llun yn ei ôl i'r Gwyndy fod wedi achosi anghydfod teuluol bach arall, achos fedrai neb ddweud beth oedd ym meddwl Mary Jane. Felly fe roddwyd 'El-Teb' i fyny y tu ôl i'r drws yn y gegin gefn, lle buo fo am rai misoedd yn ddigon diflas ac ar y ffordd pan fyddai eisio estyn côt oddi ar gefn y drws. Syrthio wrth i Dic, y brawd canol ohonom ni'n tri, estyn ei jyrsi ryw bnawn Sadwrn barodd iddo gael ei alltudio rhwng cefn y gist flawd a'r pared yn yr hoewal. Ei swyddogaeth olaf am tua hanner blwyddyn fu bod yn gaead dros nos ar y cwt ieir. Ddangosodd yr un o'r ieir unrhyw arwydd o bwysigrwydd hunandybus chwaith. Fyddai dim bai wedi bod arnyn nhw o feddwl fod catrodau o filwyr yr Ymerodraeth yn gwarchod eu mynediad allan a'u dyfodiad i mewn.

Yr oedd yno amryw o luniau pobol, ond doedd y rheini, wrth gwrs, ddim yn bictiwrs. Perthnasau oedd y rhan fwyaf ohonyn nhw – y rhai oedd yn gymeradwy yng ngolwg Mam – ar y silff ben tân ac ar y seibord ac ar yr harmoniym. Yr harmoniym yn bwysig. Yr oedd hi wedi costio deg swllt ar hugain, cyflog wythnos i chwarelwr, ond yr oedd hi wedi ateb ei diben, achos fe ddysgodd Tomos ganu tonau arni o'i ben a'i bastwn. Dau lais efo un llaw i ddechrau. Wedyn tri llais efo rhyw blwc o fas yma ac acw. A phedwar llais efo dwy law yn y diwedd. Wnaeth o ddim llawer ohoni hi fel cerddor chwaith, ar wahân i ennill un waith yn Steddfod y Plant am gyfansoddi tôn – y dôn 'Eryri'. Ac fe ddysgodd yr 'amthan', 'Wylwn, Wylwn' o'r daflen un flwyddyn hefyd – y cwbwl ond y ddwy A-men ddwytha. Chafodd o ddim gafael hollol sownd ar y rheini o gwbwl yn ôl yr adroddiadau. Ond y rhyfeddod oedd iddo fo wneud cystal rywsut.

Yr oedd yna bictiwr hirgrwn Fictoraidd iawn mewn ffrâm felfed gyferbyn â'r ffenest yn y parlwr hefyd. Llun hogan bach gwallt melyn mewn sgert yn ffrils i gyd yn neidio drwy'r rhaff, a hogyn bach mewn pantalŵns a belt am ei ganol a chap fel crempog am ei ben yn edrych arni. Dim awgrym o gwbwl o ddim byd o'i le. Ond hwnnw, meddan nhw, oedd wedi bod yn gyfrifol am i Tomos adrodd y gerdd gyntaf adroddodd o yn ei fywyd. Un ara deg iawn yn cychwyn ar bopeth oedd o yn ôl yr hanes. Mi fuo'n llusgo'r botel efo fo gerfydd ei theth yn rhy hir o lawer, ac er ei fod o wedi gollwng cyn ei fod o'n flwydd, roedd o'n dal i fod eisio'i gario nes ei fod o'n hogyn mawr a'i draed o'n curo ym mhennau gliniau ei fam. Teitl Saesneg, 'Ring o' Roses' oedd i'r llun, a honno, yn Saesneg oedd ei ymgais gyntaf i gyflwyno llenyddiaeth ar lafar. Ei ddull ei hun oedd ganddo,

> 'Ring a ring a rosus
> Basgiad ffwl o posus
> Niffon hi a niffon hai
> A niffon ucl bebi'

Mae'n deg dweud i'w ynganiad wella yn ystod y blynyddoedd.

Dim ond wrth ben y bwrdd molchi yn y llofft ffrynt yr oedd ganddon ni bictiwrs i fyny'r grisiau. A doedd hwnnw ddim yn bictiwr chwaith rywsut. Mowrning card wedi ei fframio oedd o – un o'r cardiau ymyl du hynny y byddai cenhedlaeth oedd yn gwirioni ar alar yn eu hanfon i'w cyfeillion a'u cydnabod fel cydnabyddiaeth am eu cydymdeimlad a'u caredigrwydd yn ystod dyddiau'r brofedigaeth. Mowrning card f'ewyrth

Griffith oedd o a phedwar pennill gan ei frawd, Henry Parry, Rhyd-ddu ac englyn gan ryw T.P.W. a 'heddiw' a 'Gwyndy' a 'hiraeth' ynddo. Yn ddiweddarach y daeth yr 'H' rhwng y 'T' a'r 'P'.

Brawd ieuengaf fy nhad oedd Griffith Thomas Parry, wedi ei eni yn 1878 ac yn bymtheg ar hugain oed yn 1911, y flwyddyn yr oedd Dic yn flwydd oed. Bu fy nhaid, Thomas Parry, farw yn 1888 pan oedd Griffith yn ddeuddeg oed. Ond i Griffith yr oedd Thomas Parry'r taid wedi gadael y Gwyndy yn ei ewyllys ac amod fod ei fam a Mary Jane ei chwaer i gael byw yno tra byddent. Erbyn 1911 felly, Griffith oedd piau'r Gwyndy, a Nhad ac yntau oedd yn edrych ar ei ôl ac yn cadw cartref i Nain a Mary Jane. Ar yr unfed ar ddeg o Dachwedd yn 1911 yr oedd Griffith wedi dod i fyny draws y cae o'r Gwyndy i Fryn Awel i ofyn i Mam ddeud wrth Richie, ei frawd, pan ddôi adre o'r chwarel fod yna long a llwyth o goed arni wedi dod i'r lan yn Ninas Dinlle, a'i fod o am fynd i lawr yno ar ei feic i weld beth oedd ar gael. Bu'n dal y babi ac yn chwarae efo Tommy am sbel cyn cychwyn ar y beic. Lai na chwarter milltir o Fryn Awel, yr ochor isaf i Lidiart y Mynydd, daeth tracshion Lake i'w gyfarfod ar ei ffordd i Siop Tomos i ddanfon nwyddau. Cyfarfu â hi mewn lle yr oedd carreg lefn ar ogwydd yn sawdl y clawdd. Llithrodd ei feic ar y garreg pan oedd ar basio a syrthiodd dan olwyn y tracshion. Dôr o Green Bank ddefnyddiwyd fel 'stretcher' i'w gario i'r Gwyndy. Yr oedd Doctor Hughie o Ben-y-groes yno ymhen llai na hanner awr a bu'n gefn mawr i Mary Jane a'i mam. Ond bu farw Griffith yn y llwydnos tua phump o'r gloch.

Pan oedd Griffith yn un ar hugain oed a thryst ewyllys

ei dad yn dod yn weithredol, yr oedd wedi gwneud ei ewyllys ei hun yn gadael y Gwyndy i'w fam. Ond ar ôl i'w frawd Richie briodi a chael plentyn ac i Griffith wirioni ar y plentyn, fe wnaeth ewyllys arall yn rhoi'r Gwyndy i'w fam tra byddai, ac i Tommy, mab hynaf ei frawd ar ei hôl. Richard Hughes Jones y Post oedd y tyst i'r ewyllys honno, a ganddo fo, ond ymhen blynyddoedd wedyn, y cafwyd gwybod amdani. Yr ewyllys oedd wedi'i gwneud pan oedd Griffith yn un ar hugain oed ddaeth i'r fei yn y Gwyndy ar ôl yr angladd, a phrysurdeb mawr i fynd â Mary Parry i swyddfa Henwood, y cyfreithiwr yng Nghaernarfon, yn syth i wneud trefniadau i brofi'r ewyllys. A hwyrach mai dyna pam yr oedd y drysau'n clepian a bod aroglau mwg yn y llofft gefn ar ôl i Mary Parry farw.

Fu ganddom ni erioed yn yr un o'r tri thŷ y buom ni'n byw ynddyn nhw y pictiwr mawr oedd yn addurno parwydydd amryw o dai yr ardal – 'Oriel Cenhadon Hedd y Methodistiaid Calfinaidd' – ac oedd mor amlwg ar y pared gyferbyn â'r ffenestr yn y Festri. Llun oedd o o bennau nifer fawr o weinidogion fel pe baen nhw mewn ffenestri bach hirgrwn yn edrych allan o'r gwastadedd gwyn o'u cwmpas. Un yn y canol ar ei ben ei hun heb fod mewn rhes yn ei hirgrwn ei hun a'i faint yn awgrymu ei fod yn bwysicach na'r lleill, a'r ffaith fod ganddo goler wen fawr ar ei frest yn lle'r goler gron oedd gan y lleill yn cadarnhau hynny. Roedd y llun yn rhy uchel i chi fedru darllen yr enwau'n iawn, a ph'run bynnag, doedd o ddim o lawer o ddiddordeb am nad oedd gan neb o fynychwyr ieuenga'r Festri affliw o ddim i ddwyed wrth genhadon, a llai fyth wrth yr 'hedd' oedd ganddyn nhw i'w gynnig.

Roedd y llun arall oedd yn y Festri, ar y pared yn wynebu'r gynulleidfa, wrth ochor y *Modulator*, yn fwy diddorol er mai llun o ogwydd genhadol oedd hwnnw hefyd – llun Iesu Grist mewn coban wen laes yn eistedd ar stôl a phlant bach o wahanol genhedloedd y byd, yn wynion, yn dduon, yn felynion yn un giang o'i gwmpas o. A phawb ohonyn nhw'n edrych wrth eu bodd. Un bach du loywddu yn eistedd ar lawr wrth ei draed yn pwyso ar ei goes chwith a dau lygad mawr bolwyn yn edrych i fyny ac yn gwenu nes bod dwy res o ddannedd claerwynion yn y golwg wrth i'r pen cyrliog ymestyn yn ôl...

Ond fe ddaeth y Cenhadon Hedd i amlygrwydd annisgwyl un pnawn gwlyb wythnos gwyliau Diolchgarwch.

'Leciech chi'ch dau fynd i glirio'r llofft y pnawn 'ma?' gofynnodd Mr Jones Y Siop, tad Ffrancon i ni'n dau. O gyfnod yr hen Elias Jones, taid Ffrancon, fyddai'n arfer mynd i Lŷn efo car a cheffyl unwaith bob wythnos i brynu menyn ac wyau i'w hailwerthu yng Ngharmel, yr oedd y busnes wedi tyfu dros y blynyddoedd nes bod y siop – Elias Jones & Son yn swyddogol, Siop Tomos ar lafar – wedi bod yn fodd i'r teulu godi un o'r tai mwyaf yn y pentre – y Gwyndre dros y ffordd i'r siop – heb sôn am fod wedi gwneud y teulu ris yn uwch na'r gweddill o ran pethau'r byd yma. Wel, a'r byd arall efallai. Fe fu T.W. Elias Jones yn ysgrifennydd yr eglwys yng Ngharmel am lawer o flynyddoedd.

Y llofft yn y cwestiwn oedd y llofft oedd yn rhedeg dros y beudai – dros y coijiws, oedd yn garej erbyn hyn ar gyfer yr unig foto yn y pentre – y stabal nad oedd wedi ei defnyddio ers blynyddoedd, a'r cwt blawd oedd yn dal i ateb ei ddiben ond fod y blawdiau ar gyfer eu gwerthu yn y siop yn hytrach nag at borthi yn y stabal. Roedd yno gymysgfa o aroglau oel o'r garej ac aroglau blawdiau o'r cwt blawd yn y llofft, a chasgliad amrywiol o bob math o hen gelfi oedd wedi dod o'r tŷ yn ystod y blynyddoedd wrth i safon byw godi. Methu gwneud i ffwrdd â phethau nain wrth i bethau'r plant fynd â'u lle.

'Ew, tyd yma 'ta,' gwaeddodd Ffrancon o ben pella'r llofft, 'yli be sy'n fa'ma.'

'Be?'

'Tyd yma a gei di weld. Dringa dros ben y gestar drôr 'na.'

'Ew...'

'Na dydi hi ddim yn beryg – 'dw i 'di gneud.' Wel ei lofft o a'i gestar drôr o oeddan nhw. 'Rho dy draed yn y tylla lle ma'r drorsus i fod a ma hi fel ystol... On i'n deud wrthat ti i bod hi ddigon hawdd. Yli – pictiwrs.'

'Ew – pwy ydyn nhw dŵad?'

'Nain 'di hon 'dwi'n meddwl.'

'Am het ddigri 'te?'

'Het pot llaeth ma nhw'n galw hetia fel'na.'

'O ia?'

'Ia. Am bod Taid yn hel menyn i werthu. A oedd hitha yn gwisgo het pot llaeth.' Ei nain o oedd hi a fo ddylai wybod. Ond yr oedd o yn gwybod pwy oedd gwrthrych pob un o'r chwe llun – 'Yncl o'r Mericia a miloedd o bres gynno fo; Yncl o Sir Fôn wedi bod yn gweithio yn y gwaith aur yn Sowth Affrica a wedi saethu teigar yno a dŵad â'i groen o adra; dynas yn cadw siop gneud hetia yn Lerpwl; dynas arall oedd yn gneud hetia bananas i'r soldiwrs yn Llundan...' Anfarwolion ei ddychmyg o mae'n debyg, ond gwir bob gair ar y pryd. Nes dod at y llun olaf oedd, yn wahanol i'r lleill, â'i gefn at y llofft a'i wyneb at y pared.

'Llun trên Taid 'di hwn 'dw i'n meddwl.'

'Oedd gynno fo drên?'

'Oedd – y fo oedd pia stesion Groeslon yr adeg honno. Ond hitia befo – gafael di yn un pen iddo fo i ni gael ei dynnu o allan i weld.'

Dim o'r fath beth. Pan ddaeth o i'r golwg â'i wyneb at allan, llun mawr, mwy na'r un yn y Festri o'r 'Oriel Cenhadon Hedd' oedd o.

Pan gafwyd o i olau dydd dan y sgeilat yng nghanol y llofft, sylweddoli ei fod o'n well na'r un oedd yn y Festri a bod yno fwy o bregethwyr ynddo a bod yr un yn y canol yn fwy o lawer – rhywun o Lerpwl. Ffrancon sylweddolodd bosibiliadau trysor o'r fath. Yr oedd gan Dic bêl golff ar hanner ei datod ac fe gytunodd i Ffrancon a minnau gael digon o hyd o lastig i wneud dau daflar papur. 'Taflar' neu 'sling' oedd darn o weiran wedi ei phlygu ar ffurf V a darn o lastig pêl golff ar ei dau flaen a gallai deunydd y bwledi amrywio o gerrig mân i bapur wedi ei gnoi nes ei fod yn belen wleb, galed. Fe ddaeth Dic efo ni i'r llofft bnawn drannoeth a dyna pryd y chwaraewyd saethu pregethwrs am y tro cyntaf. Yr Oriel wedi ei gosod ar ben y gestar drôr a hanner hyd y llofft o'i blaen yn glir i'r cystadleuwyr gael cerdded pum cam oddi wrthi cyn troi i'w hwynebu ac anelu a saethu. Os oedd y bwled papur wedi ei gnoi i fod o'r ansawdd briodol yr oedd yn glynu yn ddiogel ar y gwydr bob tro. Yr oedd posibiliadau'r gêm yn niferus ac yr oedd yn naturiol iddi ddatblygu. Yr oedd yna gymaint o bregethwrs yn y llun nes ei bod hi bron yn amhosibl taro lle gwag, ac os oeddech chi'n taro pregethwr bob tro a'r rheini i gyd yr un faint, wel... doedd yna ddim gêm ynddi hi.

Roedd yr un mawr yn y canol yn darged naturiol – un o'r Bala a neb yn gwybod fawr amdano fo. Ond yr oedd y lleill i gyd mor debyg. Ffrancon ei hun gafodd y syniad drannoeth ar ôl i Dic fod yno, a Robat a Willie wedi cael eu gwahodd i chwarae, ac wedi mentro cynnig ambell syniad fel rhoi deg am hitio'r bwl yn y canol a dod i lawr fesul un neu ddau wrth fynd ymhellach. Ond weithiai hynny ddim o achos doeddan nhw ddim mewn rhesi trefnus. A mi fyddai'n rhy debyg i chwarae rings p'run bynnag.

'Wn i,' meddai perchennog y sioe, 'rhoi deg am hwn am 'i fod o'n fawr a'i fod o yn y canol. Wedyn os ydan ni'n nabod nhw rhoi naw.'

'Ond dydw i ddim yn nabod neb ohonyn nhw,' meddai Willie.

'Wyt siŵr. Ti'n nabod hwn. Ac yli – Parch Griffith Parry Borth-y-gest. Ma hwn'na o Garmal 'ma. Os ydyn nhw o Garmal, ma nhw'n cael naw. Os ydan14 ni'n gwybod pwy ydyn nhw – wyth...' Saib ystyrlon... a goleuni, 'Gwallt gwyn – saith. Locsyn – chwech, mwstas – pump, clin shêf – pedwar, sbectol – tri...'

'Neith hi ddim gweithio,' meddai Willie, 'yli, ma gin hwn wallt gwyn a locsyn a mwstas a sbectol. Faint ydi o?'

Ond doedd y gweledydd ddim i gael ei drechu,

'Saith. Gynno fo wallt gwyn does? Ac os fydd rhywun ddim yn siŵr, mi ddeuda i faint...' Ac mi allech daeru fod y Parchedig Thomas Charles Edwards yn gwenu yng nghanol y llun wrth glywed y fath ddatganiad digyfaddawd. Ond yr oedd tad Ffrancon yn ysgrifennydd 'Eglwys a Chynulleidfa y Methodistiaid Calfinaidd yn Carmel'.

Diwedd chwerw fu i saethu pregethwrs hefyd. Dim ond y ni ein dau yn y llofft, a finnau am yr unig dro yn ennill. Wedi cael trwyn a thalcen Thomas Charles. Er, hwyrach nad oedd Ffrancon ddim yn trio'i orau er mwyn i mi gael ennill... Fy nhro i oedd hi, ac roeddwn i wedi cnoi'r papur nes ei fod o'n galed fel haearn ac roeddwn i'n sefyll cystal ag y safodd William Tell erioed efo un troed ymlaen a'r fraich dde yn ôl yn anelu'n syth am drwyn Thomas Charles pan dorrwyd ar y distawrwydd gan floedd y tu ôl inni,

'Be 'dach chi'n feddwl 'dach chi'n neud y c'nafon bach drwg? Rhag c'wilydd i chi...' a hanner ucha Richard Pŵal Pen Carmel wedi dod i'r golwg drwy'r trap dôr a'i fwstas yn sefyll yn syth i fyny a'i lygaid yn melltennu. 'Rhowch y pictiwr 'na yn 'i ôl lle cawsoch chi o, ac aros di nes bydda i wedi deud wrth dy dad, cwbyn. Ac wrth dy fam ditha hefyd...' Yn amlwg roedd o'n adnabod ei bobol. Ddaeth dim byd o'r peth chwaith. Hwyrach ei fod o'n meddwl fod ei ddisgyblaeth iachusol o wedi gweithio yn y fan a'r lle. Crystyn o ddyn oedd o yng ngolwg mynychwyr y llofft ar y pryd p'run bynnag, achos ychydig wythnosau ynghynt yr oedd o wedi torri ar draws gwasanaeth angladdol Topsi, cath goch y Siop, oedd yn cael ei chladdu gyda pharch a defosiwn yn y mynydd yr ochor ucha i glawdd Pen Carmel. Roedd popeth wedi mynd yn drefnus ac yn daclus a Ffrancon wedi talu teyrnged haeddiannol er cof amdani ac wedi lluchio pridd yn weddus ar gaead y bocs caws, ac wedi ledio'r unig emyn yr oedd pawb o'r galarwyr yn saff ohono – 'Draw draw yn China...' A phan dorrodd y nodau cyntaf, ansicir eu traw ar ddistawrwydd y pnawn, y daeth pen Richard Pŵal i'r golwg dros ben clawdd terfyn y mynydd yn union yr un fath ag y daeth o i'r golwg drwy'r trap dôr yn y llofft. Dyn i'w osgoi oedd dyn yr oedd ei ben o'n ymddangos bob tro i droi difyrrwch y funud yn fwyniant pechod.

Dim ond un pictiwr, fel pictiwr, oedd yn ysgol Penfforddelen. Roedd yno ddigon o bethau tebyg i bictiwrs yn hongian ar y parwydydd, yn fapiau a siartiau a modiwletor canu sol-ffa a lluniau blodau gwylltion a'u henwau Saesneg. Ond pictiwr go iawn mewn ffrâm – dim ond yr un o Syr O.M. Edwards yn y 'rŵm bach', rhyw gilfach o ystafell rhwng yr ysgol fawr a'r 'ysgol sinc', yr ysgol sinc yn un o gyn-adeiladau'r fyddin wedi ei addasu ar frys gwyllt yn ôl pob golwg i fod yn ddwy ystafell ddosbarth, un i Standard Six a Mr Jones Waun-fawr, a'r llall ar gyfer Lily Jones a'i dosbarth hithau. Ond o gofio'n ôl, yr eironi oedd mai yn y rŵm bach hefyd y byddai'r prifathro yn gweinyddu ei gosb gorfforol pan fyddai rhyw druan anffodus wedi'i ddal mewn trosedd, a'r troseddau hynny fel rheol yn bethau dychrynllyd o ddiniwed megis bod yn hwyr yn cyrraedd, neu fethu â dal heb chwerthin pan ddigwyddai rhywbeth digri, neu adael i'r llechen syrthio dros ymyl y ddesg nes y byddai'n deilchion ar lawr, neu droi'r botel inc ar ôl dechrau sgwennu efo penholdar, neu fethu â dweud un o'r têbls ar eich pen eich hun ar eich traed yng nghanol y dosbarth.

Neu un o'r llu pechodau eraill oedd yn haeddu 'cael y cên'.

'Go to the room and wait for me,' a'r tri gair 'room' a 'wait' a 'me' fel ergydion, nid yn unig i'r cyhuddiedig ond i'r gweddill crynedig tra bod Nemesis ym mherson y sgŵl yn cymryd ei amser i symud y peth yma a'r peth arall ar ei ddesg, i roi llyfr o'r neilltu, i edrych drwy'r ffenest cyn croesi at y cwpwrdd mawr lle'r oedd y gansen yn crogi ar hoelen gerfydd ei bagal. Tybed pa ellyll esgymun o'r cysgodion fu'n gwneud cansen, mor llyfn, mor syth, a'r bagal mor grwn, yn edrych mor ddiniwed â thegan? Hwyrach na feddyliodd y sawl a'i gwnaeth ddim am y posibilrwydd dieflig y gellid ei wneud ohoni. Ar ôl ei chael i'w ddwylo byddai'r sgŵl yn ei thrafod fel pe bai yn ei hanwylo ac yn gwanu'r gwynt ddwywaith neu dair nes byddai'n chwibanu wrth gerdded yn offeiriadol at y rŵm bach a chau'r drws ar ei ôl. Byddai'r distawrwydd yn llethol a dim ond sŵn y geiriau fyddai'n dod o'r rŵm bach yn fwy na'u hynganiad yn cyfleu eu hystyr. Yna yr un chwibaniad o'r golwg wrth i'r gansen wanu'r gwynt yn y rŵm bach, a Robin Foty ar ei ben ei hun yn y ddesg ddwbwl yn ebychu 'Esu' ar ôl pob chwibaniad.

Y rhyfeddod oedd mai Syr O.M. Edwards oedd ar y pared yn y rŵm bach yn edrych i lawr ar y sgŵl yn cyfrannu addysg – Syr O.M. Edwards, y dyn a sefydlodd Urdd y Delyn, rhagflaenydd Urdd Gobaith Cymru a'i harwyddair, 'Dros Gymru, dros gyd-ddyn, dros Grist'...

'Old Sir Humphrey Davy
Abominated gravy,
He lived in the odium
Of having discovered sodium.'

Fel troednodyn yn y gyfrol clawr brown 'Elementary Chemistry' gan ryw 'Rogers' yr ymddangosodd y campwaith mydryddol yna, a dichon na fyddai wedi goroesi mwy nag y gwnaeth dim arall o gynnwys y gyfrol oni bai fod yno lun mewn ffrâm – pictiwr eto fyth – o wrthrych y gerdd, Sir Humphrey Davy, yn crogi ar y pared wrth y drws yn y labordy Cemeg yn Ysgol Pen-y-groes. Ei lun o'i ysgwyddau i fyny oedd o – hen ddyn bach glandeg, pen crwn, wedi colli peth o'i wallt, a golwg ddiniwed ac fel pe bai wedi dychryn braidd arno. Esboniad un o'r cywion gemegwyr hynny ar yr olwg oedd mai wedi darganfod y 'sodiwm' ar ddamwain yr oedd o ac wedi dychryn pan ddechreuodd hwnnw fynd ar dân ohono'i hun cyn i Davy gael cyfle i'w daro dan dŵr neu mewn olew, a'r un esboniwr – un o hogia'r Garn – beintiodd fwstas du a barf fach a chrop o wallt i Syr Humphrey mewn inc du ar wydr y pictiwr, a gwneud iddo edrych yn llawer tebycach i ddarganfyddwr o bwys.

Ychydig iawn o sylw oedd i arlunio ym Mhen-fforddelen a dim ond yn ystod y ddwy flynedd gyntaf ym Mhen-y-groes y caed gwersi 'Art' ffurfiol, a'r rheini yn rhai digon dieneiniad wedi eu rhannu rhwng y 'draw from memory' a'r 'object drawing' – gwneud llun o'ch pen a'ch pastwn oedd y 'drawing from memory' a gwneud llun gwrthrychau o ddewis yr athrawes, pethau fel pwced lo a rhaw dân, brws llawr a chlwt tynnu llwch yn hongian ar ei goes, padell dylino a jwg dŵr a thorth, a llu o gyffelyb 'wrthrychau' anniddorol oedd 'object drawing'. Roedd y 'draw from memory' dipyn yn well – pethau fel,

'Wyt Ionawr yn oer a'th farrug yn wyn,
A pha beth a wnaethost i ddŵr y llyn?'

neu,

'Gwelais ei fen liw dydd
Ar ffordd yr ucheldir iach
A'i ferlod yn pori'r ffridd
Yng ngofal ei epil bach.'

Ond simsan a bregus oedd y carafanau, a dim ond pig neu gynffon iâr fach yr hesg oedd i'w weld wrth iddi swatio yn ei thŷ. Prawf arall o israddoldeb celfyddyd yn y gyfundrefn honno oedd mai'r ddwy wers gyntaf ar bnawn Gwener oedd eu hamser – y cyfnod pan oedd y cicwyr pêl a'r chwaraewyr hoci ar dân i fynd allan am hanner awr o borthi chwant y natur ddynol i dreisio'r gwan a gogoneddu'r cryf. Ac eto, i ambell un nad oedd cicio pêl erioed wedi apelio ato, yr oedd yn hawdd iawn cael caniatâd i aros i mewn i orffen llun oedd ar ei hanner. A gwaith hawdd oedd gofalu y byddai llun ar ei hanner pan ganai'r gloch diwedd gwers. ·

Rhaid cofio er hynny fod yno ambell ddisgybl nad oedd raid iddo wrth hyfforddiant na meithrin. Yr ambell un dethol hynny yr oedd creu ffurfiau ar bapur mor naturiol iddyn nhw ag yr oedd siarad a rhegi a chanu comic songs i'r rhelyw o gaethion y gyfundrefn, ond goddef pobl o'r fath a wnâi'r drefn yn hytrach na'u cefnogi a'u hedmygu. 'Robin', ddaeth yn actor enwog yn ddiweddarach, yn gwneud llun o Prydderch, y Prifathro, ac Alexander Parry a David Davies a P.K. Owen, yr athrawon Lladin a Saesneg a Chymraeg, yn hedfan trwy awyr dymhestlog a'u gynau duon yn cyhwfan yn y gwynt fel adenydd eryrod, a hogyn bach mewn desg islaw iddynt â'i ddwy law ar ei ben yn ofni'r gwaethaf. A theitl y llun – 'Brain yn hel balast cyn storm'. Ar bennau'r trueiniaid oedd yn eistedd yn y desgiau eraill efo'r hogyn bach y byddai'r storm yn torri. Thorrodd hi erioed ar y 'brain'.

Fe gafodd 'Robin' ac ambell un arall yr oedd eu talent am dorri drosodd eu cyfle i sefyll yr arholiad 'Art' ond, fel Coginio a Gwaith Coed, goddefol oedd yr agwedd at bwnc o'r fath – rhywbeth yn well na dim ar y systifficet.

Erbyn dod i'r chweched dosbarth yr oedd yno ferch ifanc, wel hogan a deud y gwir, o'r Sowth wedi dod yno i gynorthwyo yn gyffredinol, ac i gynorthwyo'r athro Saesneg, David Davies yn arbennig. At y David Davies hwn y mae John Gwilym Jones yn cyfeirio yn ei atgofion,

'Roedd ei acen Saesneg y peth Cymreiciaf a glywodd neb erioed ond roedd ei ddarlleniadau o 'Ivanhoe' a 'Lady of the Lake' ac o ddramâu Shakespeare yn fy ngwefreiddio i. Rwy'n ei gofio yn darllen 'Macbeth' a, hyd y dydd heddiw, medraf adrodd 'Macbeth' i gyd ar fy nghof o'r dechrau i'r diwedd gan iddo wneud cymaint o argraff arnaf wrth ei ddarllen. Rwy'n cofio'r hwyl y byddai Tomos a minnau'n ei gael pan ddeuai Dafi Dew at y llinellau,

"Come to my woman's breast
And take my milk for gall…"

Pawb yn ciledrych ar ei gilydd ac yn blasu'r hyn oedd i ni'n fentrus o aflednais…'

Ia, wel. Macbeth i gyd? Ella wir. P'run bynnag, dod

yno i gynorthwyo'r dywededig David Davies wnaeth y ferch o'r Sowth. Ac yr oedd hi'n ifanc. Ac yn glws. Ac yr oedd hi wedi treulio dwy flynedd yn ninas ramantus Prâg yn yr hen Tsecoslofacia cyn dod i niwl a glaw mân Dyffryn Nantlle. Hwyrach nad oedd hi ddim yn darllen Macbeth gyda chymaint o arddeliad â David Davies, ond roedd hi'n siarad Saesneg yn well o beth ar y naw na fo, a phan ddaeth hi â llun o'r John Keats ifanc yr oedd hi mor hoff ohono a'i gysylltu â'r geiriau

'Now more than ever seems it rich to die,
To cease upon the midnight with no pain'

o'r 'Ode to a Nightingale', a gwneud i'r llun ifanc fyw, fe newidiodd agwedd y Philistiaid hynny at bictiwrs wrth iddyn nhw sylweddoli fod i'r ffurfiau ar bapur neu ganfas amgenach swyddogaeth na chynrychioli brain, na hyd yn oed athrawon Ysgol Sir.

I'r 'graddedigion' yn y Coleg ym Mangor oedd â'u bryd ar droi allan i'r byd mawr i helpu i greu mwy o raddedigion trwy fynd yn athrawon ysgol, yr oedd angen rhywbeth mwy i'w gynnig i'r gyfundrefn na'r ychydig wybodaeth arbenigol oedd ganddynt o'u pwnc. Dyna pam yr oedd angen 'pynciau ymarferol' megis Garddio, Gwaith Coed, Arlunio, Ceddoriaeth a nifer o rai eraill er mwyn i'r egin athro fedru dweud â'i law ar ei galon fod y Weinyddiaeth Addysg yn tystio 'yn wyneb haul llygad goleuni' fod y dygiedydd yn gymwys i hyfforddi'r to oedd yn codi mewn un neu ragor o'r cyfryw 'bynciau ymarferol'. Yn y mis Hydref cyntaf hwnnw yn Ysgol Botwnnog, am y rheini yr oedd gofyn – Gwaith Coed, Cerddoriaeth ac 'Art', a phedair gwers bob wythnos o

'Gardening'. Meibion ffermydd caledion eu cledrau a gwydn eu cyhyrau yn dangos i'r 'titsiar' eu bod nhw'n etifeddion cenedlaethau o ddynion tir yr oedd lluchio pladur a sodlu rhaw yn ail natur iddynt, a'u bod yn llawer mwy cyfarwydd â thir a daear nag oedd y sbrigyn athro. Trefn Rhagluniaeth barodd iddyn nhw gael mynd â thatws newydd gymaint ag wyau ieir a'u crwyn fel sidan adre efo nhw ar bnawn Gwener ym mis Mehefin. Mae'n debyg fod y rhan fwyaf o'r garddwyr hynny yn nes at Drefn Rhagluniaeth nag at y Gyfundrefn Addysg p'run bynnag.

Nid oedd gofalu am Gerddoriaeth a Gwaith Coed yn gymaint â hynny o broblem. Yr oedd bod wedi cael gwersi ffidil ar foreau Sadwrn yng Nghaernarfon a medru darllen rhywfaint o Hen Nodiant yn dipyn bach o gyfiawnhad. A'r Gwaith Coed? Wel newydd ei orseddu fel pwnc cymeradwy ar raglen waith yr ysgol yr oedd Gwaith Coed. 'Sloyd' oedd hi wedi bod hyd ddechrau'r tridegau, ac ar ôl codi'r adeilad newydd yn 1936 yr oedd y meinciau a'r arfau ar gyfer pob disgybl unigol wedi cyrraedd. Yn wir yr oedd yr hen gyllyll Sloyd a'u llafnau main a'u carnau pren yn dal yn y cwpwrdd mawr wrth ochor y ddesg yn y gweithdy, ond yr oedd gan bob mainc ei llif a'i chynion a'i gordd a'i phlaen, a hynny ynddo'i hun yn help i fagu'r parch sydd gan grefftwr at ei arfau. Ond fel yr oedd yno feibion ffermydd yn yr ardd yr oedd yno feibion a brodyr i seiri coed ac adeiladwyr yn y gweithdy hwnnw hefyd – hogia oedd yn eu helfen yn aroglau llwch lli ac aroglau pren ffawydd coch ac aroglau gliw, a byddai pob asiad fyddent wedi ei wneud yn werth ei weld a dim trwch asgell gwybedyn o le gwag rhwng dau ddarn a'i gilydd hyd yn oed mewn dyftel congol. Yr oedd yno rai eraill wrth gwrs – rhai efo dwy law chwith na fedron nhw erioed godi ochor sgwâr nac wyneb llyfn a byddai pob asiad a'i geg yn agored fel brithyll ar fachyn. Ond ddangosodd y crefftwyr oedd yno erioed ddim ond cydymdeimlad caredig â'r rhai llai ffodus. Ddangosodd yr un ohonyn nhw chwaith eu bod nhw yn gwybod llawn cymaint os nad mwy am drin coed na'r sawl oedd yn eu hyfforddi nhw. Plant felly oeddan nhw. A phobol felly ydyn nhw.

Byddai arholwyr allanol yn galw heibio am fore neu bnawn yn nhymor yr haf i gynnal profion mewn Cerddoriaeth a Gwaith Coed a byddai'r paratoi ar eu cyfer yn cael ei wneud yn drwyadl iawn o ran y pethau fyddai y tu allan i bennau'r plant; mi fyddai'n rhy hwyr erbyn hynny i wneud llawer o ddim byd ynglŷn â'r hyn ddylai fod y tu mewn. Ar gyfer ymweliad yr arholwr Gwaith Coed, byddai'r lle wedi ei glirio, pob celficyn wedi ei lanhau a'i hogi, a'r holl le fel y 'parlwr gore' hwnnw sydd yn Fflat Huw Puw. Cyn laned yn wir nes i un o'r rhai oedd yn dod allan hanner awr wedi tri y pnawn cyn y diwrnod mawr wrth i ni gloi'r drws ddweud, 'Ew 'sa Mam wrth 'i bodd yn cael gweld lle glân fel hyn yn y gweithdy acw.' Tad Robin oedd y saer coed.

Doedd dim angen cymaint o baratoi ar gyfer yr arholiad Cerddoriaeth ar ôl ymweliad cyntaf Dr David Evans. Roedd o wedi cyrraedd ar y bỳs hanner dydd o Bwllheli a minnau mewn siwt Sul ac oel gwallt wedi mynd i lawr at y Post i'w groesawu'n wên i gyd ac i gario'i fag yn ôl i fyny i'r ysgol. Ar y ffordd yr ochor ucha i'r Dyffryn, ac aroglau gwyddfid yn llond yr awyr, fe arhosodd ar ôl i mi ddweud y byddem yn ddigon buan i gael cinio, a gofyn, gan fygu fy ngobaith am gael crybwyll y tatw rhost a'r cig oen, 'Lecien i gal glasied o lath enwyn yn well na chinio. Chi'n meddwl bod modd?' 'Modd?' ar gyfer y dyn oedd yn mynd i benderfynu tynged y dosbarth Cerddoriaeth yn y pnawn? Wrth gwrs bod modd – deued dilyw deued tân. Roedd Tir Du, o fewn lled cae i'r ysgol, yn dal i gorddi llaeth drwyddo a'u llaeth enwyn yn enwog drwy'r ardal. A Miss Griffith yn ofnadwy o lân – mi allech fyta brechdan oddi ar lawr yno – ac yr oedd hynny yn bwysig wrth drin llaeth a menyn; yn enwedig llaeth a menyn i ddyn mor fawr. Troi'r Doctor i ystafell merched y Staff a mynd yn syth i'r gegin i ymgynghori efo'r athrawes Gwyddor Tŷ, Elsie Madogwen, y ferch o Drawsfynydd oedd yn asgwrn cefn y gymdeithas honno, a chael jwg chwart i fynd i nôl llaeth.

'Wel cewch siŵr iawn â chroeso, 'dan ni di corddi bora 'ma,' oedd ymateb Miss Griffith, ond pan ddeallodd hi i bwy roedd eisio'r llaeth enwyn,

'Wel biti na fasa gynnoch chi jwg mwy. Ddeil hwn ddim gwerth.'

'Na, fydd o'n ddigon Miss Griffith.'

'Y fo sy'n arwain y Gymanfa ym Mhenmount nos Sul yntê?'

'Ia 'dwi'n meddwl.'

'Ia, dyna pam mae o'n dŵad i neud yr egsam heddiw ar bnawn Gwenar fel hyn ma siŵr i chi,' ac wrth ddod â'r jwg llaeth yn ôl yn llawn at yr ymylon, 'Ylwch, ma gin i brintan bach o fenyn o'r corddiad bora 'ma. Ro'n i am ei rhoi hi i Mistar Griffith (Y Prifathro) ond mi geith un yr

wsnos nesa os leciach chi fynd â hi i'r Doctor.' Amser
rhyfel oedd hi a menyn Tir Du fel aur yn ei liw a'i
werth...

'O na, wir, chwarae teg,' gobeithiol, achos os b'asa diod
o laeth yn help, wel mi fydda hanner pwys o fenyn
cartra...

'Rhoswch ddau funud – mi a i i nôl o rŵan, mae o ar y
llechan yn y tŷ llaeth... Dyma fo – o'n i 'di neud o'n
barod. Mae o wedi'i lapio a ma 'na ddeilan riwbob
amdano fo yn y cwd papur 'ma.'

'Ond...'

'Na, cerwch â fo ar bob cyfri. Os ydi o'n lecio llaeth
enwyn mae o'n siŵr o lecio menyn ffres.'

Pan gyrhaeddais i'n ôl yr oedd yno hambwrdd pren a
lliain gwyn a gwydr a jwg gwydr wedi eu gosod ar y
bwrdd yn y gegin yn barod, ac yr oedd yno ddagrau o
fenyn ar wyneb y llaeth enwyn ar ôl ei dywallt i'r jwg
gwydr. Elsie aeth â nhw a'r cwd papur i Ystafell y
Merched, ond fe ddiolchodd yr arholwr yn garedig iawn
amdanyn nhw pan ddaeth o i'r Neuadd erbyn dau o'r
gloch i ddechrau'r arholiad. Roedd y dosbarth i gyd wedi
pasio pan ddaeth canlyniadau'r arholiad allan ym mis
Awst. Ac yn y Gymanfa ym Mhenmount y nos Sul
honno, chafodd y Gweinidog ddim cyhoeddi'r fendith
achos mi fethodd David Evans â rhoi terfyn ar y canu. Yr
oedd y gynulleidfa wedi dyblu a threblu ac yntau, wedi
tynnu'i gôt ac yn chwys diferol yn sefyll yn y pulpud
wedi rhoi'r gorau i arwain, ac yn y diwedd wedi eistedd
a'i ben i lawr a'r gynulleidfa yn dechrau mynd allan ond
yn dal i ganu a'r canu yn llenwi'r stryd a gorfoledd noson
o Fehefin wedi torri drosodd. Cynnwrf yr Ysbryd mae'n

debyg, ac ychydig o ddylanwad llaeth enwyn Tir Du efallai.

Yr oedd pethau'n wahanol efo'r Arlunio. I ddechrau, yr oedd yno ddosbarth pedwaredd flwyddyn fyddai'n sefyll arholiad y Cyd-bwyllgor Addysg ym mis Mehefin, ac yr oedd y rhaglen yn llawn ac yn fanwl ac yn gofyn am gryn ddealltwriaeth o dechnegau a medrau nad oedd yr athro ei hun yn rhy hyddysg ynddynt. Yr oedd yr ychydig ddarlithoedd Celfyddyd a gefais yn y flwyddyn olaf ym Mangor yn gryn gymorth er mai annelwig iawn oedd eu cynnwys wedi bod. Mynd â llun inc a golchiad i'w ddangos i'r ddarlithwraig a chael,

'Hm... Nice... but d'you think you could – eh – kind of, sort of include a sort of form by the way of a more definitive accent over here so that, you know – I mean, it would be a kind of – see what I mean don't you?' 'Pe bawn i'n artist!' Yr oedd cofio am y gwersi hynny yn Ysgol Pen-y-groes flynyddoedd ynghynt yn llawn mwy o help, a deud y gwir – dwy linell ochr y ffordd yn mynd yn nes ac yn nes at ei gilydd a'r polion teliffon yn mynd yn llai ac yn llai wrth i'r ffordd bellhau i gyfeiriad y gorwel... Ac yr oedd bod wedi gorfod dod i gysylltiad â darluniau rhai o feirdd mawr Lloegr fel Blake a'r Cyn-Raphaelwyr yn yr adran Saesneg wedi golygu cael rhyw amcan bach am weithiau artistiaid mawr y byd. Mae'n debyg fod yna hefyd ym mhlygion fy modolaeth yn rhywle rywbeth oedd yn cael ei swyno a'i fodloni gan ffurfiau cywrain a lliwiau cain ar bapur neu gynfas neu fur. Ac wrth gwrs yr oedd yn hawdd cael gafael ar ddigon o lyfrau ar y pwnc a bod gam neu ddau o flaen y dosbarthiadau uchaf.

Meithrin a chynnal a bod yn gefn i dalent naturiol gael cyfle i ddatblygu yn hytrach na hyfforddi oedd swyddog-aeth athro ysgol yn yr amgylchiadau hynny, a phwnc wedi ei ddewis oedd y pwnc i'r disgyblion yn hytrach na phwnc gorfodol fel Cymraeg a Saesneg a Mathemateg. A mantais arall o fod yng ngofal y pynciau ymarferol oedd cael mynd adre am hanner awr wedi tri heb y pynnau llyfrau i'w marcio a ddaeth yn gymaint o fwrn ar athro Saesneg yn ddiweddarach.

Roedd bri arbennig ar y Gwaith Cartref yn y blynydd-oedd hynny a byddai'n rhaid gofalu gosod gwaith i gael ei wneud erbyn y wers ddilynol. Ambell dro byddai'r gwaith fyddai'n cael ei wneud gartref yn well o lawer na dim fyddai'n cael ei greu yn y gwersi. Nid y dylai neb fod yn amheus wrth reswm, ond wedyn roedd hi'n anodd peidio â chofio fod gan ambell un fyddai'n cnoi ei bensel ac yn colli dŵr bob tro wrth nôl dŵr i beintio, fod ganddo fo frawd mawr oedd wedi gadael ers dwy flynedd, un â llaw dda eithriadol ganddo fo... Ond pe awgrymid efallai fod rhywun wedi bod yn helpu ychydig bach, byddai'r siom y gwyddech ddôi i'r llygad a'r anghred-inedd ddôi i'r wyneb fod neb yn meddwl y fath beth yn ddigon i beri i chi roi o'r neilltu eich safonau Band of Hôp a'ch credoau eglwysyddol a sylweddoli fod bygwth deud gair amheus am 'adra' y bobol hynny yn gyfystyr â'r pechod mwyaf marwol y gallech chi ei gyflawni. Dyna pam y byddai rhoi gwaith cartref â rhyw gysylltiad ag 'adra' yn cael cymaint o groeso – 'Gwnewch lun rhywbeth sydd i'w weld drwy'r ffenest neu wrth sefyll yn y drws yn eich cartref.'

Byddai'r ymdrechion yn annisgwyl ambell dro.

Arlunio dosbarth tri am y ddwy wers olaf ar bnawn dydd Llun. Y testun bytholwyrdd 'Gwnewch lun rhywbeth sydd i'w weld…' a'r llyfrau agored ar y ddesg yn barod i'w harddangos. Amrywiaeth diddorol o olygfeydd – Mynydd Cefnamwlch, ochor y Rhiw, Porth Ceiriad, tŷ dros ffordd, 'rhyfeddod y machlud', iard ffarm a thomen dail yn rhywyr cael ei symud. Wrth ddod i lawr ar hyd y llwybr rhwng y desgiau sylwi fod John, ddwy ddesg o'r ffrynt, yn ei symud ei hun i'r ochor oddi wrth y llwybr ac yn troi'i lyfr ar osgo yn barod 'i'r byd gael ei weled'. Rhywbeth i fod yn falch ohono mwy na thebyg. Cyrraedd desg John. A'r llun – bryncyn isel yn y cefndir, a gallt môr serth yr ochor dde a thalcen adeilad yn eich wynebu ychydig i'r chwith o'r canol. Hanner coeden yn yr eithaf chwith, a chymylau cyrliog, traddodiadol yn yr awyr uwchben. Y cyfan yn arferol ystrydebol ar wahân i un peth. Ar grib tâl maen yr adeilad oedd yn y canol yn y blaendir, yr oedd rhyw fath o anifail neu greadur neu aderyn ungoes yn sefyll, a thrwy ddamwain neu fwriad wedi ei leoli yn ffocws canolbwynt perffaith i'r llun. Ond beth ar wyneb daear allai'r fath ffurf anghyffredin fod? Rhyw ffurf gyntefig o rywbeth oedd yn isymwybod yr arlunydd wedi dod i'r wyneb heb ei gymell? Jôc i gael hwyl am ben y titsiar? Byddai'n un â'i gymeriad. Roedd hi'n broblem ond yr oedd yn rhaid ymateb ryw ffordd neu'i gilydd…

'Hm… a be' 'di'r llun, John?' yn bwyllog, ofalus.

'Be 'dan ni'n weld trw'r ffenast adra, Syr.'

'O ia. A'r bryn?'

'Naci. 'R allt 'di honna i lawr i'r Borth. A'r môr, Syr.'

'O ia siŵr iawn…'

'A'r goedan eirin 'di honna – dim ond 'i hannar hi 'dan ni'n weld drw'r ffenast. Fydd 'na byth eirin arni hi chwaith.'

'Na fydd?'

'Na fydd – un sâl 'di hi. A ma hi rhy agos i'r môr.'

'A be 'di hwn 'ta, John?'

'Be 'di be? Hwn?'

'Ia.'

'Wel ceiliog gwynt Griffith Wilias Bangor,' a thinc o 'athrawon yn betha dwl' yn ei lais.

Perchennog un o'r tai haf cynnar ym Mhen Borth Bodferin oedd Griffith Williams Bangor, a'r ceiliog gwynt yn amlwg yn gymydog sefydledig.

Dewis o destunau, i gyd yn Saesneg fel yr oedd yn orchmynnol, oedd wedi eu gosod i'r pumed dosbarth yn ystod fy ail flwyddyn yno. 'Apple Blossom' oedd un testun, a daeth 'merch ifanc o ardal y Sarn' â llun o frigyn coeden afalau yn ei llawn flodau yn binc a gwyn ar gefndir o awyr las wedi ei beintio mewn dyfrlliw, a'r gwanwyn wedi ei fferru ar ddalen o bapur. Flynyddoedd yn ddiweddarach, a ninnau wedi byw darn o oes efo'n gilydd, fe ddaeth hi'n amser torri'r hen goeden ac yr oedd hi'n chwith ei gweld hi'n mynd. Er, mi fuo'r llun o gwmpas am flynyddoedd.

Pan gafwyd cais gan un o ddisgyblion disglair y pumed dosbarth ddiwedd tymor yr haf un flwyddyn,

'Ga i neud Art yn Fform Sics flwyddyn nesa os bydda i wedi gneud ddigon da?' yr oedd angen ystyried dwys iawn. Mi fyddai 'wedi gneud ddigon da', doedd dim amheuaeth ynghylch hynny, ond cwestiwn arall oedd a oedd y titsiar 'ddigon da'. Y gobaith yn y sefyllfa oedd fod trydedd ran y cwrs Lefel-A yn waith ysgrifenedig yr oedd modd unwaith eto baratoi ar ei gyfer trwy weithio ambell sbel go gydwybodol yn ystod gwyliau'r haf. Hanes Pensaernïaeth oedd un o'r pynciau y gellid dewis ohonynt, ac erbyn dechrau Medi yr oeddwn yn arwynebol-gyfarwydd â rhai o nodweddion amlycaf pensaernïaeth Gothig canrifoedd olaf yr Oesoedd Canol.

Rhyw fath o gydymdrech oedd y cwrs Celfyddyd yn y ddwy flynedd hynny. Y ddau ddisgybl, bachgen a geneth, yn arbennig o dalentog, ac angen dim ond cefnogaeth a help ymarferol i ofalu fod yr offer a'r defnyddiau ar eu cyfer ar gael, a phleser oedd gwneud yn siŵr fod y paent a'r papur a'r inc a'r pastelau y pethau gorau y medrai catalog E.J. Arnold eu cynnig. Byddai gofyn bod yn gwbl bendant a phengaled pan fyddai drws yr ystafell arlunio yn agor a phen y Prifathro yn dod i'r golwg ac yn amneidio,

'Funud bach...?'

Tudalennau'r 'recwisision' – yr ordor flynyddol oedd yn mynd i E.J. Arnold – yn ei law, a phryder dyn mewn cyfyng gyngor am ei einioes ar ei wyneb, a'i fys yn dangos achos y pryder,

'Deyn y... y rhain ylwch. Ylwch... pum punt, deuddeg punt, ugain... a... deyn annwyl – ylwch, deg punt ar hugain. Fedrwn ni byth fforddio arian fel hyn ychi!'

'Ond mae'n rhaid i ni, Mr Griffith.'

'Na! Ylwch,' a throi'r dalennau, 'Miss Jones ar gyfer yr holl waith gwnïo, ac mi fydd yn rhaid iddi hi gael defnyddiau at bob math o ddillad, ac ylwch – pum punt a thrigian! A'ch ordor chi dros gant a hannar! A dim ond Art ydi o!'

Gan fod y drws wedi bod yn gilagored yn ystod y sgwrs yr oedd gwên lydan o gydymdeimlad ar wyneb y ddau aelod o'r dosbarth arlunio. Ddwedodd neb ddim gair ond mi glywyd y sylw, 'Dim ond Art ydi o' laweroedd o weithiau yn ystod gweddill y tymor.

Un o'r eitemau o orwariant yr oedd y Prifathro wedi eu dyfynnu oedd rhyw fath o bensiliau ewyn caled y gellid eu naddu i wahanol ffurfiau o'u blaenau a'u defnyddio i doddi lliwiau pastel i'w gilydd ar bapur neu i rwbio lliwiau i'w gilydd ar bapur yn debyg i gymysgu lliwiau olew ar baled. Yr oedd cynrychiolydd E.J. Arnold yn garedig iawn wedi gadael dwy o'r pensiliau fel siampl ac abwyd ar gyfer yr ordor, ond gan eu bod yn treulio mor sydyn wrth eu defnyddio ar bapur garw, byr iawn fu eu hoes, ond yr oedd y canlyniadau gan Gwerfyl yn eithriadol o effeithiol a dyna paham yr oedd gwerth degpunt ohonynt wedi ei gynnwys yn yr archeb wrthodedig. Gweledigaeth y disgybl barodd i'r eitem gael ei dileu.

'Mae modd naddu hwn i ryw siâp leciwch chi,' meddai ddiwrnod neu ddau ar ôl ymweliad ataliol y Prifathro, a dangos rhywbeth tebyg i ddarn o frigyn coeden wedi ei naddu yn flaen main.

'Be 'di o?'

'Elderberry, Syr. Dwi'm yn gwbod be 'di o yn Gymraeg.'

'Ysgawen. Pren Ysgo.'

'Wel mae'r *pith* yr un fath yn union â'r *foam* mewn *foam pencil*. Oes 'na air Cymraeg am *pith*, Syr?'

'Oes, rhuddin,' ac anwybyddu'n llwyr yr hanner gwên oedd yn y cwestiwn. Ac yr oedd rhuddin pren ysgo yn gweithio yn ardderchog a'r sŵn hanner gwich hanner crafu wrth i'r lliwiau pastel gael eu trin, eu cymysgu, eu hamlinellu a'u toddi ar y papur cras yn nistawrwydd gwersi arlunio pnawn Mercher yn graddol greu harbwr Aber-soch a chychod haf ar ddŵr llonydd dan awyr las – rhy lonydd a rhy las efallai. Ond wedyn, mae dŵr yn fwy llonydd ac awyr yn lasach pan ydach chi'n ddeunaw oed.

Diwrnod prysur a diwrnod pwysig oedd y diwrnod yn nechrau Gorffennaf pan oedd yn amser cael y gweithiau gorffenedig i gyd at ei gilydd i'w hanfon i Gaerdydd. 'The Harbour – Abersoch' wrth gwrs yn un o'r rhai cyntaf. Llun pin ac inc o'r tu mewn i Eglwys Llanengan gyda'i deitl swnfawr – 'Llanengan Church. Interior – A Study in Perspective', a neb yn meddwl bod dim byd yn od na dim o'i le yn yr holl Saesneg. Dal yr un fath yr oedd hi ag yn Ysgol Pen-y-groes ddeng mlynedd ynghynt a neb yn ymwybodol o'r iau estron oedd ar ein gwarrau taeog ni. Tuedd i ymfalchïo ynddo os yr un. Ond yr oedd y parsel yn barod erbyn dau o'r gloch, a lebal mawr y 'Central Welsh Board' yn daclus ar ei ganol. Fe gafodd y ddau ddisgybl ganiatâd rhwydd y Prifathro i ddod i lawr i'r Post yn y pentref i roi cychwyn teilwng a diogel i'w llafur. Roedd y Prifathro yn fawr ei ofal wrth i ni ein tri fynd o'r ysgol, yn sefyll yn y drws ac yn cynghori,

'Cofiwch gael y rysêt a'r insiwrans. Deyn, mae o'n bwysig. Ac mae o'n waith mor ardderchog – mae'n bwysig ofnadwy ei fod o'n saff.'

Chlywodd o mo'r islais glywais i yn sibrwd,

'Na, 'di o'm yn bwysig. Dim ond Art ydi o!' Mae ambell glais yn hir yn mendio.

Ymysg y gwerthwyr a'r masnachwyr fyddai'n cael caniatâd swyddogol i ymweld ag ystafell yr athrawon i lawr y grisiau i gynnig eu nwyddau, byddai cynrychiolydd y 'Warwick Galleries' a detholiad o ysgythriadau gwreiddiol gan artistiaid oedd yn eithaf adnabyddus ar y pryd – enwau fel J. Lewis Stant, Alice Barnwell ac eraill, ac yr oedd y lluniau di-ffrâm fyddai wedi cael eu gosod yn demtasiynol o gwmpas yr ystafell yn hawlio bod yn 'artist's proof', a byddai'r cynrychiolydd yn egluro yn ei Saesneg crand beth oedd ystyr hynny. Eich llywio gerfydd eich braich ychydig o'r neilltu a gostwng ei lais nes eich bod yn teimlo eich bod yn cael gwybod cyfrinachau wrth iddo egluro rhagoriaethau'r darluniau i chi a rhyw awgrym cynnil ei fod yn gwneud hynny am eich bod yn deall yn well na'r gweddill. A chwithau yn sylweddoli, ar ôl i chi brynu, ei fod wedi gwneud yr un peth efo pob aelod arall o'r Staff. A bod y rhan fwyaf o'r rheini wedi prynu hefyd. Rhai wedi prynu am fod yna amryw o briodasau ar droed; roedd hi'n ddiwedd y pedwardegau, y rhyfel wedi peidio, a phriodi yn rhyw fath o ran o'r gollyngdod a llun fel hyn yn anrheg briodas ardderchog. Roedd y gwerthwr llithrig ei dafod wedi pwysleisio hefyd fod bod yn berchen ar lun o safon mor arbennig yn fuddsoddiad i'r dyfodol. Yn wir, fe wyddai am rai enghreifftiau o'r lluniau a werthodd ddeng mlynedd ynghynt wedi dyblu a threblu yn eu gwerth. Nid bod neb o'r athrawon clodwiw hynny yn gybyddlyd nac yn grintachlyd, ond...

Ac yr oedd yno un cymhelliad arall a helpodd i wneud un aelod diniwed bymtheg punt yn dlotach pan oedd pymtheg punt yn hanner cyflog mis. Y teitlau oedd hynny – 'Autumn Moonlight' a rhamant hydrefau saith ar hugain oed wedi ei rwydo ym mhelydr glas y lleuad naw nos olau oedd yn twnnu trwy frigau hanner noeth y coed ar lan llyn. Ac un arall o luniau Alice Barnwell, 'Snow Blossom' ac eira distaw wedi rhewi'n flodau ar gangau noethion hen goed. Rhamantu gorffennol ifanc yr oeddan nhw, ond hwyrach fod hynny'n ddigon naturiol ar y pryd gan fod casineb a budreddi rhyfel yn dal yn y gwynt.

O ganlyniad i weithredu Deddf Addysg 1944 fe gynyddodd nifer y disgyblion yn sylweddol wrth i bawb dros un ar ddeg oed ddod i Fotwnnog. Bu'n rhaid cael adeiladau newydd i'w cynnwys a chynnydd sylweddol yn nifer yr athrawon, a dyna pryd y daeth D.C. Roberts yno yn athro Celfyddyd. Nid 'dim ond Art' oedd y pwnc wedyn ond un o'r pynciau cydnabyddedig newydd oedd yn haeddu ei ystafell ei hun – un flêr oedd hi hefyd i olwg Philistiad difreintiedig, yn ddŵr ac yn baent i gyd – ond yn cynhyrchu gweithiau gorffenedig tipyn mwy cyfoes a mentrus na 'The Harbour – Abersoch' a 'Llanengan Church – a Study in Perspective'. Roedd Dafydd wrth gwrs yn artist cydnabyddedig ei hun ac yn fuan ar ôl dod i Fotwnnog enillodd y Fedal Aur yn yr Eisteddfod Genedlaethol. Ddechrau tymor y Nadolig ar ôl y Steddfod daeth â'r llun i'r ysgol i'w ddangos – llun cyfoes mewn golchiad ar inc, rhydd ei fynegiant mewn arddull lac gyda'r teitl 'Y Gwynt a'r Dŵr a'r Sigl-i-gwt'. Er gwaetha'r ffaith ei fod yn fodern iawn ei dechneg a'i fynegiant yr oedd rhyw swyn hudolus yn y llun. Pethau yn symud oedd y gwynt a'r dŵr a'r aderyn, a chyfleu gwahanol rythmau'r symudiadau oedd bwriad y cyfansoddi gyda'r canlyniad fod y sigl-i-gwt yn ddarniog ac yn estynedig ei ffurf a'r ewyn ar y dŵr yn torri yn y gwynt.

Fe ddylai dyn wedi ennill Medal Aur yn un o brif gystadlaethau'r Steddfod fod yn falch ac yn bwysig ac yn hunanhyderus ac yn gwarchod ei gampwaith hyd at fod yn eiddigeddus. Fedrwch chi ddychmygu un o'r beirdd cadeiriog neu goronog yn gwerthu'r gadair neu'r goron? Heb sôn am werthu'r awdl neu'r bryddest? Er, mae'n siŵr y byddai'n haws gwerthu'r gwobrau na gwerthu'r cynnyrch p'run bynnag...

Ond am y llun,

"Dw i'n falch bod chi'n 'i lecio fo... Mi fûm i'n lwcus ma'n siŵr.'

'Lwcus?'

'Wel ia, mewn ffordd. Ma'n wir fod yno bethau erill lawn cystal ond bod hwn wedi digwydd apelio.'

'Lle rhowch chi o rŵan...?' gan ddychmygu un o barwydydd y stafell ffrynt yn cael ei glirio, ei ailbeintio efallai er mwyn mesur yr union le gorau i'w osod fel bod y golau yn taro arno o'r ongl gywir pan fyddai pawb fyddai'n dod i'r tŷ yn cael gwahoddiad i'w weld a, deall neu beidio, yn rhyfeddu. Syndod oedd cael yr ateb,

'Be chi'n feddwl? I hongian o 'lly?'

'Ia, mae o angen lle arbennig yn dydi?'

'Nefi fawr nac 'di. Mae o wedi gorffen. Wedi bod... Ond pe bai eisio'i hongian o, mi fyddai'n well a'r golau yn dŵad o'r ochor chwith 'ma ylwch, achos mi fasa hwn yn fflio'n well yn erbyn y gola nag i ganlyn o,' a phwyntio at yr aderyn. 'Pam oeddach chi'n gofyn?'

'O dim. Dim ond meddwl be fydd yn digwydd iddo fo

rŵan,' heb fedru hanner magu digon o blwc i ofyn iddo ar ei ben. Ond mae ambell sefyllfa lle mae geiriau'n afraid. Gwenodd Dafydd ynddo'i hun,

"Dach chi isio fo?'

'Be? 'Newch chi'i werthu o?'

'Wrth gwrs gna' i'i werthu o! Sêl 'te – yr union beth mae pobol fel fi eisio ond bod hi'n anodd cael neb digon gwirion.'

Ac roedd yr embaras drosodd. Doedd yr arian ddim yn hanner cyflog mis am waith gwreiddiol cwbl unigryw. Oedd yn gwneud i chi feddwl tybed pa mor onest oedd cynrychiolydd llyfn y 'Warwick Galleries'. Ond hwyrach fod sylw Dafydd yn egluro peth...

'Fedra i neud un arall yr un fath â fo, neu well hwyrach erbyn nos fory.' Doedd a wnelo arian ddim byd â gwerthoedd. Nac â chyfeillgarwch yn y pen, draw, a bu'r sigl-i-gwt hwnnw yn hedeg yn erbyn y gwynt wrth ben y lle tân yn y stydi acw am flynyddoedd.

Tua'r adeg yma yr oedd yna ddarluniau eraill, gwahanol iawn yn hawlio sylw. Byddai plant bach Ysgol Bryncroes yn dod allan am dri ac Ysgol Botwnnog yn gorffen ei diwrnod gwaith am ugain munud i bedwar, ac felly byddai Enid wedi cyrraedd adref o 'mlaen ac yn fy nisgwyl gyda holl hynt a helynt hanes ei diwrnod. Ar amser te felly yr oedd ganddi 'rywbeth i ddangos', a hynny'n golygu y byddai'n rhaid rhyfeddu ac edmygu beth bynnag fyddai'r campwaith creadigol. Ond un pnawn yr oedd y rhagymadrodd yn awgrymu'n gryf fod y 'rhywbeth i ddangos' yn bwysicach nag arfer.

'Wel, be sgin ti i ddangos?'

'Steddwch yn fan'na,' oedd yn cadarnhau pwysigrwydd yr amgylchiad.

'Reit 'ta,' a'r gobaith fod chwilfrydedd disgwylgar yn y ddeuair. Nid ei fod o wahaniaeth chwaith wrth i'r bag gael ei agor a'r ddalen o bapur wedi ei rowlio'n ofalus a'i chlymu gydag edau gael ei hestyn allan a'i chyflwyno...

'Gorwch o! Llun 'di o.'

Dadrowlio'r sgrôl gyda difrifolwch fyddai'n gweddu i feibion Lefi yn agor sgroliau'r Deml, a chael y llun y tu fewn. Llun dyn. Cylch crwn i wneud pen iddo, llinellau syth yn codi ohono i wneud gwallt, dau gylch llai i wneud llygaid, triongl yn drwyn, llinell hanner bwa yn geg, hirgrwn yn gorff a dwy linell a bagl arnynt yn draed a choesau. Ond yn crogi wrth un o'r pum llinell oedd yn gwneud bysedd yr oedd sgwâr,

'Dach chi'n gwbod bedi hwn'na?' a bys llyfndew yn dangos y sgwâr.

'Y...'

'Ych bag ysgol chi. Llun chi ydi o.' Fyddai dim rhaid bod wedi bod lawn mor bendant p'run bynnag achos ar waelod y llun mewn llythrennau breision yr oedd y gair 'DADI'. Yn flêr ar y naw a deud y gwir, y ddwy 'D' yn brif lythrennau ond yr 'a' yn llythyren fach a'r 'i' y naill beth na'r llall a deud y gwir – llinell unionsyth fyddai'n gwneud prif lythyren. Ond yr oedd yna ddot wrth ei phen hi oedd yn peri nad oedd hi na'r naill beth na'r llall. Ond haerllugrwydd pob haerllugrwydd fyddai bod wedi awgrymu unrhyw feirniadaeth o'r fath. Synnu a dychryn a rhyfeddu oedd yn gweddu i'r fath orchest. Fu yna ddim llawer o dwf yng nghyraeddiadau celfyddyd weledol yr artist honno ar ôl iddi fynd i Ysgol Botwnnog chwaith.

Roedd ei dwy chwaer yn wahanol. Dim ond dangos llun y byddai Mai – a hynny'n anfoddog iawn – ond fyddai dim rhaid iddi hi ddeud llun pwy oedd o.

A daeth y cof am bacio'r gweithiau gorffenedig yn Ysgol Botwnnog yn ôl yn fyw ymhen blynyddoedd lawer ar ôl ymddeol wrth wneud bocsys i Siân i ddal deg ar hugain o ffotograffau wedi eu fframio, gyda dyfyniadau o farddoniaeth yn deitlau iddynt – cyfres gyda'r teitl 'Gwreiddiau Ymwybod' oedd yn gynnyrch ei blwyddyn raddio mewn Celfyddyd Gain yng Ngholeg Uwchradd Gwent yng Nghasnewydd, ac oedd yn mynd i gael eu dangos yn Oriel Lancaster yn Coventry.

Rhai da oedd y bocsys hefyd, tua wyth modfedd ar hugain o led a bron i lathen o hyd. Pump ohonyn nhw a chwe llun ymhob bocs. Bocsys nobl, heb fod yn rhy drwm, ond yn wydn ac yn ateb eu pwrpas i'r dim. Gresyn na fyddai yna ryw arwydd ar focsys yr un fath â'r arwyddion fyddai ar giatiau haearn ers talwm: 'J. ROBERTS DOLYDD MAKER'.

Aeth y bocsus hynny a'u cynnwys i Oriel Pendeitsh yng Nghaernarfon yn ddiweddarach ac wedyn i Oriel Pen-lan ym Mhwllheli ac mae'n rhaid cydnabod fod darllen sylwadau caredig yr ymwelwyr yn y llyfr wrth fynd allan yn ddifyr iawn. Doedd dim gorfodaeth arnyn nhw wneud sylw o gwbl yn nac oedd? Ac i feddwl am y noson honno ryw dair blynedd ynghynt pan oedd ei mam a finna wedi mynd i'w danfon i Gasnewydd i ddechrau ar ei chwrs yn y Coleg. Penderfynu y byddai'n ddoeth byhafio fel pobol fawr a Saeson am unwaith ac aros noson mewn gwesty yn rhywle tua'r Sowth 'na yn lle gyrru'r holl ffordd yn ôl yr un diwrnod. Cychwyn ein tri ben bore a'r moto dan ei sang, a chyrraedd yn gynnar yn y pnawn fel teulu Abram Wood i chwilio am y tŷ lojin yn Speke Street. Swnio'n debycach i'r lle byddai'r llongau awyr yn codi yn Lerpwl. Ond yr oedd Speke Street yno, ac un o'r tai, tŷ ar y gongol, wedi ei wneud yn barod ar gyfer lletya stiwdants. Lle i chwech neu saith, pawb â'i stafell ei hun a rhannu cegin a stafell molchi.

Yr oedd un o'r cyd-letywyr wedi cyrraedd yn barod. Ryw ddeunaw oed, fain fel slywen, mewn dillad llaes at ei thraed, gwallt hir eisio'i gribo, sgidia trymion a gwadna fel sgidia hoelion, a siôl fagu dros ei sgwyddau a'r pig ar ei chrwpar. Ond glân iawn yr olwg a digon clên i siarad efo hi er bod ei Saesneg hi'n reit bell yn ôl yn ei gwddw a hynny yn chydig bach o frêc ar y siarad. Ei dillad hi oedd y... Ond wedyn, hwyrach ei bod hi am fod yn artist mawr ryw ddiwrnod. Doedd dim angen pryderu y naill ffordd na'r llall efo'r nesa gyrhaeddodd. Tywyll ei chroen. Nid bod hynny o wahaniaeth. Ond pladras o hogan fawr gyhyrog mewn trywsus lledar a sgidia pen glin, yn wên o glust i glust, yn chwerthin dros y lle ac yn fodrwyau fel roedd hi'n gymalau. Dwy fodrwy fawr fel modrwyau cyrten yn hongian wrth labedi ei chlustiau, dwy neu dair o fodrwyau yng nghantel ei dwy glust, modrwy yn aeliau'i llygaid, a modrwy yn ei thrwyn. Rhaid bod hon ar ei ffordd i fod yn un o artistiaid mwya'r byd. Ond wedyn, fuo hi ddim dau funud nad oedd hi'n cynnig cwpaned o de i bawb. A lle i eistedd ar focs neu gongol cadair a hithau yn eistedd ar lawr a'i dwy goes odani fel teiliwr a'r modrwyau'n tincian o'i chwmpas. I rywun oedd wedi bod yn stiwdant ei hun ac wedi mynd i lojio i 17 Park Street ym Mangor, yn sydêt, yn swil ac yn ddiniwed, taro'n od yr oedd Speke Street, a rhaid oedd meddwl am eiriau fel cyfoes a bohemaidd a modern er mwyn dygymod. Achos yr oedd yn rhaid dygymod a dweud, 'Na, mae'n ddigon naturiol – ifanc ydyn nhw a dim ond bod yn wahanol y maen nhw. A hwyrach mai fel hyn y dôn nhw o hyd i'r weledigaeth y maen nhw'n chwilio amdani. Trio bod yn wahanol oeddan ninnau hefyd pan oeddan ni yn 'u hoed nhw ond nad oedd ganddon ni ddim hanner cymaint o blwc â nhw. Chwara teg iddyn nhw...' Ia, wel...

Yr oedd cyfeillion caredig o Stiniog wedi rhoi cyfeiriad perthnasau yng Nghasnewydd i ni rhag ofn y byddai angen rhyw help ar Siân i ddygymod yn y dre ac yn y Coleg. Penderfynu y byddai'n beth doeth i ni fanteisio ar y caredigrwydd a galw i'w gweld. Bynglo taclus yn un o'r maestrefi heb fod ymhell, a'r teulu mor groesawus â phe baem ni wedi mynd i Aberdaron neu Uwchmynydd,

'Cofiwch alw heibio unrhyw amser y byddwch chi'n teimlo ar eich calon. Fyddwn ni'n falch o'ch gweld chi. Ma hi'n hen amsar anodd iddyn nhw fod yn dechra am y tro cynta fel hyn.'

'Y... ydi ma hi...'

'Fydda i'n gweld Stiniog yn bell. Dach chi'n bellach wedyn?'

'Ydan, sbel...'

'Ond ma ceir yn gneud gwahaniaeth erbyn heddiw.'

'Ydyn ma nhw...'

'Oes 'na stiwdants erill yn aros efo hi?'

Pam na ofynnan nhw iddi hi ei hun gan ei bod hi yma...

'Y... oes ' ychi – o'dd dwy wedi cyrraedd...'

'O ma hynny'n braf – fydd hi'n iawn felly. Dw i'n cofio 'chi pan es i o adra am tro cynta, er ma dim ond i Fangor oedd hi, a 'di Bangor ddim yn bell o Stiniog, ond O, o'n i hirath cofiwch. Ond wrth gwrs ma pobol ifanc heddiw yn wahanol. Wedi arfar mwy yn tydyn?'

Ac o'r diwedd troi at wrthrych y sgwrs oedd yn eistedd ar y soffa,

'Fyddwch chi'n iawn 'chi cariad. Ma hi'n hen dre braf 'chi, Newport 'ma...'

Fuom ni ddim yn tŷ yn hir iawn wedyn er mor groesawus oedd pawb. Meddwl y byddai'n well troi'n ôl am Speke Street a gwybod y byddai gofyn cychwyn yn weddol gynnar os am gael hyd i westy i dreulio'r noson mewn steil yn rhywle fel Y Fenni neu Lanfair-ym-Muallt.

Y ddarpar stiwdant yn eistedd yn y sêt gefn wrth fynd yn ôl am y dre, ac yn ddigon distaw er bod y bobol wedi bod yn glên iawn. Rhoi cip yn y drych-sbio'n-ôl a meddwl tybed pa argraff oedd y teulu o Stiniog wedi'i wneud. Peidio bod rhyw awyrgylch fwy cynefin felly yn dueddol o godi hiraeth ac na fyddai'n syndod gweld y talcen yn crychu a'r gwefusau'n dynn neu hyd yn oed rhyw gysgod o ddeigryn bach yng nghornel llygad? Ond na, doedd yno ddim arwydd o ddim o gwbwl wrth lwc. Hwyrach wedi'r cwbwl fod pobol ifanc heddiw yn wahanol a...

Ond y Nefoedd a ŵyr, nid deigryn bach yng nghornel llygad oedd y ffrwydrad o hiraeth pan dorrodd o, ond storm o feichio crio allan o bob rheolaeth am ei fod wedi'i fygu drwy'r dydd mae'n debyg. Mi arafodd ar ôl aros am sbel ar ochor stryd mewn lle go ddistaw, ac mi aeth heibio yn y diwedd nes bod modd ymuno unwaith yn rhagor â chriw modrwyog Speke Street heb i neb fod fawr callach.

Ond yr oedd yr awydd am fyw mewn steil a mynd i aros i westy wedi pylu braidd erbyn amser cychwyn oddi yno. Soniwyd dim am newid trefniadau chwaith, dim ond gofyn yn betrus ymhen rhyw filltir neu ddwy ar ôl cychwyn,

'Be 'nawn ni?' a chael yr ateb hollol bendant,

'Awn ni adra...'

Mae'r ffordd i'r Gogledd trwy Raeadr Gwy a Llangurig yn ddychrynllyd o unig ac o dywyll yng nghefn trymedd nos. Dim llygedyn o olau ar dde nac aswy o na threflan na phentref, na hyd yn oed olau ambell dŷ ffarm yn y pellter. Dim ond y byd bach cyfyng oedd yng ngolau'r car a'r byd dychrynllyd oedd y tu allan yn y tywyllwch bygythiol. Mi wnaed y siwrnai i Gasnewydd amryw o weithiau wedyn yn ystod y tair blynedd, ond dim ond honno arhosodd wedi'i serio yn y cof. Roedd o'n biti hefyd a ninnau wedi meddwl am gael bod yn bobol fawr.

Tua'r adeg yma y galwodd y cyn-ddisgybl hwnnw oedd wedi bod yn rhoi persbectif eglwys Llanengan ar bapur ar gyfer ei anfon i Gaerdydd fel rhan o'i weithiau gorffenedig ar gyfer yr 'Higher' ers talwm.

'Meddwl ella y leciech chi gael hwn,' a datod y llinyn am y parsel papur llwyd. 'Mae'ch brawd wedi cael un o'r Gwyndy.' Llun mewn inc a golchiad dyfrlliw o Wastadfaes yng Ngharmel oedd o. Llun tawel oedd yn dod â holl ddistawrwydd a heddwch prynhawniau haf hanner can mlynedd ynghynt yn ôl i'r cof. A gwyddwn, mi wyddwn i fod Tomos wedi cael llun o'r Gwyndy a'i fod o'n ei drysori'n arbennig iawn ac wedi ei osod ar bared y pen grisiau mewn lle amlwg yn eich wynebu wrth fynd i'r llofft. A bod yn gwbl onest, hwyrach fy mod i wedi cenfigennu chydig bach. Nid am fod yr arlunydd wedi bod yn Ysgol Botwnnog ac yn gyn-ddisgybl ac wedi dod yn Brif Swyddog Technegol Cyngor Dwyfor na dim byd felly. Ond ryw feddwl – yr oedd yno gymaint o bictiwrs yn y Gwyndy ym Mangor, a... Ond dyna fo, mi aeth y 'Gwynt a'r Dŵr a'r Sigl-i-gwt' i stafell arall er mwyn gwneud lle i Wastadfaes wrth ben y tân yn y stydi. Er mai'r 'Gwyndy' sydd yno erbyn hyn.

Ar ôl marw Tomos fe symudodd Enid i dŷ llai ym Mangor ac aeth rhai o'r lluniau, gan gynnwys y peintiad olew mawr ohono fo'i hun, i Aberystwyth, ond wedyn pan gollwyd Enid, fy chwaer yn nghyfraith, daeth rhai o'r lluniau yma. Mae'r artistiaid yn adnabyddus a rhai o'r lluniau yn werth arian mae'n debyg ac, yn ddigon naturiol, mae'n rhaid bod yn falch ohonyn nhw. Ond pethau yn perthyn i ni ydyn nhw, rhan o'n heiddo ni, pethau biau ni. Mae yna bethau eraill, gwahanol. Mae yna lun mewn olew, ryw bum modfedd wrth chwech ar y pared wrth draed y gwely yn y llofft. Llun hogan bach mewn cap ffwr a chôt ffwr a'i dwylo mewn myff ffwr. A mae hi wedi bod yn gynnes fel pathew ar hyd y blynydd-oedd. Mai peintiodd o pan oedd hi'n fychan iawn ac wedi cael bocs paent olew yn bresant Dolig.

Capeli

Efallai ei fod o'n beth da nad oedd fy nhad yn aelod o'r eglwys. Byddai rhywbeth yn y capel bob nos – Cyfarfod Gweddi nos Lun, Band of Hôp nos Fawrth, Seiat nos Fercher, y Gymdeithas nos Iau a Chyfarfod Darllen neu gyfarfod derbyn ar nos Wener, ac am fod fy mam yn un o'r ffyddloniaid byddai yn ei chychwyn hi ar ôl gwneud pethau'n gyfforddus i Nhad a finna am y gyda'r nos, i un neu'r arall o'r gweithgareddau beunosol hynny. Roedd Tomos yn y Coleg ym Mangor a Dic yn cael caniatâd i fynd i Fodgwilym at Owen i chwarae draffts a dominos. Cael a chael fyddai hi y rhan amlaf ar fy nhad i fod yn y tŷ cyn i Mam gychwyn. Goruchwylion gyda'r nos a gofalon tyddyn – gorffen godro, rhoi gwair i mewn, llithio'r llo, malu rwdins at drannoeth a dod â llond llaw o briciau efo fo i'r tŷ yn barod at gynnau tân yn y bore.

Nos Fawrth, nos Iau a nos Sadwrn fyddai nosweithiau shafio, a byddai Nhad mor ddeddfol fanwl ag y bu Robert Wyn Pant y Buarth erioed. Lliain sychu ar ymyl y bwrdd a jwg chwart i ddal y glàs, fyddai'n hongian ar y pared wrth ochor y ffenest fel arfer ond fyddai'n cael ei osod yn ofalus ar led-tro yn erbyn y jwg ar yr union ongl i fedru gweld yr wyneb ynddo wrth eistedd ar y gadair o'i flaen. Cwpan shafio arbennig, yn ddwy ran, y rhan ucha a thyllau yn ei gwaelod i ddal y sebon – Erasmic – a'r rhan isaf i ddal ei llond o ddŵr berwedig. Bachu'r strap

wrth ddwrn drws y popty i hogi'r rasal, ac wedyn eistedd
o flaen y glàs a thynnu ei wyneb i'r ystumiau rhyfeddaf
er mwyn medru cyrraedd y cilfachau dan ei ên a rownd y
mwstas. Dŵr oer o'r ddesgil molchi yn y tŷ llaeth dros ei
wyneb, a, 'Dyna fo yli, yn sgleinio fel papur sidan.'

Doedd hen ddywediadau hyll fel deud fod wyneb ar ôl
ei shafio 'fel tin babi' ddim yn cael eu caniatáu acw yr
adeg honno. William Pen-bont, brawd fy Mam yn
Llangwnnadl yn Llŷn oedd wedi dweud hynny, ac yr
oedd hi'n iawn i chi'i ddeud o ond gofalu eich bod chi yn
deud mai Wil Pen-bont oedd yn deud. Un peth oedd
dyfynnu – peth gwahanol oedd derbyn dywediadau
estron i lygru iaith yr aelwyd. Yr elfen gyntaf oedd yn
annerbyniol wrth gwrs, ond yr oedd ei gyplysu â 'babi' a'i
ddeud ar un gwynt yn lliniaru peth ar ei berygl.

Dim ond ar un nos Wener bob mis y byddai Nhad yn
troi allan, a hynny i bwyllgor y 'Coparetif' yng
Nghaernarfon. Dal y bỳs chwech i'r dre i fynd i'r Pwyll-
gor erbyn saith a dod yn ei ôl efo'r bỳs naw, wedi bod yn
siop Isaac Parry yn prynu pedair tsiopan borc neu sosej
neu hanner pwys o frôn at ginio dydd Sadwrn ac yn siop
Elin Jones yn nôl 'botyma gwynion' fyddai'n cael eu
cadw ar y silff yn y cwpwrdd llestri wrth ochor y
cwpanau te a'u cynnig yn wobrau neu yn abwyd yn ystod
yr wythnos. Dim ond pan fyddai'r porc a'r sosej wedi
gorffen yn siop Isaac Parry y byddai'r brôn yn cael dod.
Roedd fy nhad ei hun yn ddigon ffond ohono fo – plastro
mwstard arno nes bydda fo'n edrych fel pe bai o'n bwyta
blodau eithin. Ond mi fuo helynt ar ei gownt o un canol-
dydd dydd Sadwrn. Dic, oedd yn greadur bwyteig iawn

yn bedair ar ddeg oed, yn gosod ei arfau i lawr un o boptu'i blât a chyhoeddi,

'Dydw i dim yn byta'r sglyfath yma – mae o'n glustia i gyd!'

Distawrwydd fel fydd rhwng mellten sydyn a'r daran.

'Paid ti â deud petha fel'na! Does 'na ddim o'r fath beth.'

Yr adegau pan mae gweithredoedd yn gryfach na geiriau;

'Be 'di'r rhain 'ta?' a chodi 'i blât i ddangos y darnau bach gloywon oedd o wedi bigo yn ofalus o'r brôn, a chyhoeddi, 'Clustia!'

Anaml y byddai Nhad yn ymyrryd mewn cythrwfl o'r fath, ond 'Byta, Richard!' meddai. Fedrodd 'Richard' ddim magu digon o blwc i ddweud Na-na, ond mi gododd a mynd allan. Ond wedyn, rywsut, os oedd o'n meddwl ei fod o'n bwyta clustiau moch, yr oedd hi yn broblem.

Roedd hyn ymhen blynyddoedd ar ôl yr adegau y byddwn i'n gwylio Nhad yn shafio. A phan fyddai wedi gorffen shafio y troeon hynny, mynd i'r gegin ffrynt i eistedd yn y gadair freichiau i fwrw lludded diwrnod oedd wedi dechrau hanner awr wedi chwech yn y bore a'i dreulio yn

> '...datod y clymau tyn
> A roed pan blygwyd y mynyddoedd hyn.'

'Well i ni ddarllan tipyn?'

'Ew ia!'

'Wel estyn di beth wyt ti eisio 'ta... Wel yn y wir – hwn heno eto?'

'Nedw', Tegla Davies oedd 'hwn' a bu'n mynd am wythnosau a Spargo yn cael ei wneud yn sebra bob nos. Yr unig ddrwg oedd y byddai'r gynulleidfa eiddgar yn mynd i gysgu a chael ei symud oddi ar lin ei dad a'i roi i orwedd yn y gadair wiail nes dôi ei fam i'r tŷ rywle rhwng wyth a naw, a dod ag awel efo hi nad oedd hi yn sicir ddim yn un o awelon mynydd Seion achos yr oedd hi'n llawer rhy oer.

Mae'n debyg mai eithriadau yn nhwll gaea oedd nosweithiau'r darllen a chael clywed am 'Tomi' yn ei Hunangofiant a 'Theulu Bach Nantoer' a'r 'Diddanion' yn Nhrysorfa'r Plant. Y drefn arferol oedd mynd efo Mam i'r Capel, Band of Hôp, Seiat, Cyfarfod Gweddi, a doedd dim gobaith cael amau na chwestiynu'r drefn.

Tri chapel oedd yng Ngharmel. 'Carmel' ei hun i ddechrau – y capel roddodd ei enw i'r pentref, wedi ei fenthyca, fel enwau cymaint o bentrefi'r llethrau yn Eryri, o'r Beibil – 'Tabor yn y mynyddoedd a Charmel yn y môr'. Wedyn 'Pisgah B' – y B am Batus. Doedd Pisgah Batus ddim yn cyfrif ryw lawer iawn chwaith achos ychydig iawn o Fatus-y-dŵr-yn-meddwl-yn-siŵr-na-cheith-neb-fynd-i'r-nefoedd-ond-y-nhw oedd yno, a'r unig amser y byddai Pisgah Batus yn cael sylw arbennig fyddai adeg bedyddio a John Williams wedi llenwi'r seston yn y sêt fawr a'r pregethwr mewn welingtons at ei ganol yn sefyll yn y dŵr yn trochi'r bedyddiedig fel dipio defaid.

Er bod yno lawer o bobol y pentre – pobol gyfrifol fel pobol Cae'r-moel a phobol Pen Bryn yn mynd i gapel Pisgah A, fedrech chi yn eich byw deimlo rywsut fod y llwybyr oedden nhw'n ei ddilyn cweit mor saff o fod yn mynd i'r nefoedd ag oedd yr un o gapel Carmel. Mae'n wir y byddai ganddyn nhw gyfarfod pregethu y Sulgwyn, a phregethwyr mawr fel Glyn Thomas a Lewis Tymbl yn pregethu yno, a llond y lle o hetiau newydd yn blu a blodau a hyd yn oed geirios un tro yn gwrando, ond... doeddan nhw ddim yr un fath. Ac fe fyddai'r Batus yn cael benthyg capel Pisgah A hefyd am un Sul yn nechrau haf i gynnal eu cyfarfod pregethu hwythau. Glasnant Young yn disgrifio'i hun yn cael siwt newydd am y tro cynta erioed. Ei fam yn mynd â fo i siop ddillad, a'r llais yn codi yn raddol wrth ofyn y cwestiwn – 'A phwy oedd tu ôl i'r cownter y bore hwnnw? Ie, ie – rych chi i gyd yn nabod Jiwbili...' Ac os nad oeddech chi'n gwybod cynt fod Jubilee Young wedi bod yn brentis o ddilladwr, roeddech chi'n gwybod wedyn. Ond y cymhwysiad oedd yn cynhyrfu'r gynulleidfa – '...ma 'dan ni frawd yn aros i gynnig siwt i ni, gwisg ddisgleirwen wedi'i channu yn y gwa'd.' Ac er bod 'Dos i fyny i ben Pisgah' wedi ei ysgrifennu mewn llythrennau breision wrth ben y pulpud doedd eich siawns chi ddim cystal...

A pheth arall, Jane Catrin Cae'r-moel yn dod i'r drws ym Mryn Awel ar ôl i ni symud yn ôl yno ac yn gofyn,

'Glywsoch chi'r sŵn neithiwr? O dacia nhw...'

'Naddo. Be oedd?'

'Tua dau o'r gloch y bora. Mi oedd rhyw hen bwl o gaethdra ar Rhisiart, a finna wedi codi i neud diod o de iddo fo a pan oeddwn i yn cyrraedd yn ôl i'r siambar mi clywn i o.'

'Be? Oedd 'na derfysg?

'Nag oedd. Llygod mawr! Yn llond y lôn! Mi oedd Johnny Minffordd ar 'i draed ac wedi 'u clywed nhw ac wedi mynd i'r drws. Mi oedd 'no gannoedd medda fo a mi gaeodd y drws am 'i fywyd wedi dychryn.'

'I ble'r aethon nhw 'ta?'

'Dŵad o Ben-groes heibio Pencaesion a thwrw mawr gynnyn nhw, a draw am Garmel yr aethon nhw. Mi oedd Emma Wilias wedi'u clywad nhw'n mynd ar hyd Rhes Ffrynt 'na hefyd. A Johnny Cilfodan. Fel ma raid 'u bod nhw wedi mynd ar hyd Lôn Bisgah hefyd…'

Oedd, yr oedd yr haid wedi mynd ar hyd Lôn Bisgah, ac yn fwy na hynny wedi troi'r gornel a mynd i mewn dan lawr y capel i'r lle gwag rhwng y coed a'r ddaear trwy'r tyllau awyru lle'r oedd y gratin wedi torri. Roedd y stori'n dew drwy'r lle erbyn dechrau'r pnawn, ac wrth ei bod hi'n wyliau'r haf o'r Coleg, mynd draw i gynnig help. Ond,

'Nag oes 'machgan i am wn i, diolch i ti yr un fath. Mi aeth yr hogyn 'ma i nôl Bob Jones a Richard Pritchard cyn iddyn nhw fynd i'r gwaith, ond pasio i aros tan heno i gael gweld be fydd 'naethon nhw. Yr hen sglyfaethod yntê? Ond aros am funud a tyd efo mi i'r festri…'

Agor y drws oedd yn arwain o'r festri i'r capel yn ofalus ac yn ddistaw bach a sibrwd ac amneidio,

'Sbia di i mewn rŵan ond paid ag agor mwy…' Doedd dim angen. Roedd y Sêt Fawr i'w gweld i gyd a llafnau o haul yn tywynnu i wneud sgwariau ar felfed coch y sedd ac ar astell y pulpud bach lle'r oedd y Beibil a'r Caniedydd yn eu lle ar gyfer y Sul. Ond ar y glustog felfed yr ochor nesaf i ddrws y festri yr oedd llygoden fawr foldew yn gorwedd yn yr haul yn cysgu'n sownd. Un arall gyferbyn â hi yr un fath ac un arall ar y pulpud bach rhwng y Beibil a'r Caniedydd a'i phen i fyny yn sbio o'i chwmpas yn union fel pe bai hi'n barod i ledio'r emyn i ddechrau'r cyfarfod. Chaewyd erioed ddrws mor ddychrynllyd o sydyn. Griffiths Contractor gafodd wared ohonyn nhw yn y diwedd trwy agor pob gratin yn yr ochor lle'r oedd y rhai wedi torri a selio rhai yr ochor arall i gyd ond un a chwythu mwg drwy hwnnw nes i un ddod allan ac i'r lleill ei dilyn a'i chychwyn hi heibio Glyn Meibion a'r Foty i lawr am Nant yr Hafod. Pam y dewisodd y genfaint honno gapel Pisgah, pwy a ŵyr. Ffolineb oedd awgrym Robin Foty ei bod hi'n haws iddyn nhw gael mynd i mewn am nad oedd yno ddim Hyfforddwr na Chyffes Ffydd.

Ond er yr amrywiaeth oedd yn y capeli, wrth reswm, yr oedd y tri yn well na'r Eglwys. Nid bod yno eglwys. St. Thomas oedd ein heglwys ni, hanner y ffordd i lawr i'r Groeslon yng nghanol caeau heb dai yn agos ati, dim ond hen fawnog wedi cau a throi yn bwll o ddŵr.

Mi fu'r Eglwys Sefydledig yn gryn atyniad yn ddiweddarach, nid oherwydd ei chredoau na'i dysgeidiaeth gwaetha'r modd, ond oherwydd ei defodaeth a'i seremonïaeth a'i gwisgoedd a'i hawyrgylch. Yn wahanol iawn i fod yn y capel a gorfod eistedd yn sêt y teulu, ac yn anaml yn cael mynd i'r gongol, mi gaech chi eistedd yn y fan fynnech chi yn yr eglwys – gyferbyn â'r drws agored yng nghanol haf ac aroglau gwair yn llifo drwy'r drws, a bref ambell ddafad foldyn fel Amen. Mae yna ryw swyn wedi bod ar hyd y blynyddoedd mewn defod a seremoni. Mwynhau mynd i wasanaeth yng Nghapel Hostel yr Eglwys ym Mangor lle byddai'r Warden yn ei wisgoedd gwyn a'r gwyrdd llachar ddisglair am ei wddf yn gweinyddu'r cymun yn aroglau arogldarth y thuserau.

Efallai fod pethau fel hyn ym mêr yr esgyrn, oherwydd fyddai wiw i ni ddweud dim byd diraddiol am yr Eglwys, achos yn yr Eglwys yn Llangwnnadl yn Llŷn yr oedd Mam wedi ei magu; yno yr oedd hi wedi dysgu'r catecism ac wedi adrodd y Credo, ac yno yr oedd hi wedi llafarganu atebion y Litani adeg Diolchgarwch. Ac yno, wrth gwrs, yr oedd hi wedi priodi, yn y ffrog oedd Catrin Llain Las wedi'i gwneud iddi, ac yno wrth fynd i'w phriodi yr oedd hi wedi gorfod codi ei choesau dros gangen helyg i fynd i mewn i'r eglwys. Ac fe fyddai Mr Williams y Person yn galw yng Ngwastadfaes ambell dro, dim ond mai galwad gymdeithasol oedd hi am fod gwreiddiau Mam yn yr eglwys yn hytrach na galwad fugeiliol gan Mr Hughes y Gweinidog am ei bod hi yn aelod yn y 'Carmel M.C.' oedd yn talu ei gyflog iddo. O ganlyniad, rhyw frith wenu y byddai hi pan fyddai rhywun yn adrodd fersiwn Carmel o'r stori honno sy'n rhan o lên gwerin llawer ardal – fel yr oedd William Cae-lon wedi dweud wrth Harri Caeforgan nad oedd o'n mynd i na llan na chapel – 'Harri 'ngwas-i os nad ei di i foddion gras dos i'r eglwys.' Byddai pawb ond Mam yn ei gweld hi'n stori ddigri iawn. Ond er hynny a gwaetha'r cwbwl, Methodist Calfinaidd oedd hi. Wel Methodist beth bynnag, yn mwynhau awyrgylch ddifrif, ystyrlon, bwysfawr yr oedfaon a'r Cyfarfod Gweddi a'r Seiat.

O ganlyniad, eithriad fel rheol oedd cael peidio â mynd i'r Seiat ac aros gartre efo Nhad. Roeddan ni yno yn ifanc iawn – Willie, Ffrancon, Robat, Richie – a genod – yn eistedd yn yr ail sêt o'r gwaelod yn y festri, yn codi ac yn gostwng fel Pinociaid bach yn ystod y gwasanaeth dechreuol, ac yn tynhau yn barod erbyn byddai'r llywydd yn dweud,

'Ddowch chitha ymlaen rŵan i ddeud eich adnoda 'mhlant i...'

Testun y bregeth y bore Sul cynt – a'r pennau os oeddech chi am fod yn ddychrynllyd o dda – a rhad ar bregethwyr oedd yn codi testun hyd eich braich chi o'r Hen Destament heb ystyried am funud y byddai'n rhaid i rywrai lefaru'r annibendod ar nos Fercher.

Y Parchedig W.G. Hughes oedd y Gweinidog, wedi dod i Garmel o Uwchmynydd yn Llŷn, ond heb ddod â llawer o oddefgarwch a lledneisrwydd y fro honno i'w ganlyn. Dyn yr oedd disgyblaeth eglwysig yn arbennig o bwysig yn ei olwg. Cafodd pump o'r aelodau eu diarddel o'r Seiat ganddo un nos Sul – ffarmwr, teiliwr, chwarelwr, saer coed a dyn glo ac, yn naturiol ddigon, roedd y stori drwy'r lle fel tân gwyllt erbyn bore Llun. Lisi Hughes, heb fawr o gydymdeimlad er bod ei gŵr hi'n frawd i'r teiliwr ond yn flaenor hefyd yn deud dan bletio'i cheg,

'Cofiwch chi, does yr un o'r pump wedi talu 'u casgliad mis 'leni na llynedd, a ma Mistar Hughes wedi siarad efo pob un ohonyn nhw, a fedrwn ni ddim fforddio "passengers". Yn na fedrwn?' Hi a'i 'phassengers'.

Owen Powell ar ei ffordd i'r chwarel ddeudodd wrth y dyn glo beth oedd wedi digwydd y noson cynt, ac yr oedd y newydd yn ddychryn ac yn boen iddo, a phan welodd o'r Gweinidog yn dod i lawr y Rhes Ffrynt ymhen rhyw ddwyawr, ymwrolodd a chroesi i'w gyfarfod.

'Ydi o'n wir ych bod chi wedi nhorri fi allan o'r capal neithiwr, Mistar Hughes?'

'Rydach chi yn y byd ers hanner awr wedi saith neithiwr, gyfaill,' oedd yr ateb. 'Cyfaill' oedd rhywun fel fy nhad nad oedd yn aelod, ond 'brawd' – a hynny hyd yn oed ar lan bedd – os oedd yr ymadawedig wedi talu'i gasgliad mis.

Yr oedd cadw disgyblaeth ar blant yn bwysicach fyth yn ei olwg. Rhai o swyddogion yr eglwys ac ambell aelod o'r pwyllgor fyddai yn y Band of Hôp ar nos Fawrth. Y cyfnod pan oedd Dic, y brawd canol, tua phymtheg oed oedd hi.

'Richard Williams Parry, ddowch chi 'mlaen at yr offeryn os gwelwch chi'n dda?' gofynnodd y Gweinidog ar ddechrau'r cyfarfod. Doedd Elin Elsie na Phebi ddim yn bresennol, ac yr oedd Richard Williams Parry wedi cael gwersi gan Richard Hughes, y Post – Pencerdd Llifon – ac yn un o gyfeilyddion swyddogol yr achos yn 'Carmel' a hynny wedi bod yn destun cryn falchder i'w fam, achos fe gredai yn sicir y byddai hynny'n golygu un marc o leiaf o'i blaid pan ddelai'r dydd. Ond y noson honno, edrychodd yr organydd i fyny o'r sêt tu ôl ac ysgwyd ei ben. Ailadroddodd y Gweinidog y cais gyda'r un pwyslais yn gywir ond bod awgrym yn ei dôn nad oedd wedi bod yn ddigon hyglyw y tro cyntaf.

'Richard Williams Parry, ddowch chi 'mlaen at yr offeryn?' Ond ysgwyd ei ben wnaeth yr organydd yr ail waith. Fedra fo wneud dim ond ysgwyd ei ben am fod John Hughes Tŷ Bet oedd yn eistadd wrth ei ochr wedi dod â rwdan i'r Band of Hôp i ddifyrru'r amser a bod y ddau newydd roi sglaff ohoni yn eu cegau. Nid cais oedd y tro nesaf ond gorchymyn,

'Richad Wilias Parry, dowch at yr offeryn!' Yr oedd

digon o'r rwdan wedi ei llyncu erbyn hynny iddo fedru ateb yn uchel,

'Na ddof,' a phoeri peth o'r gweddill tamaid rwdan oedd yn ei geg allan ar goler ffyr côt Annie Olwen Bryn Ffynnon oedd yn eistedd yn y sêt o'u blaenau. Ond mae'n rhaid nad oedd y 'Na ddof,' wedyn yn ddigon grymus, ddim yr un fath â 'Na, choda i ddim' Mrs Rosa Parks ym Memphis Tennessee, achos fe afaelodd y Gweinidog yn y ffon fyddai ganddo'n canu'r Modiwletor, a cherdded a sefyll y tu cefn i'r sêt ôl a phwyntio i gyfeiriad y piano efo'r ffon a deud,

'Cerwch!' atseiniol. Mi dorrodd grib yr organydd, ond doedd yr helynt ddim drosodd. Ar ôl Band of Hôp digon hwyliog, ac adeiladol efallai,

'Mi ganwn ni emyn i derfynu,' meddai'r Gweinidog.

> Bugail Israel sydd ofalus
> Am ei dyner annwyl ŵyn,
> Mae'n eu galw yn groesawus,
> Ac yn eu cofleidio'n fwyn,'

a dangos yn hollol eglur efo blaen ffon y Modiwletor pa dôn oedd i fod i gael ei chware – 'Bugail Israel', yr isaf o'r ddwy dôn ar y dudalen. Ond dwy linell gyntaf 'Lausanne', yr uchaf o'r ddwy dôn ar y dudalen ganodd y piano fel rhagarweiniad. A deuawd gafwyd i ddiweddu Band of Hôp y noson honno – y piano yn canu 'Lausanne' a'r Gweinidog yn canu'r geiriau ar dôn Tom Price, y dôn oedd ar waelod y dudalen a dim ond y Gweinidog a'r piano yn canu. Diweddu heb fod mewn cytgord.

Ond doedd y storm yn y Band of Hôp ddim ond fel

cynnwrf mewn pwll hwyaid o'i chymharu â'r dymestl dorrodd yn y tŷ yng Ngwastadfaes ar ôl i ni ddod adre o'r ysgol bnawn Mercher. Cymdoges feddylgar wedi gofyn i Mam tua chanol dydd, 'Mi glywsoch am yr helynt yn y Band of Hôp ma siŵr?' er mwyn iddi hi gael deud. Doedd hi ddim yn hawdd cysoni pethau o'r fath efo 'Gwyn eu byd y tangnefeddwyr' a 'Cerwch eich gelynion' ac athrawiaethau sylfaenol felly fyddai'n cael eu trafod yn y Seiat. Y cwestiwn cyntaf ar ôl i Dic gyrraedd o'r ysgol nos Fercher oedd, 'Pwy oedd yn chwara yn y Band of Hôp neithiwr?' Cwestiwn digon diniwed yn cael ei ofyn fel pe bai ar ddamwain. Ond fe wyddem ni'n dau mai galwad yr utgorn cyn dechrau tanio oedd o ac fe gymrodd bledio hyd at ddagrau ar ran Dic cyn cael addewid i 'beidio deud wrth dy dad'.

Bu'r Gweinidog farw yn 1929 ac yr oedd llawer iawn o bobl yn yr angladd – mwy o 'frodyr' nag o 'gyfeillion' mae'n debyg – a buom heb weinidog wedyn am rai blynyddoedd. Ond yr oedd yno flaenoriaid. Ac yr oedd yno Ben Blaenor – Rowland John Owen, Rolant Owen ar lafar – yn ddyn heb lysenw o fath yn y byd a hynny yn eithriad mewn cymdeithas oedd yn enwog am lysenwi. Er nad oedd o mo'r hynaf o ran blynyddoedd yn y Sêt Fawr, yr oedd o yn un o'r tri blaenor oedd wedi eu dewis yn negawd cynta'r ganrif ac yr oedd o wedi bod trwy danchwa ysbrydol '04 – '05. Er yn ôl ambell awgrym, rhwng llinellau fel petai, doedd ei fuchedd yntau mwy nag ambell un arall ddim wedi bod yn gwbl ddilychwin pan oedd o'n hogyn ifanc er ei fod o wedi troi at grefydd cyn y Diwygiad. Ond ar ôl cael ei wasgu ym mwlch yr argyhoeddiad a dod drwodd yn un o'r praidd yn y porfeydd gwelltog, yr oedd o wedi ei sobri a'i sobreiddio a'i ddifrifoli. Yr oedd o'n ddyn trwm, ond doedd o ddim yn sych-dduwiol a doedd dim arlliw o ffug-sancteiddrwydd yn perthyn iddo fo.

Gweithio yn chwarel Pen'rorsedd yr oedd o, yn mynd at ei waith fel chwarelwyr eraill yn ei gôt liain a'i drywsus ffustion a hances goch am ei wddw. Ond â het galed am ei ben bob amser. Nid bod hynny yn anghyffredin, achos yr oedd yno amryw yn dal i wisgo het galed oedd wedi bod yn het orau cyn mynd yn het ail cyn mynd yn het wisgo. Ond erbyn hynny, het feddal fyddai gan y rhan fwyaf. Ar wahân i ryw lafnau fyddai'n gwisgo cap stabal. Byddai'r rhan fwyaf yn newid i ddillad ail gyda'r nos, ac yn sicr byddai'n rhaid i Rolant Owen newid achos yr oedd bod yn flaenor Methodus yn job amser llawn. Ac mi fyddai'n gwisgo coler bigau a thei du gyda'r nosau hefyd gan fod coler glwt yn y capel yr un fath â chap stabal yn y chwarel.

Pen Blaenor oedd Rolant Owen ar ôl bwyd chwarel bob nos. Pam y fo mwy na rhai o'r blaenoriaid eraill? Yr oedd Willie Edward Hughes, yr ysgrifennydd, yn ddyn mwy gofalus a theidi. Yr oedd Thomas William Elias Jones, Y Siop, tad Ffrancon, yn ddyn cyfoethocach a mwy gwybodus ym mhethau'r byd yma. Yr oedd Henry Owen Jones yn llenor ac yn fardd, wedi gwneud llyfr – 'Caneuon ac Adroddiadau' – yn llawn o benillion fel,

Mae acw ryw ryfeddod,
Rwy'n methu'n glir â'i ddallt,
Mae pen ein Tada'n tyfu,
Yn tyfu trwy ei wallt.

Ac yr oedd Eleazar Morris yn gweddïo yn hwy ac yn uwch na neb arall. Ond Rolant Owen oedd y Pen Blaenor. Dyn cyhoeddus wrth reswm, dyn aeddfed, dyn stans, yn gadarn, yn ddeallus, yn olau yn ei Feibil. Ond yn fwy na dim arall, yr oedd o'n areithiwr a'i huodledd yn medru troi yn llifeiriant o eiriau. Chwarelwr cyffredin, digon medrus, ym Mhen'rorsedd. Tad Elin Elsie, John Owen ac Eurwyn, yn ddigon tebyg i dadau eraill y gymdogaeth yn y Rhes Cefn. Ond uwch o'i ysgwyddau i fyny na neb arall unwaith yr oedd o trwy ddrws y capel a'r festri.

Pan fyddai'n codi ar ei draed i siarad yn y Seiat, ei fraich dde yn gorffwys ar y pulpud bach a'i law chwith yn cydio yn labed ei gôt, byddai'r awyrgylch yn newid. Un noson 'Watchnight' mi fu yno feddwi cyhoeddus nad oedd dim modd ei guddio. Dau neu dri o leisiau ansoniarus i'w clywed yn gofyn yn Saesneg am i rywun ddangos y ffordd adre iddyn nhw tra bod y gynulleidfa yn y festri yn erfyn,

'Rho dy fendith, rho dy fendith
Ar y flwyddyn ne-e-ewydd hon.'

Nos Fercher ar ôl y 'Watchnight' honno mi gododd Rolant Owen i ddeud gair yn y Seiat. Cymryd ei safiad fel arfer wrth y pulpud bach. Edrych yn syth i fyw llygad y gynulleidfa a dechrau trwy ofyn – 'Ga i siarad yma heno?', ac ateb ei gwestiwn ei hun – 'Caf yn caf. Pwy rhwystrith fi yntê?' Saib ddisgwylgar ac edrych o'i gwmpas fel pe bai'n deud, 'Rhowch gynnig arni hi, gamp i chi', cyn mynd ymlaen i roi eu haeddiant cyfundebol i lythineb a meddwdod. A gorffen gyda, 'Ddeudodd rhywun stori yn y caban acw yn ddiweddar 'ma, fel yr oedd rhyw gyfaill wedi ceryddu bachgen ifanc oedd ar ben y llithrigfa am ddweud mai diod sâl oedd yn un o'r tai glythineb yma. "Paid â dweud peth fel yna" oedd ei air o, "oes yna ddim fath beth â chwrw sâl." Mi oedd yna chwerthin yn y caban acw. Ond clindarddach drain o chwerthin oedd o achos yr oeddan ni'n gwybod yn wahanol. Na, y bachgen ifanc oedd yn iawn. Peth sâl ydi o. Peth sâl ydi dinistrio bywyda ifanc! Peth sâl ydi gwneud dyn yn fwystfil. Peth sâl ydi llygru moes a threisio sancteiddrwydd cartrefi'n gwlad ni! A dyna pam yr ydan ni am siarad efo'r bechgyn ifanc yma gollodd y ffordd yn oriau gwynion, oriau gweddi, munudau cynta'r flwyddyn yma. Hwn sy'n deud 'y mhobol i – hwn!' a dal y Beibil i fyny ac edrych arno fo ac edrych yn ôl ar ei gynulleidfa.

Roedd y perorasiwn yn cydio am ein bod ni'n gwybod y stori. Twm Foty oedd wedi deud wrth Ifan Hughes y teiliwr mai cwrw sâl oedd yn Ring Newydd. Ac yr oedd brawd Ifan Hughes yn weinidog yn Llŷn.

Seiat goffa i Margiad Robaits. Dau o'r blaenoriaid wedi talu teyrnged i'w choffawdwriaeth, ac un neu ddau o'r llawr wedi 'deud gair'. Dim rhyw eneiniad mawr, achos doedd yna ddim llawer i'w ddweud am yr hen grydures – un dawel, ddi-sôn-amdani oedd hi wedi bod erioed. Yntau yn codi ar ei draed ac yn dechrau, 'Un o golofnau mud yr achos yn y lle 'ma oedd ein diweddar chwaer.' Rhywun yn awgrymu wedyn mai pethau mud ydi colofnau i fod. Sylw dianghenraid iawn, achos mi gafodd Margiad Robaits ei gwneud gogyfuwch â'r angylion yn y munudau dilynol.

Mae'n wir fod y Pen Blaenor yn huawdl, ond nid ei feistrolaeth ar y grefft o siarad cyhoeddus oedd cyfrinach ei awdurdod. Yr oedd yn ddyfnach na hynny. Roedd William E. Williams wedi bod yn arolygwr yr Ysgol Sul am ddwy flynedd, ac yn ystod ei ddwy flynedd yr oedd tripiau'r Ysgol Sul wedi mynd ymhell – rownd Sir Fôn ac i Landudno yn lle dim ond mynd i Aber-soch a Dinas Dinlle – ac yr oedd y gwobrwyon am yr arholiad ysgrifenedig yn y Gymanfa wedi mynd yn uchel, ac o ganlyniad yr oedd cynnwys y pwrs wedi mynd yn isel. Fyddai'n ddim gan William E. Williams fod yn hwyr chwaith. Fe'i gwelwyd o'n cyrraedd dri munud wedi dau. Ac mi anghofiodd fod eisio adrodd y Deg Gorchymyn ar ddiwedd yr Ysgol ar y Sul cynta o'r mis ddwywaith. Doedd y cyfrif deufisol ddim yn dangos cynnydd yn rhif yr adnodau a'r penillion adroddwyd chwaith. 'Gwaetha hyn, roedd pawb yn ffond ohono fo, a roedd o'n ofnadwy o hael efo fferis mint pan fydda fo yn mynd o ddosbarth i ddosbarth yn y festri. A gwên ar ei wyneb o bob amser. Ond...

Mi etholwyd Rolant Owen yn arolygwr ar ôl William E. Williams, ac mi codwyd finna, bron â bod yn ddeuddeg oed, yn ysgrifennydd y festri. Ar ddiwedd yr Ysgol Sul olaf i William E Williams fod yn arolygwr, mi afaelodd Rolant Owen yn fy mraich i wrth i mi basio'r Sêt Fawr ar fy ffordd allan a fy rhoi i eistedd ar y glustog felfed esmwyth. Ar ôl i bawb fynd allan a'r lle dawelu, eisteddodd wrth fy ochor i ar hanner tro a'i fraich dros ganllaw'r sêt.

'Griffith Parry, 'machgan i...' medda fo. Dim ond 'Richie' fydda fo'n ddeud wrth fy nhad, ac mi roedd o

dros ei hanner cant. Ond wedyn, mi roeddwn innau bron
â bod yn ddeuddeg ac wedi fy nghodi yn ysgrifennydd.

'Griffith Parry 'machgan i,' medda fo, 'mae llong yr
Ysgol Sul yn y capal 'ma yn hwylio'n agos iawn i'r
creigiau, a mae hi mewn peryg os na fedrwn ni neud
rywbeth i'w chael hi allan i ddŵr dyfn. Wyt ti'n meddwl
y medrwn ni?'

'Medrwn,' meddwn innau heb fod gen i'r syniad lleiaf
beth na sut. Dim ond y gwyddwn i mai dyna oedd yr ateb
i fod. Ac roeddwn i'n iawn, achos mi ddeudodd ynta,

'Medrwn yn medrwn – da 'machgan i.' A chafwyd dim
mwy o ffydd, naddo yn yr Israel, nag a gafwyd yn
ysgrifennydd y festri pan oedd o'n mynd adre i nôl te y
pnawn Sul hwnnw.

Yn ogystal â'r cadernid a'r awdurdod oedd yn ei
gymeriad, yr oedd yno hefyd feddalwch annisgwyl a
chydymdeimlad a thynerwch. Yr oedd gwarchod
buchedd a moes yr eglwys yn bwysig wrth gwrs, ac os
codai angen disgyblu – wel roedd yn rhaid disgyblu. Yr
oedd yno dair o genod, yn gyfoedion, wedi bod yn yr un
dosbarth derbyn, wedi bod yn yr un dosbarth Ysgol Sul,
wedi symud efo'i gilydd o'r festri i'r capel, ac wedi bod
yn weithgar ac yn ufudd yn y Band of Hôp a'r
Gymdeithas. Ond mi gollwyd un o'r oedfa nos Sul am
bythefnos. A'r drydedd nos Sul doedd yr un o'r ddwy
arall yno chwaith. Ac ymhen dau fis, nid yn unig yr oedd
eu lle nhw yn wag yn y capel, ond doeddan nhw ddim i'w
gweld rhyw lawer hyd y pentre chwaith. Yr oedd yna rai
wedi bod ar hyd y blynyddoedd wrth gwrs... ond tair?
Yr un pryd? Mewn difri. Wyddoch chi... Wel be fydd?
Mi fydd yn rhaid... Fe redodd y misoedd eu cwrs.

Noson Seiat oedd hi a John Owen Cae'r Cyd wedi bod yn y llawr yn gwrando ar air o brofiad y gynulleidfa. Wedi gorffen, a gan mai y fo oedd y llywydd, mi aeth yn ei ôl i'w le yn y gwaelod a dim ond deud, 'Rolant Owen...?'

Sefyll y tu ôl i'r bwrdd â'i ddwy law ar y Beibil wnaeth Rolant Owen y noson honno, ac nid sefyll wrth y pulpud bach fel y byddai'n arfer, a doedd o ddim yn edrych mor dal nac mor awdurdodol y tu.ôl i'r bwrdd. Doedd y tinc arferol ddim yn y llais chwaith wrth iddo fo ddeud,

'Frodyr a chwiorydd. Gwaith anodd sydd raid ei gyflawni heno. Mae'n ofid i mi eich hysbysu chi na fydd enwau'r tair chwaer,' (ac enwi'r tair) 'ddim ar lyfrau'r eglwys yma o hyn allan. Rydan ni wedi ymddiddan efo'r tair ac wedi eu hysbysu o benderfyniad y Swyddogaeth. Newch chi arwyddo'ch cefnogaeth yn y dull arferol trwy godi deheulaw os gwelwch chi'n dda?' Yn y distawrwydd llethol, edrychodd i fyny ac i lawr ei gynulleidfa, ac o un ochor i'r llall iddi. Wnaeth o ddim diolch na dim; dim ond gwasgu'i wefusau yn dynn ar ei gilydd a dweud, 'Hm... Wnawn ni ddim canu i ddiweddu heno, ond gawn ni roi'n gofal i'r Arglwydd.'

Ar ei draed, a'i fraich yn gorffwys ar y pulpud bach y bydda fo'n gweddïo fel arfer, ond mynd ar ei liniau wrth y gadair wrth ochor y pulpud wnaeth o y noson honno. Doedd y weddi ddim mor gaboledig ag arfer chwaith, ond roedd hi'n llawn o eiriau fel 'trugaredd' a 'maddeuant' ac 'edifeirwch', a dyfyniadau fel,

'Agor iddo,
Mae ei ruddiau fel y wawr,'

ac addasu tipyn ar emyn Morgan Rhys at ei bwrpas

> 'Dewch hen ac ieuainc, dewch,
> At Iesu Grist yn ôl...'

a'r 'ô' yn 'ôl' yn cael ei dal yn hir. Nid Rowland John Owen, y Pen Blaenor yn eglwys y Methodistiaid Calfinaidd yn 'Carmel Arfon' oedd o i'r gynulleidfa y noson honno ond tad Elin Elsie a John Owen ac Eurwyn. A'r tair chwaer ieuanc? Mi briododd y tair yn fuan iawn, a charu eu gwŷr a magu'u plant yn annwyl. Dychweled-igion.

Fu ei fyd o ddim yn un esmwyth o lawer. Bu farw'i wraig cyn bod Elsie yn ddeunaw oed, a hi a morwyn – howsgipar – yn edrych ar ôl y ddau ieuengach. John Owen, yr hynaf o'r ddau yn hogyn galluog iawn ac yn hogyn drwg yn ôl safonau'r oes. Hwyrach fod bod yn fab i flaenor yn anfantais sylfaenol ar y pryd. Yr oedd yna gymaint o blant gweinidogion a phersoniaid heb fod i fyny â'r marc ond pawb yn gobeithio mai sufulo a gwella'u ffyrdd fyddai'u hanes nhw, achos fel rheol yr oeddan nhw yn gymeriadau hoffus ac annwyl. A doedd John Owen ddim yn eithriad. Pawb yn ffond ohono fo ac yn meddwl yn siŵr y bydda fo'n byhafio yn iawn ar ôl mynd i'r Coleg i Fangor. Ac mae'n fwy na thebyg y byddai wedi gwneud. Ond yn nechrau Mehefin 1930 ac arholiadau'r Coleg Normal ym Mangor wedi gorffen ar bnawn dydd Mercher, mi aeth John Owen ac un o'i ffrindiau o Neuadd y George i ymdrochi yn afon Menai cyn brecwast dydd Iau. A bu foddi yn un ar hugain oed.

William Roberts, Bryn Môr aeth i nôl Rolant Owen adra o'r chwarel. Ac mi fu'r pentre yn ddistaw am ddyddiau. Ddaeth y corff ddim i'r lan hyd ddydd Mawrth yr wythnos wedyn. Roedd ei gornel yn y Sêt Fawr yn wag ddydd Sul, ond mi gerddodd hyd ochor y mynydd bob diwrnod hyd ddydd Mercher. Tref Caernarfon a thyrau'r castell a Sir Fôn a'r tu hwnt iddyn nhw sydd i'w gweld o ochor mynydd y Cilgwyn. Ac afon Menai fel llinyn arian rhyngddyn nhw. Tua dau o'r gloch pnawn Mercher y daeth y newydd eu bod wedi cael hyd iddo, ac fe aeth John Owen, ei hewythr efo Elsie i ochor y mynydd i ddeud wrth ei thad. Aeth o ddim i'r capel y Sul ond yr oedd o yn y Seiat nos Fercher yr wythnos wedyn. Mi fedrais osgoi edrych arno ar hyd yr amser er mai y fo oedd yn gwrando arnon ni yn dweud ein hadnodau. Ond mi ddaethom ein dau wyneb yn wyneb yn y lobi am fy mod i yn gorfod aros i Mam ddod allan. Wnaeth o ddim byd ond fel arfer chwaith – rhoi'i law ar f'ysgwydd i a deud – 'Machgan i.'

Yr oedd gan bobol fel hyn adnoddau cryfion i'w cynnal. Oedd eu gwybodaeth o'r Beibl a'u diwinydd-iaeth a'u credoau yn ddigon tybed? Roedd yr athraw-iaethau a diwinyddiaeth yn bwysig iawn...

Roedd y mater wedi ei osod ar gyfer y Seiat y nos Fercher honno – atgyfodiad y cnawd. Seiat agored fyddai hi fel rheol a phawb yn dilyn ei drywydd ei hun, ac fe fyddai dyn llai na Rolant Owen wedi cael ei daflu oddi ar ei echel gan rai o'r adnodau fyddai'n cael eu dweud mewn Seiat felly.

'A'r sêr hefyd a wnaeth efe,' meddai John Tŷ Croes.

'Ia,' meddai'r Pen Blaenor cyn i neb gael amser i feddwl am wenu, 'rhyfeddu at waith ei fysedd o yr ydach chi yntê, John Jones?'

' Ia am wn i,' fyddai'r ateb ac fe âi yntau yn ei flaen i ganmol rhyfeddodau'r cread. Wedyn mewn ateb i'r cwestiwn,

'A beth sydd ganddoch chi ar eich meddwl heno, Sydna Hughes?' cael yr un adnod bob tro.

'A'r trydydd dydd yr oedd priodas yng Nghana Galilea a mam yr Iesu oedd yno.'

'Ia, rydach chi'n cael cysur yn yr adnod yna, Sydna Hughes…'

'Gweld hi'n braf arnyn nhw yn y briodas yntê?'

'Ydi mae hi'n braf ar bobol yr Arglwydd yn tydi?' ac ymlaen i ganmol 'y gwin a'r llaeth, heb arian a heb werth' yn neithior yr Oen.

Ond yn y Seiat Bwnc honno – Seiat Atgyfodiad y cnawd – yr oedd pethau wedi dechrau tynhau wrth i Henry Owen Jones, fodern ei feirniadaeth, feiddio dweud mai 'dyfalu' llawer iawn o'r pethau oedd yn cael eu dweud wrth y Rhufeiniaid yn yr Epistol yr oedd yr Apostol Paul.

'Doedd dim posib ei fod o'n gwybod. Dydi pethau fel hyn yn ddim ond pethau i ddyfalu yn eu cylch nhw. Bosib iawn mai dim ond dyfalu yr oedd o. Ella nad ydi'r pethau mae o'n ddeud ddim yn wir.'

Roedd hi'n amlwg fod sylwadau fel hyn yn dân ar groen y Pen Blaenor, ond gwrando yn ddistaw a dweud dim wnaeth o a mynd yn ei flaen i gydnabod 'sêrs' John Tŷ Croes a 'phriodas' Sydna Hughes. Wedi i Richard Williams Pen-llwyn wneud sylw neu ddau y gellid eu dehongli fel amheuaeth o wirionedd athrawiaeth atgyfodiad y cnawd, fe benderfynodd Henry Owen Jones danio ergyd arall o gornel y Sêt Fawr, a hanner troi a dyfynnu o'i gof yn flêr ac yn herciog o esboniad Cynddylan Jones, bethau fel 'mai deud petha fel hyn fel tasa fo yn tynnu llunia y mae Paul a nad ydan ni ddim i fod i feddwl eu bod nhw'n wir'.

Fe wrandawodd Rolant Owen ar y llith heresïol â'i ben i lawr nes iddo ddod i'w derfyn gyda,

'...fel yna mae'r Parch J. Cynddylan Jones yn deud beth bynnag.'

Wedyn mi gerddodd yn bwyllog i lawr y llwybr rhwng y seti ac aros gyferbyn â'i gyd-flaenor ac edrych arno gyda thosturi dirmygus, a gofyn,

'Peidio bod y Parch J. Cynddylan Jones yn dyfalu, Henry Owen Jones?' a mynd yn ei flaen at y pulpud bach. Aros am eiliad a'i gefn at y gynulleidfa cyn troi i'w hwynebu, a dechrau,

'Mae arna i ofn fod yna sect o Saduceaid yn cael ei meithrin yn yr eglwys yma yng Ngharmel. A mae arna i ofn mai chi ydi 'u harweinydd nhw, Henry Owen Jones...' ac ymlaen nes bod llewyrch fflamau tân uffern yn dawnsio o gwmpas yr amheuwr.

Na, Calfin uniongred cyflawn oedd o, yn gadarn ac yn garedig, yn ddigyfaddawd ac yn ddiedifar. Mae'r drefn oedd o'n barchu wedi diflannu, mae'r ddiwinyddiaeth oedd yn sail i'w gred wedi ei dinistrio. Ddaeth ei ddyheadau o am weld 'eglwys Dduw fel dinas wych' ddim yn wir. Ond pan oedd o ar ei liniau wrth y gadair wrth ochor y pulpud bach mewn cyfarfod gweddi arbennig yn y festri yn haf gwlyb '23, cyn iddo fo orffen yr oedd yno liwiau glas a choch ar y pared y tu ôl iddo fo am fod yno lafn o haul y machlud wedi torri drwy'r cymylau a thywynnu drwy'r ffenestri lliw. Roedd hi'n ddiwrnod sych, braf drannoeth hefyd...

Gwanio yr oedd gafael y capel ar y gymdeithas er gwaetha argyhoeddiad rhai o'r tadau. Aeth Dic mor bell â thynnu dau chwe cheiniog allan o'r blwch cenhadol efo cyllell a darn o ochor bocs matsus er mwyn prynu lein barcud. A waeth deud y gwir erbyn hyn – dim ond gwerth chwe cheiniog o lein oedd o wedi brynu ac yr oedd honno'n ddychrynllyd o hir, cyn ffyrfed â'ch dwrn chi ar ôl ei dirwyn ar y peg. Aeth y chwe cheiniog arall am dri phaced Wdbein – digon o ddeunydd smocio am bythefnos, a sicrwydd colledigaeth ei enaid am dragwyddoldeb. Ac eto, agorodd y ddaear ddim a'i lyncu o a ddaeth yna ddim tân o'r nefoedd am ei ben o er bod rhywun yn teimlo'n ddigon pryderus ynglŷn â fo am ddyddiau lawer. Ei waredigaeth ryfeddol o rhag cyflog pechod yn awgrymu'n gryf nad oedd y blwch cenhadol mor gysegredig ag yr oedd pawb wedi meddwl ei fod o.

Tua diwedd y flwyddyn y byddai'r blychau cenhadol yn cael eu hagor a'u cyfrif, yn gynnar gyda'r nos yn y festri, a blychau newydd yn cael eu rhoi yn eu lle. Peth pryderus oedd mynd â'r blwch hwnnw i'w agor. Beth pe bai Willie Edward Hughes yn aros ar ôl agor y caead bach yn y cefn ac edrych yn amheus i fyw fy llygad? Neu beth pe byddai yna ymyriad arall wedi bod a'i fod o'n dod ar draws darn o ochor bocs matsus yng nghanol yr arian? Neu beth pe na byddai yno ddim ond arian cochion a phob pisyn chwech a phob tair ceiniog wen wedi cael eu hudo allan? Ond na, mi ysgydwodd Willie Hughes y bocs nes bod ei gynnwys brith – a diolch mai brith oedd o – yn bentwr ar y bwrdd, a dechrau cyfrif. A diolch byth, dim ond ym mlwch Ffrancon a blwch Arfon, mab Willie Hughes ei hun, yr oedd mwy o arian.

'Da 'ngwas i. Rwyt ti'n drydydd yli. Rydach chi wedi hel yn ardderchog. Ydi Tomos a Richard Wilias wedi bod yn dy helpu di?'

'Dipyn bach.' Gwenodd a rhoi'r caead yn ei ôl yn y cefn a rhoi lebal gwyn glân drosto a 'Gwastadfaes – 1924' wedi ei ysgrifennu arno yn barod at y flwyddyn ddilynol.

'Dyna chdi a diolch yn fawr iawn i ti. Mi fydd plant bach duon yn falch iawn wyddost ti.'

Mynd allan yn falch ond yn amheus o'r busnes cosb am bechod, ac yn gweld wynebau plant bach duon yn gwenu trwy gymylau o fwg sigaréts.

Roedd Johnny, Rathbone Terrace, y Groeslon, ffrindia Tomos, wedi cael blwch cenhadol newydd pan oedd o ar ei flwyddyn gyntaf yn Ysgol Pen-y-groes ac wedi penderfynu ei fod o am ddechrau casglu yn gydwybodol ac wedi mynd â'r blwch efo fo i'r ysgol er mwyn cael hel ar y ffordd adre. Derbyniad caredig ac ychydig geiniogau yn y tai ar hyd Bethel Terrace. Wedyn dechrau ar res tai Tre Ddafydd a chael derbyniad tebyg yn rhai o'r tai cyntaf. Ond y drws dipyn yn hir yn agor yn un o'r tai tua'r canol, a phan gafodd o ei gilagor ryw droedfedd, wyneb cuchiog gwraig drom yn edrych arno, ac yntau yn dal y blwch i fyny er mwyn iddi gael gweld llun Iesu Grist ynghanol plant bach duon ar ei ochor o. Yna deud mewn llais diniwed,

'Hel at genhadaeth 'dw i.'

'O,' meddai hithau, 'wel golchi 'nhraed a naddu 'nghyrn rydw inna,' a chau'r drws yn glep. Wyddai'r casglwr bach ddim nad oedd gan Neli Bol Meddal –

maddeuwch y llysenw – ddim byd i ddeud wrth y genhadaeth dramor ac nad oedd hi erioed wedi clywed sôn am Fryniau Casia.

Roedd hi'n amlwg nad oedd y Rhyfel – y Rhyfel Mawr – wedi gwneud dim lles i achos crefydd, a chapeli'r pentrefi yn colli tir ac yn gwanio. Roedd Dic wedi cael ei dderbyn yn gyflawn aelod yn bedair ar ddeg oed, ond roedd hi'n anodd ei gael o i'r capel nos Sul yr Ordinhad, a byddai wedi methu'n lân â dod i ben i orffen gwneud ei dasg nos Fercher cyn amser mynd i'r Seiat, ac fe fyddai'r esgus yn gweithio bob tro ac o ganlyniad doedd dim rhaid iddo chwilio am well esgus fel y ddannodd neu boen yn ei fol – pethau yr oedd yn anodd i neb eu croes-ddweud os oedd gennych chi rywfaint o dalent actio. Yr unig ymateb i fod heb wneud ei dasg fyddai,

'Biti garw na fasa ti wedi mynd ati ar ôl te yn lle mynd i Glwt Foty i gicio pêl.'

Yr oedd Henry Owen Jones wedi condemnio'r arfer o 'gicio gwynt mewn croen llo' yn un o'i ganeuon ac yr oedd o'n mynegi'r farn gyhoeddus ymysg y dosbarth canol canolig. Yr oedd C.H. Leonard ar y llaw arall wedi dweud ar ddiwedd adroddiad Dic o'r ysgol un tymor, 'A very valued and enthusiastic member of the football team,' ond ymateb llugoer oedd i'r fath ganmoliaeth ar yr aelwyd yng Ngwastadfaes. Yr oedd 'report' Tomos bob tro wedi bod yn llawn o 'Very good' a 'Excellent progress' a sylwadau felly yr oedd pawb wedi eu hedmygu a bod yn falch ohonynt. Ar wahân i'w gyfraniad i'r tîm pêl-droed, galluog iawn ond aflwyddiannus oherwydd diffyg ymdrech oedd y ddedfryd ar yrfa addysgol Dic, a gorau po leiaf i ddweud am sylwadau'r athrawon ar gyraedd-iadau academaidd eu brawd fenga – 'Weak', 'poor' a 'he does not know his tables'. Ac 'fel yr oedd yn y dechrau y mae yr awr hon' ac y bydd bellach mae'n beryg.

Peth chwithig rywsut oedd cyrraedd yr ysgol ym Mhen-y-groes un bore, wedi stryffaglio erbyn hyn mor bell â'r chweched dosbarth ac yn 'gwneud' yr 'Higher', a Luned Huws – roeddan ni'n dau yn dipyn o ffrindiau – yn aros amdana i yn y drws fel arfer.

'Gin i rwbath i ddeud wrthat ti.'

'Be 'lly?' gobeithiol efallai.

'Am y bora 'ma.'

'Be? Deud 'ta.'

''Nath Miss Jones weddïo drostat ti yn y cyfarfod gweddi bora 'ma.'

Mi wyddwn fod yr athrawes Hanes ifanc oedd wedi dod yno o'r Coleg ac wedi bod dan ddylanwad yr S.C.M. a mudiadau efengylaidd eraill wedi sefydlu grŵp oedd yn cynnal myfyrdod a gweddi am hanner awr wedi wyth bob bore Mawrth a bore Iau, ac mi wyddwn fod Luned yn aelod ffyddlon, ac yr oeddwn innau wedi cael gwahoddiad taer ganddi hi a gan yr athrawes i ymuno â'r grŵp ond wedi gwrthod yn bendant, a meddwl ar y funud mai ystryw ar ran Luned oedd hyn i ailgodi'r cwestiwn.

'Paid â malu, Luned Huws. Deud celwydd rwyt ti.'

'Na 'dw i'n deud yn iawn. Wir yrr!'

'Be... nath hi ddeud fy enw i?'

'Wel do siŵr iawn ne fasa hi ddim yn medru yn na fasa?'

'Be ddeudodd hi?'

'Deud y basa ni i gyd yn falch pe baet ti'n ymuno efo

ni. Bod chdi'n fachgan addfwyn a basa ni'n ddiolchgar, a...'

'Ia, oreit. Ia, iawn!'

Wnaeth yr achlysur ddim lles i'n perthynas ninnau'n dau chwaith. Ac yr oedd yno ryw awgrym o dosturi gobeithiol yn llygad rhai o fynychwyr y cyfarfodydd gweddi wrth i ni basio'n gilydd yn ystod y dydd. A ph'run bynnag yr oedd y daith o Garmel i Ben-y-groes dros Glogwyn Melyn dros ddwy filltir o gerdded. A naw o'r gloch yr oedd yr ysgol yn dechrau...

Ar ôl crafu drwy'r 'Higher' honno a mynd i'r Coleg i Fangor, apeliodd y Tŵr Gwyn ddim ryw lawer iawn chwaith. Byddai cyhoeddiadau'r Sul yn niwedd Medi a dechrau Hydref yn adlewyrchu ymdrech y swyddogion i ddenu'r myfyrwyr newydd i'r capel trwy gynnig y gorau iddyn nhw – Griffith Rees, Llewelyn Lloyd, Tom Nefyn, Philip Jones, Thomas Williams, a niferoedd o weinidogion eraill oedd wedi hen ennill eu plwyf ac yn naturiol ddigon yr oedd yr ymdrech yn gweithio, a'r galeri ar y Suliau hynny yn how lawn o stiwdants yn gwrando ar Griffith Rees yn sôn am y 'microcosm' a'r 'macrocosm', ac yntau yn gwyro dros astell y pulpud a'i ddwy law yn dynn ymhleth a'i holl gorff wedi ei wasgu i lawr i blethiad ei ddwylo i gyfleu'r 'microcosm.' Yna, codi yn syth i'w lawn faintioli, ac yr oedd o'n ddyn mawr, a'i freichiau ar led a'i ddwy law yn agored i gyfleu'r 'macrocosm.' Dyn a ŵyr erbyn hyn i beth yr oedd y naill na'r llall yn arwain. Tom Nefyn, a brwydr fawr y Tymbl y tu cefn iddo erbyn hyn a'r edmygedd o'r heretic yn dechrau tyfu o'i gwmpas. Roedd o wedi mynd am dro ym Methesda bnawn braf ym mis Gorffennaf a 'haul yr haf yn llathru'r fro', ac wedi gweld bachgen bach yn sefyll ar y stryd yng nghefn rhes o dai. 'Croesi i'w gyfarch – yr anwylyn chwech oed...' a dyna'r bregeth yn troi yn ddrama wrth i'r pregethwr sylweddoli fod gan yr hogyn bach ddrych yn ei law a'i fod yn dal pelydrau'r haul ynddo a'i dywynnu ar ffenest llofft gefn un o'r tai. Roedd ei chwaer bach yn wael a fyddai'r haul byth yn tywynnu trwy ffenest y llofft gefn. Tom Nefyn oedd o, ond yr hogyn bach oedd yn y pulpud wedi gwyro i anelu'r haul i'r llofft gefn a phennau yn y gynulleidfa yn troi i'w weld yn taro'r ffenest. Wedyn, anghofio'r drych a dod yn ôl yn bregethwr, a'r llais addfwyn, melfedaidd, esmwyth yn dechrau, 'Llewyrched felly eich goleuni...'

Philip Jones wedi dod yr holl ffordd o Bontypridd i ddweud fel yr oedd o'n sefyll ar 'stesion fawr Caerdydd' ac yn gweld prysurdeb anghyffredin yno – gweld y *goods train* yn mynd i'r *siding*, gweld y *branch line* yn mynd i'r *junction* a meddwl beth oedd yn peri fod yno'r fath brysureb, ac un o'r gweithwyr er ei brysured, yn aros i egluro iddo fod y brenin yn dod i Gaerdydd a bod rhaid 'clirio'r *line* i'r *Royal Train*.' Ond yr oedd yna drên brenin arall ar ei ffordd i Gymru ac yr oedd hi yn amser clirio'r *line* i honno – 'bydd *goods train* yr Ysgol Sul yn mynd i'r *siding*, a bydd *branch line* y cyfarfod gweddi yn mynd i'r *junction* oherwydd...' ac yr oedd y llais yn codi a'r tinc arian ynddo yn eco fel cloch, 'bydd rhaid cael *Clear Line* i'r *Royal Train*...'

Er gwaetha'r ffaith mai llugoer a gwasgarog oedd y condemniad ar gefnogwyr y Rhyfel Byd Cyntaf, pobl fel Mr Williams Brynsiencyn, wedi bod, yr oedd mudiadau fel Undeb Cynghrair y Cenhedloedd a'r P.P.U. yn dal yn fyw. Ond ni chlywyd llais Mudiad Cristionogol y Myfyrwyr yn swyddogol fel corff yn y ddadl fawr o blaid ac yn erbyn sefydlu'r gatrawd hyfforddi swyddogion – yr O.T.C. – yn y Coleg ym Mangor yn nhri deg chwech a thri deg saith. Yr oedd gan yr heddychwyr ddoniau huawdl fel Harri Gwynn a Goronwy Roberts – dyn oedd yn medru atgoffa'r pleidleiswyr na fyddai ganddynt Goleg o gwbl oni bai am aberth chwarelwyr Bethesda a thyddynwyr Arfon, ac y buasai'n rhyfedd gan y werin honno ei weld yn sefydliad i fagu cywion swyddogion i fyddin Prydain Fawr. Ond colli'r ddadl fu'r hanes a gweld sefydlu'r gatrawd gyda sêl bendith awdurdodau'r Coleg ac o dan adain a rheolaeth un o'r darlithwyr yn yr Adran Addysg oedd wedi bod yn swyddog yn y Rhyfel Byd Cyntaf ac yn dal i fynnu arddel ei deitl fel 'Major'. Darlithoedd ar bwnc a adwaenid fel 'Hygiene' oedd un o'i gyfraniadau i'r Adran Addysg, ac mewn ymdriniaeth eiriog ar y tonsuls y dywedodd wrth ei ddosbarth un bore y gallent, o agor eu cegau yn llydan, weld eu tonsuls ym mhen draw eu ceg – (o'r golwg). Y fo hefyd, mewn dosbarth Gwaith Coed ddywedodd yn chwareus, 'Not being a bird, I cannot be in two places at the same time,' sylw wnaeth i un o'r tri Chofi athrylithgar oedd yn y dosbarth ebychu yn uchel, 'You couldn't if you were, y crinc!'

Y Gweinidog oedd yn pregethu yng Nghapel Carmel yn oedfa'r bore y Sul cyntaf o Fedi 1939 i gynulleidfa ddigon tenau. Yr oedd yr anffyddwyr a'r 'hen wrthgilwyr trist' a'r diedifar ddifater gartre yn y tai o flaen y weiarles yn disgwyl y cyhoeddiad oedd i gael ei wneud am un ar ddeg. O ganlyniad, y nhw ac nid y gynulleidfa yn y capel glywodd y llais amhersain, trwynol yn siarad o rif deg Stryd Downing yn Llundain, ac yn gorffen yn ei Saesneg melfedaidd, '... rhaid i mi ddweud wrthych yn awr na dderbyniwyd y fath ymrwymiad a bod y wlad hon mewn stad o ryfel gyda'r Almaen.' Mi grynodd seiliau'r byd wrth atsain y grawc honno. Ac mi gafodd yr O.T.C. ym Mangor i gyd lifrai newydd. Ond chafodd y gwleidydd-ion disglair hynny oedd wedi bod yn protestio yn erbyn yr O.T.C. ym Mangor ddim eu gweld nhw yn martsio yn eu gogoniant yn y parêd ar Sul y Cofio, achos yr oedd eu gyrfaoedd academaidd nhw wedi dod i ben ac yr oedd hi'n amser chwilio am waith...

Yn y drôr yn y seibord yn y gegin ffrynt ym Mryn Awel yng Ngharmel yr oedd tocyn aelodaeth y sprigyn o athro ysgol oedd wedi cael lle yn Ysgol Botwnnog yn Llŷn, ac yr oedd hi'n anodd iawn gwybod beth i'w wneud efo fo. Roeddan ni wedi symud o Wastadfaes yn ôl i Fryn Awel, y cartref cyntaf, erbyn hynny, a Tomos wedi dod i Fangor yn ddarlithydd yn yr Adran Gymraeg, a Dic wedi bod yn athro ysgol yn Llundain am rai blyn-yddoedd, y ddau wedi cael moto bob un, a gwraig – un bob un o'r rheini hefyd.

Lle i fynd iddo i dŷ Nain am bythefnos neu dair wythnos yn yr haf oedd Llŷn wedi bod ar hyd y blynyddoedd i Mam. Yr oedd 'yr ardal deg lle'm ganed' wedi mynd yn ddyfn iawn i'w hymwybod hi, ac yr oedd y rhan fwyaf o'i theulu yn dal i fyw yno, yn ewyrthod a modrybedd a chyfnitherod a chefndryd laweroedd i ni. Yr oedd fy Mam yn un o naw o blant ym Mhen-bont yn Llangwnnadl, ond dim ond tri ohonyn nhw oedd wedi mynd i fyw o olwg Mynydd Cefnamwlch a Garn Fadrun.

Roedd Rhisiart, yr hynaf, wedi priodi a mynd i fyw i Lwyn Annas yn Chwilog, Dafydd i'r Foty yn Rhos-lan, a Mam i Garmel.

Ym Minafon wrth Bont yr Afon Fawr yr oedd Nain ac Anti Maggie yn byw, ac yr oedd o'n lle diddorol dros ben yn y blynyddoedd hynny. Nid yn unig yr oedd yno lwyni gelaits yn tyfu gyda glan yr afon y medrech chi eu hollti i wneud cychod a'u rasio dan y bont, ac os codech chi'n ddigon buan yn y bore, mi gaech fynd i lawr i'r Allt Goed i weld olwyn ddŵr y Plas yn dechrau troi wrth i William droi'r dŵr arni i ddechrau malu digon o fwyd i'r anifeiliaid am y diwrnod. Ond atyniad mawr Minafon oedd y siop sinc a'r warws oedd y drws nesa iddo – Cymdeithas Gydweithredol Llŷn, wedi ei sefydlu gan griw o ffermwyr dan arweiniad pwyllgor yr oedd f'ewyrth Ifan yn ysgrifennydd iddo ac wedi llwyddo yn anghyffredin. Cael ei nwyddau o Lerpwl i Borth Golmon mewn llongau a medru gwerthu bunnoedd yn rhatach o ganlyniad, ond stori drist iawn fu stori'r 'Coparet' yn y diwedd a mynd yn fethdalwr a chostio miloedd i aelodau'r pwyllgor. Ond dyddiau'r llanw mawr a'r llwyddiant oedd y dyddiau y byddem ni ym Minafon, ac Ifan Bach, cefnder i ni o'r Sarn, yn cyrraedd ar ei feic bob bore i yrru'r 'lyri' – hen Ffordyn model T wedi ei addasu i gario blawdiau a negeseuau a phrofeijiwns i drigolion darn eang o wlad a hynny yn golygu y byddai siawns ambell ddiwrnod cael mynd am dro ac eistedd rhwng dau fag Indian Meal yn y trwmbal – hegar i ben ôl – mor bell â'r Rhiw neu hyd yn oed Aberdaron. Dal silidons yn yr afon yn ymyl yr eglwys. Hel llymriaid yn Nhraeth Penllech a'r wawr yn torri. Hel gwichiaid ym Mhorth

Golmon. Clywed llais treiddgar Wil Pen-bont, ewyrth arall, yn cyhoeddi ar ei beth mawr ymhell cyn amser codi mai fo oedd y saethwr gorau yn y plwy, a'i fod o ar ei ffordd i saethu, a dychryn wrth feddwl amdano efo'i wn yn medi rhyw drueiniaid diniwed, nes deall mai tanio ffrwydron i godi cerrig yn chwarel Mynydd Cefnamwlch oedd ei 'saethu'... Aroglau'r foelar yn berwi bwyd moch yn y gegin allan yn y Plas... Aroglau'r Swît Pîs ym mhen draw'r ardd yn Nhŷ'r Ysgol... a... ond peth gwahanol iawn oedd meddwl mynd i fyw i Lŷn.

Croeso anhygoel o bob cyfeiriad. 'Hogyn Jane Carmel wedi dŵad yn ditsiar i'r Ysgol Ucha!'

'Yli,' meddai Maggie Minafon, 'dŵad yma fydd gora i ti am sbel nes cei di gyfle i chwilio am lojin,' a'i gŵr, Richard Parry Jones, yn fab i hen weinidog Enlli, yn uno yn frwdfrydig yn y trefniant.

'Gewch chi fenthyg y beic ylwch...'

'Na, fydd yn rhaid i mi...'

'Does eisio dim gair pellach. Fawr o olwg y bydd arna i eisio mynd ymhell i unman, a mi fydd yn drugaradd iddo fo gael gwaith yn lle'i fod o'n diogi yn y cwt 'na.'

Griffith Hughes Thomas, y Dirprwy Brifathro ym Motwnnog ddywedodd, ymhen diwrnod neu ddau,

'Mae Osborne am symud o dŷ Engan i fyw i'r Dyffryn. Fasa'n lle ardderchog. Awn ni yno pnawn 'ma.'

Tŷ yr hen Ddoctor Thomas oedd y Dyffryn, tŷ mawr braf ryw bum canllath o'r Ysgol, yn hwylus ryfeddol, ac am ugain munud i bedwar, yn union ar ganu cloch y gollyngdod, cefais orchymyn i gychwyn ar y beic, a chlywn sŵn car y Dirprwy Brifathro yn nesu o'r tu ôl i mi yn fuan iawn, yn arafu, a'r llais drwy'r ffenest agored yn gorchymyn,

'Clustiwch, Parry, mi awn yn gynt.' 'Clustio' oedd cydio ag un llaw yn ochor ffenest y car a llywio'r beic efo'r llaw arall – gorchest nad oedd 'Parry' yn hanner digon o reidar beic i fod yn gyfforddus, a chysidro fod y car yn teithio ar ei gyflymder arferol.

Ffarm ar lethrau isaf Mynydd y Rhiw oedd Tŷ Engan, ond trefnu i fynd i'r Dyffryn ar ôl gwyliau'r Diolch-garwch oedd pwrpas yr ymweliad, ac yno yr aed – am chwe wythnos yn unig. Mab Meillionydd, un o'r ffermydd mawr yn eithaf Penrhyn Llŷn, oedd Osborne Owen, gŵr Tŷ Engan, a phan symudodd i Fotwnnog i'r Dyffryn, dechreuodd ddifaru a hiraethu am dŷ Engan o'r diwrnod cyntaf. A doedd sylwadau tosturiol rhai o'i gyfeillion ym mhentref Botwnnog fawr o help. Ellis Roberts Congl-y-meinciau, y saer coed, yn dweud yn ei glyw yn y gweithdy,

'Wyddoch chi be, hogia, mi fydd yn chwith gweld gŵr Tŷ Engan sy wedi arfar gyrru llond y lôn o wartheg i'r Sêl yn y Sarn yn mynd yno o'r Dyffryn 'ma Glangaea a dau lo ym mhen tennyn wrth 'i din o.'

Yn fuan ar ôl pentymor yr oedd popeth wedi'i drefnu i Osborne Owen gael symud yn ôl i Dŷ Engan yn nechrau'r flwyddyn, y fo a'r wraig – doedd yno ddim plant – a'r dodrefn, a'r stoc, a'r lojar. Ac yno y treuliwyd y tair blynedd nesaf.

Weslead o'r Wesla oedd teulu Meillionydd Mawr, a'r mab, Osborne, yn gwbl argyhoeddiedig mai o gapel y Tyddyn, ddau led cae o Dŷ Engan, yr oedd gobaith am achubiaeth. Capel bychan oedd o, a'r olygfa o'i flaen yn rhyfeddol – llawr gwlad dyffryn afon Soch wedi ei daenu fel cwrlid o odre'r Garn i droed y Rhiw. Pentre'r Sarn yng nghesail tarddle'r afon a'i wastadedd yn lledu trwy Fotwnnog i lawr i gyfeiriad Llangïan a Llanengan nes ei cholli yng nghysgod godre'r Foel Gron ym Mynytho.

Tenau oedd y gynulleidfa ar y Sul at ei gilydd – doedd y Wesla a'r Batus erioed wedi cael gafael fel yr Hen Gorff a'r Annibynwyr. Ond yr oedd yno gyfarfod pregethu, sy'n dal ei dir o hyd, yn y Tyddyn ym mis Mehefin, pnawn a nos Lun a thrwy'r dydd ddydd Mawrth, a byddai Tŷ Engan yn newid gêr ddydd Iau yr wythnos cynt, a'r iard yn cael ei chlirio a'r llwybrau'n cael eu sgubo, a'r gweision, John a Dewi, yn treulio'u hamser o fewn tafliad carreg i'r tŷ efo'u cryman a'u rhaw a'r brws. Ond cysgod yn unig oedd y gweithgareddau y tu allan o'u cymharu â'r paratoadau yn y tŷ i fwrw'r Sul. Cinio ffwrdd â hi – cyw iâr a phwdin reis – er mwyn cael clirio'r deciau ar gyfer te a swper ddydd Llun a chinio a the a swper ddydd Mawrth i bwy bynnag fyddai mewn angen. Yn nhermau od y lletygarwch, Tŷ Engan fyddai'n 'cysgu' ac yn 'bwyta'r' gweinidogion, ac yn 'bwyta' pwy bynnag arall fyddai'n mynychu'r oedfaon ac yn byw ymhell. Ar wahân i'r atgof am y canu llawen, gafaelgar, a'r capel bach dan ei sang, a'r olygfa o gil dyffryn afon Soch drwy'r ffenest o sêt Tŷ Engan, y sêt uchaf ar y chwith, ychydig o genadwrïau'r cenhadon sydd wedi aros yn y cof. Yr oedd fflamau angau yn cael eu hidlo ar Ewrop. Ond mae'r atgof am flas y cig bîff a'r tatw rhost yn dal yn eglur iawn.

Un peth gwahanol fyddai'n digwydd yn y Tyddyn oedd y byddai'r ysgrifennydd yn mynd i lawr i'r Sêt

Fawr ar ddiwedd yr oedfa, yn eistedd wrth y bwrdd, agor y llyfr cyfrifon yn ddefosiynol a galw enwau'r aelodau, a phawb yn mynd i lawr a rhoi'i gyfraniad ar y bwrdd. Amlenni bach sgwâr yn cael eu llithro i'r blwch casglu lech-i-lwyn wrth i'r casglyddion gerdded o sêt i sêt fyddai'r drefn yng Ngharmel. Roedd hi'n ymddangos fod y Mamon Anghyfiawn yn llawer mwy wynebgaled yn y Tyddyn. Amser Cyfarfod Pregethu'r Tyddyn hefyd y cafwyd un gwerthfawrogiad cwbl unigryw o bregethiad yr Efengyl. Un o'r gwragedd oedd wedi bod yn oedfa'r pnawn ac wedi dod i Dŷ Engan i nôl te yn canmol ei heilun bregethwr,

'Wel, mi fydda i'n 'i lecio fo cofiwch er nad ydi o ddim yn Wesla. Mae o'n mynd yn fychan ac yn fawr yn y pulpud. Welsoch chi o pnawn 'ma yn mynd yn fychan bach ac yn deud yn ddistaw, ddistaw ac wedyn yn codi'i hun i fyny ac yn codi'i fraich ac yn gweiddi dros y lle? Dyna fydda i'n meddwl ydi pregethu i fod.'

Hwyrach nad oedd hi ddim yn siŵr iawn beth oedd o wedi'i ddeud, ond yr oedd hi'n reit siŵr o'r pethau oedd o wedi'i wneud.

Ar ôl y braidd-gyffwrdd â'r Wesle, profiad cymysg oedd dod yn ôl i un o'r corlannau cynharaf i gael eu sefydlu yn Llŷn gan y Methodistiaid Calfinaidd – i Dŷ Mawr lle'r oedd Siarl Marc, taid Ieuan Llŷn, wedi bod yn gynghorwr yn meithrin a gwarchod a diogelu eneidiau'r cadwedig cynnar yr oedd ymweliadau Howell Harris wedi eu tynnu i'w afael pan oedd fflamau'r tân yn llyfu'u sodlau. Yr oedd yr hogan oedd wedi gwneud llun y blodau fala a'i theulu yn aelodau yn Nhŷ Mawr, ac mae'n debyg fod mynd i oedfa'r nos yn Nhŷ Mawr a mynd i

Bencraig i nôl swper wedyn a bod yn un o'r criw o gymdogion fyddai'n casglu yno i ganu emynau ar nos Sul, yn brofiad difyr iawn. Ond profiad cymdeithasol, cymdogol oedd o yn fwy na phrofiad crefyddol.

Yr oedd Waldo yn dysgu yn Ysgol Botwnnog yr adeg honno hefyd, yn dadansoddi ac yn rhwyfo fel bad achub drwy'r profiadau o fod yn gonshi, ac yn dangos sut yr oedd dod i'r lan heb i'r haul na'r heli losgi'r croen. Cymysgedd o athroniaeth Groeg, llenyddiaeth Gymraeg a Saesneg, Beibil William Morgan a rhai o anturus gyhoeddiadau y Rationalist Press Association oedd peth o'r deunydd trafod, ond ei gred syml yn y daioni sydd yn hanfod bodolaeth a'i barch at y cread oedd yn cynnal fflam ei ffydd. Bu bod yn ei gwmni yn ystod gwaeledd Linda, a bod yn dyst o'r drylliau yn y brofedigaeth o'i cholli yn brofiad mawr.

Mae'n debyg mai priodi a dechrau meddwl y gallai yna fod wedyn gyfrifoldeb dros fodolaeth arall mewn person newydd sbon barodd i'r tocyn aelodaeth oedd wedi ei alltudio i drôr y seibord ym Mryn Awel gael ei adfer a'i gynnig i Roberts Roberts, Argraig, Ysgrifennydd yr Eglwys a'r Pen Blaenor y Nhŷ Mawr. Cofrestrydd ei Mawrhydi a Swyddog Cymorth Cyngor Llŷn oedd o wrth ei alwedigaeth – 'y Lifin Offis' ar lafar – gŵr fedrai ymddangos yn ddigon caled a dideimlad yn ei waith pan fyddai'n edrych dan ei sgrafell ar un o'i gwsmeriaid anghenus wedi dod i'r drws i holi am help i gael pâr o sgidiau, ac yn gofyn,

'Wel, be sy'n dy boeni di heddiw?'

Ond y gair garwa ymlaena oedd hi fel rheol, ac yr oedd o wedi dod i adnabod ei bobol yn ystod y blynyddoedd.

Ddangosodd o fawr o lawenydd na brwdfrydedd pan gynigiais y tocyn aelodaeth iddo, dim ond ei dderbyn, a rhyw led awgrym yn ei edrychiad y dylai fod wedi'i gael ymhell cyn hynny. Ond yr oedd ei groeso wrth hysbysu'r eglwys nos Sul yn gynnes iawn, ac ymhen blwyddyn neu ddwy pan oedden ni'n dau ar y ffordd adre o'r oedfa fore Sul ar ôl bod yn gwrando tipyn o goblar o bregethwr, 'Gruffudd,' medda fo – nid Griffith Parry fel bydda Rolant Owen yn ddeud – 'mi gysgith y Diafol yn dawel heno wedi gweld mai un fel hwn sydd allan yn erbyn ei deyrnas o.' Capel bychan, un o'r llefydd hynny y byddai Cynan yn gwirioni arnyn nhw 'ym mhellafoedd hen wlad Llŷn' ydi Tŷ Mawr. Y pulpud rhwng dwy ffenest y mur yn ei led yn lle bod ar fur ei dalcen fel yr oedd capel Carmel a chapeli eraill drudfawr, gwastraffus dechrau'r ugeinfed ganrif. Er bod yr achos wedi ei sefydlu mor gynnar â 1748, a bod yno gapel bach a tho gwellt arno ar y safle o'r cychwyn, yn 1799 y codwyd y capel presennol, a William Jones Coch y Moel, y gŵr sefydlodd Wesle'r Tyddyn yn diweddarach, yn arolygu'r gwaith.

Yn fuan ar ôl i ni briodi yr oedd dygiedydd y tocyn aelodaeth o Garmel yn mynd i'r capel yn amlach ac yn graddol gael ei dderbyn mewn cymdeithas lawer llai parod i ruthro i ysgwyd llaw efo pobol ddiarth na'r gymdeithas fwy swnllyd oedd yng nghapeli pentrefi'r llethrau yn Eryri. Pobol glên, groesawgar, dawel ac addfwyn iawn oedd pobol Tŷ Mawr, ond yr oedd yno ffurfioldeb cwrtais oedd yn hir yn gwisgo.

Yn gynnar yn 1947 yr oedd Robert Roberts yn cyhoeddi bod dau ganmlwyddiant Tŷ Mawr y flwyddyn wedyn a'i bod hi'n hen bryd dechrau paratoi ar gyfer y dathlu, a gyda'r trylwyredd oedd yn nodweddiadol ohono, dechreuodd baratoi trwy gael pawb, aelodau hen a newydd, i helpu. Roedd ei dacteg yn un effeithiol:

'Dw i wedi bod yn meddwl, fachgan, mi fasa fo'n beth da cael llyfr o hanes yr achos ar gyfer y dathlu. Be fasa chi'n feddwl?'

Roedd yr ateb oedd i fod yn gwbl amlwg.

'Wel basa wir – ardderchog.'

'Ia, basa', felly ro'n inna'n meddwl hefyd. Wel mae'ch brawd yn ffrindia efo Thomas Richards ym Mangor yn tydi?'

' Wel...'

'Ydi, clywis i o'n deud. A meddwl roeddwn i, fachgan, ella basa Tom ych brawd yn 'i dwtsiad o i weld sut bydda'r gwynt yn chwythu a wedyn mi fedrwn inna sgwennu ato fo i ofyn. Meddyliwch am y peth.' Meddyliwch wir! Ond mi 'dwtsiwyd' y Doctor, ac mi gydsyniodd, ac yr oedd y llyfryn yn barod erbyn wythnos y dathlu ym mis Gorffennaf 1948, ac yr oedd y Doctor ei hun yn annerch yn y cyfarfod mawr nos Lun. Rhaid bod y 'cyffyrddiad' wedi bod yn un trwm ac effeithiol iawn. Pregethau nos Fawrth, nos Fercher a nos Iau; Cyfarfod Plant uchelgeisiol nos Wener a chlamp o de parti yn Ysgol Bryncroes ddydd Sadwrn.

Mae'n debyg fod Tŷ Mawr a'i bobol a'i bethau yn graddol gydio yn ystod y blynyddoedd hynny a bod y byd newydd, amheus ddaeth ar ôl y Rhyfel yn dechrau sefydlu ei werthoedd a'i agweddau newydd. Fawr o ddiddordeb gan neb yng nghredo a diwinyddiaeth y Methodistiaid ac, o ganlyniad, fawr o ddiben mewn amau a bwrw sen a gwneud hwyl ohonyn nhw. Ac wrth

fynd ag Enid, yn chwe mis oed, i Garmel i weld Nain –
neu i Nain gael ei gweld hi, a bod yn fwy cywir – a
hithau'n holi,

''Dach chi am 'i bedyddio hi debyg?'

'Ma' siŵr.'

'Well i chi neud... Lle gnewch chi?'

''Wn i ddim... Tŷ Mawr am wn i.'

'Ia, fydd llawn cystal bellach yn bydd?' ac yr oedd yna
ddechrau cenhedlaeth newydd mewn byd newydd yn y
'bellach' hwnnw.

Yr oedd teulu Pencraig wedi bod yn aelodau yn Nhŷ
Mawr ers pum cenhedlaeth ac wedi bod yn gefn i'r achos
yn eu gwahanol ffyrdd – rhai yn ffyddloniaid tawel,
cefnogol, a rhai eraill wedi gofalu am foes a rhinwedd eu
cynulleidfa mewn dulliau mwy ymosodol. William
Jones, hen daid, yn diarddel merch ifanc oedd wedi
llithro, ac ar ôl hysbysu'r eglwys o'i chamwedd a'i
cheryddu ar goedd, ei gorchymyn i adael y Seiat, ac ar ôl
iddi gerdded allan â'i phen i lawr yn ei chywilydd, yntau
yn ei dilyn o'r Sêt Fawr a chroesi i roi clep ar y drws ar ei
hôl. Byddai Waldo yn dyfynnu rhywun oedd wedi sôn
am John Calfin fel 'the bearded little rogue who dug
himself in at Geneva.' Hwyrach y byddai'r Taid Pencraig
hwnnw yn ddisgybl annwyl yn ei olwg. Roedd lle i
ddiolch hefyd fod y ddisgyblaeth wedi llacio cryn dipyn
erbyn y diwrnod bedyddio. Dair blynedd ynghynt yr
oeddem ein dau wedi sefyll yn y Sêt Fawr i gael ein
priodi, ac yr oedd bod yno wedyn yn un o dri yn tynhau
dolennau'r cwlwm llac oedd wedi ei roi rhyngom a'r lle
o'r cychwyn, ac y mae pob bedydd a phriodas ac angladd
ar ôl hynny wedi rhoi plwc bach arall ar y llinyn.

Cynulleidfa fechan fu yn Nhŷ Mawr o'r cychwyn cyntaf, ac os ceid cynnydd, yna rhyw griw oedd yn ei weld yn rhy bell i gerdded yno yn penderfynu codi capel iddyn nhw'u hunain yn nes adre – ym Mryn-mawr a hyd yn oed yn y Sarn, ac yr oedd enwadau eraill, yn Annibynwyr a Bedyddwyr, yn ymdrechu i droi'r dŵr i'w melinau eu hunain hefyd. Ond mae'r drysau yn dal ar agor bob Sul, ac mi fydd y lle yn how lawn yn achlysurol i wasanaeth plant y Nadolig neu ddiwrnod Diolchgarwch. Mae o newydd gael ei beintio ac mi ddeil am flynyddoedd o ran ei bryd a'i wedd. Ddaw 'yr awelon' eto tybed? Gofyn iddyn nhw frysio... Ac eto, mi all fod... Oedfa nos Sul yng nghanol haf a haul diwedd Gorffennaf wedi sgleinio drwy'r dydd. Y ddau ddrws yn llydan agored ac awel fach ysgafn yn siffrwd yn nail y coed yr ochor arall i'r lôn. Pregethwr yn sôn am gyfiawnhad trwy ffydd yr Epistol at y Rhufeiniaid a'r heddwch yn Nuw, ac yn deud y stori am yr hogyn bach yn y trên ar ei ben ei hun a rhywun yn gofyn iddo oedd o ddim ofn heb neb efo fo. A'r ateb,

'Pam dylwn i? Dadi sy'n dreifio.' Na, doedd y gynulleidfa o ddeg ddim yn un sentimental, a doedd y pregethwr ddim yn un dagreuol, ond yr oedd yno fflach am eiliad, fel ehediad ystlum yn y nos, wrth iddo fynd yn ei flaen i ddeud, 'ac os oes stormydd mwy yn ôl...'

Mi fuon ni yng Ngharmel y nos Sul o'r blaen. Mae yno gapel newydd sbon danlli a phawb yn falch ohono fo. Yr oedd yr hen gapel wedi mynd yn flêr ac yn beryg ac er defnyddio'r festri am gyfnod, codi capel newydd fu'r hanes yn y diwedd. Gwasanaeth Cymun a'r Parchedig Harri Parri, gweinidog Seilo, Caernarfon yn arwain.

Capel bychan, braf, wedi cael llawer iawn o gefnogaeth wirfoddol i'w godi ar safle ychydig uwch i fyny i'r mynydd na safle'r hen gapel, a'i bensaernïaeth fodern, chwaethus a'i gynllunio glân yn gweddu'n berffaith i'w bwrpas. Awyrgylch ysgafn, olau. Cadeiriau cyfforddus i eistedd rhyw bedwar ugain i gant o gynulleidfa, a meicroffon, cwbl ddi-alw-amdano ond effeithiol, ar astell y pulpud. Paent golau ar y parwydydd a dim addurn ar wahân i astell o bren glân rhyw bedair modfedd o led yn rhedeg yn syth ychydig is na chanol uchder y pared. Ffenestri petryal o wydrau clir a golau gwyn yr ucheldir yn llifo i mewn. Ddaw yno byth lafn o liw i dywynnu ar y pared pan fydd yr haul yn machlud dros Ddinas Dinlle. Ac wrth gwrs fydd Rolant Owen ddim yno yn gweddïo am dywydd braf.

Dramas

Roedd bachgen yn byw yn Bahamas
A'i feddwl o hyd ar wneud dramas
Fe actiai'n ei wely
Gan grynu fel jeli
A rhwygo corneli'i beijamas.

Byddai athrawon Ysgol Sul yn dweud mai stori ddaearol i egluro gwirionedd ysbrydol oedd dameg. Mae'n debyg mai rhywbeth yn debyg i hynny oedd diben y clasur yna hefyd: dangos i ba gyflwr echrydus y gallai meddwl hyd yn oed am 'neud dramas' arwain dyn. Roedd yn rhaid i'r 'bachgen' fod yn byw yn y Bahamas er mwyn yr odl, ond byddai'r gwirionedd sydd yn y gerdd yn aros yr un fath ble bynnag y byddai'n byw. Yr oedd pob un dim dan haul yn dda neu yn ddrwg. Yr oedd yna raddau mewn pechod a graddau mewn daioni ac yr oedd rhai o'r pethau da yn well na'i gilydd a rhai o'r pethau drwg heb fod cynddrwg â'i gilydd. Ond yn y cyd-destun moesol yma pethau drwg oedd dramas. A 'nofals'.

'Be s'gin ti ym mhocad cesal dy grysbas, Richard?' meddai'i fam ryw amser te yn fuan ar ôl iddo fo ddechra mynd i'r Cownti.

'Dim byd.'

'Fasa "dim byd" ddim yn gwthio brest dy gôt di allan fel'na. Gad 'mi weld.'

'Dim ond llyfra,' ac estyn dwy gyfrol denau clawr

papur a llun ceffylau yn walpio ar un ohonyn nhw beth bynnag.

'Nofals ydyn nhw yntê?'

'Naci, storis.'

'Ond dydyn nhw ddim yn wir? Lle cest ti nhw?'

'Gin John Ŵan.'

'Fasa'i dad o, yn flaenor, ddim yn lecio meddwl. A be' fasa nhw'n ddeud yn yr ysgol?'

'Ma Dafi yn deud bod yn iawn i ni i neud. I ddysgu Saesnag.'

'Ma Tomos yn gwbod Saesnag a fuo fo 'rioed yn darllan nofals.'

'O, Duw...'

Ychydig o newid fyddai yn rhaglen y Band of Hôp o wythnos i wythnos – canu ac adrodd gan mwyaf, ac ychydig o amrywiaeth fel 'cyfarwyddo dyn diarth' neu 'adrodd stori chwaethus' neu 'darllen darn heb ei atalnodi' yn achlysurol. Ond byddai'r Gymdeithas Lenyddol yn cynnal Noson Amrywiaethol bob hyn a hyn, a chael cymysgfa o wahanol eitemau o gystadlu ar ganu ac adrodd i bethau fel unawd ar y ffidil, ac un waith, 'Detholiad ar y Gramaffon'. Yr HMV honno oedd wedi dod i Wastadfaes – honno yn ei holl ogoniant cynnar oedd 'y Gramaffon' un noson, a'r troellwr cynamserol mor falch o'i swydd ag unrhyw joci ar ddiwedd y ganrif.

Roedd angen dyn ag awdurdod ganddo i fod yn arweinydd Noson Amrywiaethol achos byddai angen galw'r gynulleidfa i drefn ar ôl pob eitem a gofalu am dawelwch a chwarae teg i'r eitem nesaf. Meddyliwch am hyrddiau'r gymeradwyaeth ar ddiwedd adroddiad digri –

'Why don't you show him iwyr blw pepyr?' gan Richard Pŵal, a'r Arweinydd goddefgar a'i law i fyny yn aros am dawelwch er mwyn i Ffebi ac Annie Olwen gael dechrau'r 'Ddadl'. Ac yn aml iawn, pan fyddai'r distawrwydd ar fin ei sefydlu ei hun dôi pwff uchel gohiriedig o chwerthin wedi methu â chael ei ddal gan rywun fel Mary Bach Tanfynwent fyddai'n ddigon i dorri rhin y tawelwch a gorfodi'r Arweinydd i sefyll a chodi'i law drachefn.

O'r diwedd, a'r tawelwch wedi ei sefydlu, byddai Ffebi ac Annie Olwen yn barod i ddechrau dadlau. Cychwyn, un o bob ochor i'r llwyfan bach yng ngwaelod y festri a chyfarfod rywle yng nghyffiniau'r pulpud, ond yn gofalu eu bod ill dwy yn amlwg i'r gynulleidfa. Pan fyddai'r rhannau yn gofyn am gael eu cymeriadu byddai'r gwisgoedd yn addas – 'Mam' mewn côt a het fenthyg a menyg ac ambarél. 'Gwraig fonheddig' yn gwisgo sbectol a gwisgo ffyr am ei gwddw a fêl dros ei hwyneb a myff i roi ei dwylo ynddo. 'Plentyn' mewn dillad rhy fychan a'r rheini'n ei wasgu nes y byddai'n cerdded fel Pinocio bach. Ond heb ddim dowt yr oedd dadl yn well dadl pan fyddai'r dadleuwyr wedi cael gwisgo amdanynt.

Yr un thema fyddai i'r ddadl bob tro – y da yn gorchfygu'r drwg, buddugoliaeth y rhinweddol. Iaith Trysorfa'r Plant oedd yr iaith ac fe fyddai rhai o'r dadleuon wedi eu cyhoeddi gyda theitlau fel 'Dadl ar y pwysigrwydd o fod yn eirwir ar gyfer plant y Gobeithlu'. Ar ôl i Ffebi ac Annie Olwen, neu pa ddwy bynnag fyddai'n dadlau, gyfarfod ei gilydd, tebyg iawn fyddai rhediad y sgwrs bob tro, yn aruchel lenyddol ac yn stiff fel procar,

'Sut yr ydych chi heno, Mair?'

'Yr wyf fi'n dda iawn diolch yn fawr i chi, Katie.'

'Yr ydych yn edrych fel pe baech ar eich ffordd i rywle.'

'Ydwyf yn wir, Mair. Mae yna Ffair Lestri yn y Llan a Punch and Judy a digonedd o hwyl. Ddowch chi ddim efo mi, Mair?'

'Na wir, Katie, yr wyf fi ar fy ffordd adre i fynd i'r Seiat gyda Mam. Mynd dros fy adnod a fy mhennill yr oeddwn pan ddaethoch i fy nghyfarfod...' Chafodd Katie druan erioed aroglau'r Ffair Lestri na'r Punch and Judy, dim ond ei gorffen hi yn y Seiat efo Mair bob tro. Ac ar ambell achlysur fe fyddai'r 'ddadl' yn dod yn ôl cyn diwedd y cyfarfod er mwyn i Katie gael dweud wrth Mair a'r gynulleidfa mor falch oedd hi ei bod wedi mynd i'r Seiat ac mor hapus fyddai ei Nain o ddeall nad oedd wedi mynd i'r ffair wedi'r cwbwl.

Mae yna un peth wedi aros yn ddirgelwch llwyr yn y cyswllt yma. Pwy bynnag fyddai'n dadlau, ac yr oedd yno amryw o bartïon dadl, bob tro y byddai Annie Olwen mewn dadl, hi fyddai'r hogan dda a hi fyddai'n ennill. Doedd hi ddim yn siarad yn well na'r lleill – a deud y gwir yr oedd ei 'es' hi braidd yn amlwg fel tae ei thafod hi'n rhy hir ac yn cyffwrdd ei dannedd ucha yn rhy fuan. A doedd hi ddim yn glws chwaith – wel ddim yn arbennig beth bynnag fel Gwenni Siop neu Lisi Blodwen Cim. Tybed a oedd a wnelo i bwy yr oedd yn perthyn rywbeth â'r peth? Mae teulu yn mynd ymhell ambell dro. Yr oedd un brawd i'w thad hi yn ysgrifennydd yr eglwys a brawd arall yn weinidog efo'r Hen Gorff. Ar y llaw arall, yr oedd y teiliwr yn ewyrth iddi hi hefyd, a fo ddeudodd wrth Mam pan oedd hi'n pregethu dirwest wrtho fo ryw dro, fod dŵr yn iawn i 'molchi efo fo ond bod yna ddigon o bethau gwell i'w hyfed. P'run bynnag, Annie Olwen gafodd fod yn hogan dda bob un tro.

Roedd Owen Powell, tad Richard Pŵal fyddai'n adrodd, yn byw yng Nghaesion Isaf, sbel yr ochor isaf i Fryn Awel a'r Gwyndy, a byddai'n galw am fy nhad bob bore ar y ffordd i'r chwarel. Chwibaniad clir a chwafar ar ei ddiwedd oedd yr alwad, rhyw ddegllath cyn cyrraedd y llidiart, a byddai fy nhad a'r tun bwyd yn un boced ei grysbas llian a'r botel de yn y boced arall, yn cau'r llidiart ar ei ôl union pan fyddai Owen Powell gyferbyn â hi, fel nant yn ymuno ag afon ar eu tri chwarter awr o daith i waelod Twll Coch Dorothea. Unig ddrwg Owen Powell oedd y byddai yn deud 'Parry' am Nhad, ac roedd hynny yn iawn. Ond 'Hylô, Parry bach?' Na, heb fod yn dderbyniol o gwbwl.

Rhaid bod perfformio yn y teulu. Owen Powell fyddai'n holi'r plant ar ddiwedd yr Ysgol Sul unwaith yn y mis. Un byr oedd o, a chwerthin parhaus yng nghil ei lygad, a llais tenor clir a thinc ynddo pan fyddai'n mynd i hwyl.

'Hanas pwy s'gynnon ni pnawn 'ma, 'mhlant i?'

'Hanas Moses.'

Gwyro ymlaen ag un llaw tu ôl i'w glust,

'Hanas pwy?'

'Hanas Moses.'

'Glywsoch chi hyn'na, Richard Wilias?' ac edrych i'r sêt agosa i'r drws. Mi fyddai Richard Williams wedi clywed tae o ar ochor y mynydd, ond trem siomedig gan Owen Powell ar y plant, a,

'Dydw i ddim yn meddwl bod Richard Wilias wedi'ch clywad chi, 'mhlant i. Deudwch eto i Richard Wilias glywad. Hanas pwy s'gynnon ni?'

'Hanas Moses' nes bod gwydrau'r lampau'n crynu.

'O, a hanas Moses ydach chi am ddeud wrtha i?'

'Ia.'

'O. Wel 'rhoswch chi – dyn go ddrwg oedd o yntê?'

'Naci, dyn da.'

'O. Wel un o ble oedd o? Oedd o o Ben-groes?'

'Naci, o'r Aifft.'

'O, o'r Aifft?' a bagio cam mewn syndod. Felly trwy anghrediniaeth ac amheuon y dilynid hanes Moses nes ei gael ar lan y Môr Coch, yn ochor yr Aifft. Owen Powell wedyn yn mynd i sefyll wrth ddrws y festri yn adwy'r Sêt Fawr.

'Bwriwch mai fi ydi Moses, 'y mhlant i. Rydw i ar lan y Môr Coch felly. Ond pwy ydi'r rhain sy'n dŵad tu ôl i mi?'

'Milwyr Pharo.'

'Soldiwrs ? Wel, fedra i groesi?'

'Medrwch.'

'O. O wel, os medra i groesi...' Ac yn betrus gan edrych yn ôl yn ofnus fe gerddai ar draws y Sêt Fawr i'r adwy arall a gwneud lle i'r Israeliaid basio y tu ôl iddo cyn troi at y gynulleidfa.

'Ydan ni'n saff rŵan?'

'Ydach.'

'Ond ma'r rhai acw yn dŵad ar ein hola ni ylwch. Be fydd rŵan?'

'Y môr yn cau.'

'Ond mi'n dalian ni.'

'Na wnân.'

Troi i weld lluoedd Pharo yn y dyfroedd.

'Ydi o'n cau?'

'Ydi.'

'Ydyn nhw'n boddi?'

'Ydyn.'

Dod yn ôl yn Owen Powell a chroesi at y pulpud bach.

'Welsoch chi nhw'n boddi?'

'Do.'

'Pob un yntê?'

'Ia,' buddugoliaethus.

'Da iawn chi, 'mhlant i. Rydach chi'n gwybod hanas Moses yn ardderchog, a mi gadawn ni o a'r Genedl ar lan y Môr Coch y pnawn 'ma, a mi gawn ni fwy o'i hanas o y tro nesa.' Yr holwr a'r plant yn yr Ysgol Sul yn ddiamau. Actor a'i Gorws hefyd.

Yr oedd yr 'action song' yn un o uchafbwyntiau'r cyngherddau fyddai'n cael eu paratoi yn Ysgol Penfforddelen cyn y Nadolig. Os nad oeddech chi'n medru canu – ac yr oedd yno fwy nag un frân – mi fyddai Miss Owen yn garedig iawn yn gofalu y byddai yna ran i chi yn rhywle yn y golwg ar y llwyfan noson y cyngerdd. 'Migl di magl di' oedd yr 'action song' y Nadolig hwnnw, a phan ofynnodd Miss Owen ryw bnawn,

'Oes ganddoch chi forthwyl acw, Griffith?' doedd bosib ei bod hi am...

'Oes, Mus.'

'Wel ddowch chi â fo i'r ysgol fory?'

'Es, Mus. Sut un, Mus?'

'Oes ganddoch chi fwy nag un?'

'Es, Mus – lot.'

'O. Wel morthwyl gof fydd arnon ni eisio. Newch chi ofyn adra?'

'Es, Mus.' Wrth gwrs, doedd y ffaith eich bod chi'n mynd i ofalu am forthwyl ddim yn deud mai chi oedd yn mynd i'w ddefnyddio fo. Ac eto...

Y morthwyl mwyaf o'r ddau oedd yn y bocs ar y dde wrth sefyll ar yr ysgol oedd yn mynd i lofft y gegin oedd y tebyca i forthwyl gof meddai Tomos, ac yr oedd o'n gwybod achos yr oedd o wedi bod yn aros efo Anti Jenat, chwaer Mam yn Rhosddu yn Llŷn a William Go oedd ei gŵr hi. Y morthwyl hwnnw, wedi i Nhad ei lanhau a'i dacluso, aeth i'r ysgol drannoeth ac yr oedd hi'n amlwg erbyn canol pnawn pwy fyddai'n defnyddio'r morthwyl yn y gân actol. Yr oedd yno engan go iawn – un fach a thinc fel cloch ynddi hi, a chyfrifoldeb y gof oedd gofalu fod y morthwyl yn taro'r engan bedair gwaith union ar guriad yr acen bob tro y byddai'r côr yn canu, 'Migl di magl di hei now now'. Llewys crys wedi'u torchi, cap stabal, a ffedog ddu debyg i ffedog ledr oedd y wisg, a huddyg roedd Miss Owen wedi ei dynnu o gefn y grât efo'i bys oedd y colur i wneud 'wyneb purddu' i'r 'gof bach'. Fe gynigiodd hi olchi'r huddyg ar ddiwedd y cyngerdd, ond ei adael o fu nes mynd adre a'i olchi o i ffwrdd y peth dwaetha cyn mynd i'r gwely, achos er i'r crys a'r ffedog a'r engan a'r morthwyl fynd, yr oedd wyneb du yn dal i gynnal rhyw weddill bach o'r Gof. Ac yn ôl yr adroddiadau drannoeth a dradwy, yr oedd amryw byd wedi cyfeirio at y gân actol, a rhai wedi mynd mor bell ag awgrymu fod tincian yr engan wedi ychwanegu cryn dipyn at y cyflwyniad. Hwyrach mai dim ond deud er mwyn plesio yr oeddan nhw hefyd. Ond wedyn...

Yr oedd cyngerdd Nadolig y flwyddyn ddilynol gryn dipyn yn fwy uchelgeisiol. Nid rhyw fân eitemau o ganu ac adrodd a phartïon ac 'action song', ond un cyfanwaith mawr – 'Dick Whittington' – mewn tair act yn llenwi'r noson i gyd, ac yn ormod o gowlad i gael ei gynnal ar y llwyfan bach yn un pen i'r rŵm fawr yn yr ysgol, ac felly yn cael ei symud i'r Institiwt yn y Groeslon, adeilad sinc hirgul a llwyfan yn un pen ac ystafelloedd gwisgo bob ochr iddo. Yr oedd Miss Owen wedi deud y byddai eisio cath a bod yno siwt cath yn mynd i gyrraedd i'r ysgol wythnos cyn y perfformiad ac y byddai'n rhaid i bwy bynnag y byddai'r siwt yn ei ffitio chwarae rhan y gath. Mi ddigwyddodd wedyn – yr un fath yn union ag efo'r morthwyl yn y gân actol. Yr oedd hyd yn oed Willie a Ffrancon yn medru canu digon i fod yn rhan o'r côr, ac wrth gwrs yr oedd yna gantorion fel Mair Green Bank, ddaeth yn adnabyddus yn ddiweddarach trwy Gymru fel Mair Pisgah. Mae'n anodd meddwl fod cymdeithas mor ddigenfigen wedi bodoli erioed, ond mae'n rhaid mai felly yr oedd hi, achos ddangosodd neb y buasen nhw wedi lecio cael bod yn gath, dim ond edmygu'r wisg a'i gweld yn ffitio'n berffaith, a chwerthin bob tro yr oedd y pen yn cael ei osod yn ei le. Dim ond hogyn fedrai fod yn gath p'run bynnag achos fyddai dim modd bod wedi ffitio'r pen dros wallt hogan, yn enwedig rhywun fel Vera J T a gwallt melyn neis yn gyrls i gyd. Hi oedd gwraig y tŷ mawr yn Llundain lle'r aeth Dick a'r gath i weithio, ac roedd hi'n glws iawn, iawn yn ei ffrog satin las yn fflownsus i gyd. Roedd hi'n rhoi ei llaw ar ben y gath hefyd pan oedd hi wedi dal llygoden y tu ôl i'r cwpwrdd yn yr ystafell.

'Fydd well i chi dynnu'r pen a'i ddal o dan eich braich pan fydd pawb ar y stêj yn y diwedd,' meddai Miss Owen, ac yr oedd hynny'n beth braf iawn achos yr oedd siwt y gath yn ddychrynllyd o boeth. Er bod yna ias o rew yn yr awyr a darogan eira dros y Nadolig, bu'n rhaid cerdded hanner y ffordd i Garmel cyn oeri'n iawn. Ond uchafbwynt y noson oedd cael tynnu'r pen a chael sefyll rhwng Dick Whittington a Vera J T reit ar ffrynt y stêj a hwythau yn rhoi llaw, un ar y pen a'r llall ar yr ysgwydd a'r gynulleidfa'n dal i guro dwylo am hir iawn. 'Tablo' oedd yr enw ar bawb yn sefyll yn ei le ei hun felly, a'r drydedd noson, y noson olaf, fe drawodd y piano nodau cyntaf cyfeiliant 'Turn again...', a Mair Green Bank oedd yn sefyll reit y tu ôl i ni'n tri ar y ffrynt yn dechrau canu,

'Turn again, Dick Whittington,
Lord Mayor of London Town,'

a phawb oedd ar y llwyfan ond y gath yn uno efo hi. Am ganu oedd yno nes i'r cyrten gau!

Mae'n rhaid fod cynyrchiadau fel 'Migl di magl di' a 'Dick Whittington' yn peri fod Piwritaniaeth galed dechrau'r ganrif yn dechrau llacio'r afael, achos erbyn cyrraedd yr ail flwyddyn yn Ysgol Pen-y-groes, yr oedd modd cael caniatâd, hwyrfrydig mae'n wir, i fynd yn ôl i Ben-y-groes i weld drama yn y Neuadd. Twll o le oedd y Neuadd a deud y gwir a thair step i fynd i fyny at y drws oedd yn wynebu Stryd yr Wyddfa. Seddau cyfyng, yn enwedig y rhai tair ceiniog yn y tu ôl, ond ar ôl rhoi crafat neu gap odanoch, doedd y sbrings oedd yn dod i'r golwg ddim hanner mor hegar, ac unwaith y byddai'r golau yn y Neuadd yn diffodd a'r cyrten yn agor ar y llwyfan, doedd y diffyg lle i goesau na'r sbrings ymwthgar yn cyfri dim. 'Pelenni Pitar' oedd y ddrama a dryswch efo puls fyddai'n deilwng o'r Gwasanaeth Iechyd yn niwedd y ganrif. Drama arall o'r Sowth yn sôn am ddisgwyl 'Meredydd', aer y stad yn ei ôl o'r Mericia, a'r paratoadau ar ei gyfer yn cynnwys trefniant iddo gael cariad a phriodi rhag blaen. Wedyn, ar ôl cryn anawster-au, y ferch yn cytuno i briodi Meredydd, a'i chariad go iawn, hogyn cyffredin ond hogyn da, yn cael ei hel allan i'r nos fel Judas. Gair yn cyrraedd fod Meredydd ar ei ffordd a'r grwpio yn canolbwyntio sylw'r gynulleidfa at y drws yng nghefn y llwyfan. Cnoc awdurdodol, a'r ferch, yn ddigon anfoddog, yn mynd i agor y drws. Ebychiad unllais gan y gynulleidfa wrth weld merch smart o'r America yn ei hwynebu – 'Mary Edith'.

Mae'n siŵr na wyddai neb yn iawn pwy oedd 'Teago' nac o ble roedd o'n dod na phwy oedd ei wehelyth. Mae'n debyg fod yno fwy nag un, achos 'Teagos' oedd piau'r ffair oedd yn y Pafiliwn yng Nghaernarfon bob pnawn Sadwrn. Rhyw fath o Ffair Llanllyfni wedi ei gwasgu at ei gilydd i ffitio i'r Pafiliwn oedd hi yn lle bod yn ffair iawn fel Ffair Llanllyfni yn llond y stryd ac yn llond y cae. Sydêt hefyd, wrth gwrs, o gymharu. Dim tiwbiau plwm yn llawn o ddŵr i chwistrellu i lawr gyddfau genod a gneud i rai ohonyn nhw sgrechian, a gneud i ambell un arall fwy mentrus gyrraedd ochor pen fyddai'n ddigon i sobreiddio unrhyw chwistrellwr dŵr am funud beth bynnag. Canolbwynt ffair y Pafiliwn oedd y Ceffylau Bach a'r stondin neu ddwy oedd o'u cwmpas ar ganol y llawr. Yna y stondinau saethu, rowlio ceiniogau, taro coconyt, pwl awê a'r nifer o rai eraill yn yr ochrau o dan y galeri. Tair ceiniog oedd eisio am fynd i mewn, a phopeth arall, o'r Ceffylau Bach i'r pwl awê yn costio yn ôl pris y farchnad. Roedd y Ceffylau Bach yn ddwy geiniog ac yn llawer rhy ddrud am beth oeddan nhw. Roedd Ceffylau Bach Llanllyfni yn fawr ac yn uchel ac yn grand o'u coeau ac injian stêm fawr yn y canol yn eu gyrru. Mae'n wir nad oedd yna ddim 'dyn yn troi a throi ar olwyn' fel oedd yn 'Y Ceffylau Bach' gan Cynan oedd yn ddarn adrodd yn Eisteddfod yr Urdd, ond dim ond rhyw un radd yn well na rhai Cynan oedd Ceffylau Bach Teagos. Ond atyniad mawr pnawn Sadwrn oedd y perfformiad llwyfan. Miwsig y meri-go-rownd yn tawelu a lleisiau'r stondinwyr yn distewi wrth i bawb ddod i sefyll o flaen y llwyfan i ddisgwyl. Cyrten coch mawr a rhesi aur ar ei waelod yn agor i ddatgelu pob math o ryfeddodau. Clown yn reidio beic a dim ond un olwyn arno fo rownd a rownd heb syrthio. Hogyn ifanc gwallt melyn mewn siwt sidan las yn lluchio platiau i'r awyr nes eu bod nhw fel enfys ac yn eu dal nhw bob tro – ar wahân i'r rhai fyddai'n cael eu gadael i fygwth syrthio er mwyn i'r gynulleidfa weiddi ac iddo yntau eu dal cyn iddynt gyffwrdd y llawr. Dyn yn gwneud pob math o gampau efo cleddyfau, ac yn y diwedd yn rhoi hogan yn gwisgo siwt ymdrochi aur a du i eistedd a'i choesau oddi tani mewn bocs fel cist de a choesau yn ei ddal yn glir oddi wrth y llawr. Yna'r dyn yn gwthio'r cleddyfau yn groes-ymgroes drwy'r bocs nes bod eu blaenau yn dod allan yr ochor arall ac yn methu'n glir â gwneud am eu bod yn trywanu'r hogan bob tro. Wedyn agor drws y bocs a doedd dim sôn am yr hogan er bod rhywun yn disgwyl ei gweld hi'n gelain waedlyd erbyn hynny. Cau'r drws a thynnu'r cleddyfau allan yn gwbl rwydd a diymdrech y naill ar ôl y llall ac agor y bocs, a dyna lle'r oedd yr hogan yn eistedd yn union fel yr oedd hi ar y dechrau ac yn neidio allan yn wên i gyd a'r dyn a hithau yn rhoi bow fel dau stwffwl a phawb yn curo dwylo am hir.

Ond y peth rhyfedda oedd y dyn o'r Aifft mewn dillad llaes yr un fath â rhai'r Doethion yn yfed llond jwg gwydr tua chwart o ddŵr ac yn methu'n glir â'i gael o i lawr at y diwedd, ac wedyn yn rhoi peipan bres rhyw droedfedd o hyd a hanner modfedd o drwch yn ei glust a'r dŵr i gyd yn dod allan yn ôl ac yn llifo i'r jwg. Mi fyddech yn gwybod yn iawn ar wyneb rhywun fel Garni yn yr ysgol ddydd Llun nad oedd o'n credu dim gair o'r stori a mi ddeudai hynny. Wel dyna fo, gadael iddo fo os oedd o'n ddigon gwirion. Am rywbeth roedd rhywun wedi'i weld efo'i ddau lygad 'i hun.

Fe gynigiodd yr hen Bafiliwn lawer iawn o bethau amgenach na Teagos yn ei ddydd hefyd. Pethau fel Lloyd George yn sôn am bobol Llanystumdwy yn mynd allan i hel priciau ar ôl y storm. Ond un o'r uchafbwyntiau oedd dydd Llun y Pasg pan fyddai Cwmni'r Ddraig Goch, a Gwynfor yn cyfarwyddo, yn perfformio dramâu. Cam go fawr ymlaen o'r dramâu yn y Neuadd ym Mhen-y-groes a chyfle i weld rhai o ddramâu mawr y cyfnod fel 'Beddau'r Proffwydi', 'Pobl yr Ymylon' a'r 'Joan Danvers'. Roedd y wyrth sydd yn bod yn y theatr yn digwydd yn y fan honno wrth eistedd yn un o'r seddau naw ceiniog ar ochor y galeri ar bnawn Sadwrn y Pasg yn aros i'r llenni mawr a llun y Ddraig Goch arnyn nhw agor. Y bobol a'r pethau oedd y tu draw i'r llenni oedd y gwir, a'u byd nhw oedd y byd go iawn.

Yn ogystal â chynnal Eisteddfod flynyddol lwyddiannus yr oedd lle amlwg i'r ddrama ar raglen diwylliant Ysgol Pen-groes. Y flwyddyn gyntaf yn y Chweched Dosbarth oedd hi a P.K. Owen wedi penderfynu – penderfyniad ardderchog – y byddai'n beth da cyflwyno tair drama fer yn y Neuadd. Drama na wnaeth hi ddim llawer o argraff ar y theatr yng Nghymru oedd un, ac o ganlyniad does dim cof amdani. 'Y Potsiar', J.O. Francis oedd yr ail ac fe wnaeth Dici Bach Dwl gryn argraff. Ond y drydedd ddrama, a'r olaf i gael ei chyflwyno ar y noson oedd 'Y Tegell', J.O. Williams. Mae'n rhaid mai trwy ddirgel ffyrdd yr aeth y Gof yn Migl di magl di a'r gath yn Dick Whittington yn Domos yn 'Y Tegell' a chael cyfle i lefaru un o frawddegau mawr y noson, 'Dyma fo Elin, teciall aliwminiam newydd sbon,' wrth ei dynnu allan o'r papur llwyd. Rhyfedd na fyddai byd y ddrama yng Nghymru wedi newid mwy ar ôl y noson honno. Ond mi ddeudodd y Prifathro, J.R. Morgan ar waelod y 'report' y tymor Nadolig hwnnw, 'Played a leading part in the school play very success-fully.' Yr oedd yna bethau eraill, gwahanol, yn uwch i fyny ar y papur.

Yr oedd *O Gors y Bryniau* a *Gwen Tomos* yn rhan o gwrs darllen y Chweched Dosbarth yn Gymraeg, ond yr oedd yna duedd gref i'r darllen fod yn ddewisol ar yr ystyr y ceisid rhedeg drwy'r traethiad er mwyn cyrraedd at y ddeialog am fod gwrando ar bobol yn siarad yn fwy diddorol bob amser na gwrando ar bobol eraill yn siarad amdanyn nhw. Yr oedd y cwrs Saesneg yn well o gymaint â bod yno ddramâu i'w darllen. Yr oedd Shakespeare yno wrth gwrs, ond yr oedd yno ambell beth fel *She Stoops to Conquer* oedd yn siarad i gyd, a hwnnw yn siarad mewn rhyddiaith.

Tua'r adeg yma hefyd yr oedd Tomos yn arfer mynd o Gaerdydd i aros yn Llundain efo John Gwilym a mynd i theatrau'r West End. Canlyniad diddordeb y ddau hynny mewn dramâu oedd y byddai yna ddigon o gopïau o gyfrolau fel '*The Best Plays of...*' pa flwyddyn bynnag, ac yr oedd dramâu fel *Autumn Crocus* a'r dramâu Gwyddelig yn fwy difyr i'w darllen wrth olau cannwyll ar ôl mynd i'r gwely na hyd yn oed *John Bull* a *Passing Show*. Ond yr oedd yna broblem efo Galsworthy, ac un fwy efo Bernard Shaw, a'u gwraidd oedd mai'r gweithiau cyflawn oedd y ddwy gyfrol a hynny yn golygu ei bod hi'n anodd eu trin a'u trafod nhw yn eich gwely. Roedd hi fel 'taech chi'n mynd â'r Beibil Mawr efo chi. Un ffordd o oresgyn y broblem oedd aildrefnu'r gobennydd. Gan mai gwely dwbwl oedd o, yr oedd yno ddwy glustog a gobennydd, a'r peth i'w wneud oedd rhoi'r ddwy glustog wrth eich cefn a phlygu'r gobennydd a'i roi ar eich glin nes ei fod fel astell pulpud. Yr unig beryg oedd y gallech chi syrthio i gysgu heb feddwl, ac os syrthiai Shaw o'i wely o ganlyniad i hynny, mi fyddai ganddo dwrw dros y tŷ. Wedyn mi fyddai'n rhaid i chi ddiffodd y gannwyll y munud hwnnw a chymryd arnoch eich bod chi'n cysgu, achos mi agorai'r drws a,

'Be oedd 'na'n gneud twrw?'

''N i'm,' blin a chysglyd.

'Newydd ddiffodd rwyt ti 'ntê?'

''Wannwyl, naci.'

'Ia, ma' ogla'r gannwyll ...'

'M-h-m.'

'Cysga.'

'M-h-m...' ar ôl crafangio am Shaw yn y tywyllwch a'i roi o i orwedd yn y pared dan y bore.

Yr oedd oes aur Cymdeithas y Ddrama Gymraeg yn y Coleg ym Mangor wedi mynd heibio yn ôl pob golwg erbyn i'r Gof a'r Gath a Tomos gyrraedd yno, a'r siarad i gyd am ogoniannau ddoe a dramâu megis *Tŷ Dol* a *Hedda Gabler*, am gynhyrchydd fel J.J. Williams ac am actorion fel Oswald Rees Owen ac Elsie Evans, a'r cyfan yn tueddu i wneud i'r to newydd hwnnw feddwl nad oedd obaith i neb erbyn hynny efelychu, hyd yn oed heb sôn am gystadlu, â gwroniaid ddoe. Ond rhyw hirlwm rhwng hafau oedd o mewn gwirionedd, oherwydd yr oedd 'godidocach fyth na'r rhain' ar eu fffordd mewn pobol fel John Gwilym Jones a Wilbert Lloyd Roberts ac actorion fel John Ogwen a Gwyn Parry.

Ac eto, i gynheiliaid y blynyddoedd llwydion hynny fu'n cadw'r fflam ynghynn, yr oedd eu perfformiadau a'u llwyddiannau hwy yr un mor bwysig. Os nad oedd dramâu fel *Deufor Gyfarfod* a *Dyfodiad Seimon Belial* yn glasuron Ewropeaidd, yr oeddan nhw'n ddigon da i dynnu pobol, lond Neuadd yr Eglwys yn Fffordd y Glyn, ac yn ddigon da i gael gwahoddiad i Theatr y Pafiliwn ym Mae Colwyn, ac yr oedd cynulleidfa Dyffryn Clwyd yn curo dwylo yn hir iawn ar y diwedd a'r goleuadau llachar yn dangos fod y theatr bron yn llawn, a'r cast yn moesymgrymu yn ffurfiol ac yn weddus ar ei diwedd. Ac fe ddaeth cordiau agoriadol 'Hen Wlad fy Nhadau' o rywle yng nghefn y llwyfan a'r gynulleidfa'n dechrau canu'r anthem. Doedd o ddim yn ganu i godi'r to hyd yn oed ar ôl i'r rhai oedd ar y llwyfan ymuno, ond yr oedd o'n ganu digon da i beri fod y cwmni'n mynd yn ôl i Fangor yn argyhoeddedig fod gwawr ar dorri ar y ddrama yng Nghymru.

Deufor Gyfarfod oedd drama'r flwyddyn gyntaf honno, a'r perfformiadau wedi bod yn ddigon didramgwydd. Ond cafwyd peth trafferth y flwyddyn ddilynol gan i'r Gymdeithas benderfynu cyflwyno *Cwm Glo* Kitchener Davies. Ond 'Na,' meddai Cynan, cynrychiolydd yr Arglwydd Siambrlen yng Nghymru. Na, doedd *Cwm Glo* ddim yn ddeunydd addas i'w gyflwyno i gynulleidfa foesol a diniwed Dinas Bangor a'r cyffiniau. Pan ddaeth yr hanes i glustiau'r awdurdodau yn y Coleg, yr oedd yr ymateb yn fwy chwyrn a chondemniol na hyd yn oed ymateb cynrychiolydd yr Arglwydd Siambrlen. Nid yn unig yr oedd yna regi ynddi hi ond yr oedd yna bethau… O diar mi. Na, na yn bendant oedd yr ateb terfynol, a *Dyfodiad Seimon Belial* oedd yr ail ddewis a Sam Davies yn cynhyrchu ac yn chwarae'r brif ran, a diolch i'r Drefn ac i Senedd y Coleg, er mai ymgorfforiad o'r Diafol oedd y Seimon hwnnw, lychwinwyd moes a rhinwedd yr un copa walltog o drigolion y ddinas gan regfeydd ac an-weddustra *Cwm Glo*. Ac fe aeth Sam Davies yn genhadwr i'r India ar ôl gorffen yn y Coleg.

Y cynhyrchydd oedd yn gyfrifol am y llefaru a'r lleoli a'r symud yn y dramâu hynny. Yr oedd ganddon ni feistres y gwisgoedd a chofweinydd a rheolwr llwyfan, ac un o fyfyrwyr disglair yr adran Beirianneg Drydan i ofalu am y goleuadau. Ond pinacl y paratoadau y tu ôl i'r llwyfan oedd y coluro. Athro Saesneg yn Ysgol Friars oedd Mr Charles a dyn theatr o'i gorun i'w sawdl. Yr oedd ganddo enw bedydd wrth gwrs ond fu hwnnw erioed yn wybyddus i werin y Ddrama Gymraeg. 'Charles' oedd o, y dyn yn ei smoc las fyddai wedi gosod y bocs du yn agored ar fwrdd yn un o'r ystafelloedd gwisgo ac wedi taenu ei gynnwys yn fanwl drefnus i ddechrau gweithio. Er mai Sais uniaith oedd o byddai'n gyfarwydd â'r dramâu ac yn adnabod y cymeriadau.

'How old are you my dear? About fifty five?' wrth hogan un ar hugain o Niwbwrch oedd yn un o actoresau mawr y dydd.

'Yes,' ac yna ei rhoi i eistedd o'i flaen a dweud wrthi am wlychu ei hwyneb gyda'r hylif gwyn a'i sychu yn sych, ac wedyn dechrau gyda phaent a phensel a choes matsen a throi Florence Evans o Ben y Bryn yn wraig welw, ganol oed ac yn fam i'r 'mab' yn y ddrama. Y 'mab' yn gegagored yn gwylio Charles ac yn rhyfeddu, ond yn methu â chuddio diddordeb oedd yn ymylu ar fod yn fusnesu nes i'r colurwr yn y diwedd droi a gofyn,

'Are you interested?'

Mae'n debyg fod yr 'Yes' ebychiol yn anfoesgar o sydyn, ond gwenu wnaeth y meistr a dweud,

'Well you'd better come over to this side then.'

Ei offer a'i ddefnyddiau ei hun fyddai gan Mr Charles a byddai'r Gymdeithas yn rhoi cydnabyddiaeth o bunt neu ddeg swllt ar hugain iddo am ei wasanaeth. Ond yr oedd yna focs colur yn perthyn i'r Gymdeithas ei hun, rhan o weddill yr oes aur pan oedd y Cwmni yn teithio mor bell â Birkenhead a Lerpwl dan gyfarwyddyd J.J. Williams. Fe gollwyd y bag arian ar un o'r teithiau hynny a holl dderbyniadau dwy noson ynddo ac, yn ôl yr hanes, hynny oedd yn gyfrifol am fod y Gymdeithas mor dlawd ac nad oedd ganddi ddim ar ei helw erbyn hynny ond y bocs colur. Yn fuan fe aeth Charles yn ddarlithydd Saesneg i un o Brifysgolion yr Unol Daleithiau, a dyna pryd y daeth y prentis yn geidwad swyddogol bocs colur y Gymdeithas.

Trwy gyfrwng y bocs hwnnw y datblygodd perthynas fwy goddefol a chyfeillgar rhwng Cymdeithas y Ddrama Gymraeg a'r *English Dramatic Society* a'r *Cercle Français*, oherwydd doedd gan y naill na'r llall yr adnoddau coluro a fyddai'n ychwanegu at safon eu cyflwyniadau. Felly, cais cwrtais iawn oddi wrth y Ddrama Saesneg, tybed a fyddai ceidwad y bocs yn barod i ddod i helpu ar nos-weithiau'r perfformiad. Wrth gwrs, dim ond yn rhy falch. Er mwyn cael taenu'r offer ar y bwrdd yn yr ystafell wisgo yn union fel y byddai Mr Charles yn gwneud er mwyn gwneud ambell un dlos yn dlysach ac er mwyn rhychu ambell wyneb ugain oed i edrych fel deg a thrigain. Nôd o werthfawrogiad gan y cynhyrchydd wrth i'r naill wyneb ar ôl y llall ddod allan fel defaid yn dod o'r cafn ar ddiwrnod trochi, a'r nôd yn peri i'r colurwr deimlo ei fod yn cael ei werthfawrogi ynghanol y Saeson yma. Unwaith y byddai'r perfformiad wedi dechrau, hel y gêr at ei gilydd yn ddistaw a gadael un bocs powdwr a phad ar gyfer y chwys fyddai ar dalcen bonedd a gwrêng ar y llwyfan.

A sôn am wrêng a bonedd, yr oedd yna bortar stesion yn un o'r comedïau Ffrangeg yr oedd y *Cercle* yn eu perfformio y flwyddyn honno, ac yr oedd *Mademoiselle* wedi deisyfu trwy ambell air o Saesneg a llifeiriant o Ffrangeg ac ystumiau oedd yn haws eu deall na'r iaith, y byddai'n ychwanegu'n sylweddol at werth y ddrama pe byddai gan y portar fwstas Ffrengig. Iawn. Roedd Mr Charles wedi dangos union sut i osod mwstas, sut i daenu'r gỳm ar y croen a sut i dorri'r gwallt gosod i'r ffurf a'r siâp gofynnol. Ac mae'n rhaid dweud fod y mwstas yn edrych yn ardderchog ar ôl ei orffen – clwstwr gweddol dew ar y wefus uchaf yn union dan y trwyn, yn rhedeg yn llinell daclus a dod i lawr yn fain o boptu'r geg. A thusw bach fel barf gafr ar yr ên. Nód o werthfawr-ogiad gan *M'amselle* ac yna dechrau cadw'r pethau ar ôl i'r perfformiad ddechrau, ac fel arfer, picio i ddrws cefn y Neuadd i gael golwg ar y campweithiau. Pawb yn edrych yn ardderchog yn ei baent a'i bowdwr. Nes i'r portar stesion ddod i mewn yn chwys ac yn llafur ac anferth o drync mawr trwm ar ei gefn – bron â cholli'i wynt. Sefyll ar ganol y llwyfan yn wynebu'r gynulleidfa a chymryd llond ei ysgyfaint o wynt er mwyn cael ei chwythu allan i ddangos mor drwm oedd y trync ar ei sgwyddau. Ond fe'i chwythodd allan mor effeithiol nes i un ochor ei fwstas gael ei chwythu yn glir i'r awyr a syrthio dros ymyl y llwyfan. Y fo ei hun oedd wedi rhoi paent ar un ochor i'w wefus uchaf cyn i'r colurwr roi gỳm arni. Diolch byth fod Charles wedi mynd i'r Mericia. Ond fe ddywedodd *M'amselle* ar y diwedd fod yr 'incident' wedi ychwanegu at yr hwyl. Chwarae teg i'w chalon hi. Sut ddrama oedd hi tybed?

Yr oedd yna draddodiad o ddrama wedi bod yn Ysgol Botwnnog pan oedd J.L. Roberts yn Brifathro ac Annie Holt yn athrawes Saesneg. Shakespeare, yn Saesneg, oedd y dramâu ac yr oedd yno luniau ar y muriau o gast rhai o'r blynyddoedd – 1912, *A Midsummer Night's*

Dream, ac un disgybl bach yn eistedd ar lawr a phen asyn wrth ei ochor. Cofio am y gath yn 'Dick Whittington'... Er mwyn y Saesneg yr oedd y perfformiadau hynny wedi digwydd, a doedd hynny ddim yn rhyfeddod o gofio am 1847 ac 1870. A hyd yn oed cyn hynny. Yr oedd yna gymal yn ewyllys yr Esgob Henry Rowlands yn deisyfu ar i'r Prifathro a benodid i ofalu am yr ysgol arfaethedig fod yn 'ddibriod, yn ŵr gradd o Brifysgol Rhydychen os yn bosibl, ac yn Sais, "for the sake of the language".'

Fyddai yna ddim llawer o groeso wedi bod ym Motwnnog 1939 i unrhyw beth 'for the sake of the language', ac felly yn Gymraeg yr aed ati i gyflwyno perfformiad Nadolig o Ŵyl y Geni yn 1942. Dim ond rhyw driongl o lwyfan yng nghornel y Neuadd oedd yno o gyfleusterau. Dim llenni, dim set, dim golau. Dim o ddim ar wahân i'r pumllath o lwyfan ar draws y gornel. Ond dim ond crybwyll y gellid gwneud 'sioe' at y Nadolig fu raid nad oedd y brwdfrydedd wedi sgubo drwy'r lle.

'Ddaw Dad i nôl ni os bydd eisio aros ar ôl 'rysgol.'

Ffarmwr oedd 'Dad' yn medru gwneud rhyw fân siwrneiau felly er gwaetha'r dogni petrol.

'Ma Mam yn deud gawn ni fenthyg y cyrtans ddoth Dad o India i neud Doethion.'

'Na, John, beth tae rhywbeth yn...'

'Na, mae'n iawn. Ma Mam wedi deud. Ma hi am 'u tynnu nhw heno a mi ga i ddŵad â nhw fory. Dim ond ar ffenestri rŵm ffrynt ma nhw a mi neiff yr hen rai yn iawn yn 'u lle nhw.'

Capten llong o Edern oedd 'Dad' y tro hwnnw, a phan drodd y Doethion eu cefnau at y gynulleidfa i gyflwyno'r aur a'r thus a'r myrr i'r Baban noson y perfformiad aeth su o ryfeddod drwy'r lle wrth i liwiau a phatrymau cyfoethog y Dwyrain fflachio oddi ar y mentyll hynny yn nüwch y Neuadd wythnos cyn y Nadolig. Roedd cynulleidfa'r tair noson wedi gwirioni'n lân, a doedd o ffeuen o wahaniaeth chwaith mai rhieni a pherthnasau oeddan nhw. Clod ydi clod, a rhwydd hynt i'r rhai sy'n barod i fychanu'r mawl a'r bri ac i goleddu hen feddyliau gwamal am ffynhonnell clodforedd.

Yr oedd y llwyfannu a'r cynhyrchu, y canu a'r actio, y llefaru a'r dawnsio o safon uchel yn ôl pawb oedd wedi cymryd rhan. Ond yr oedd technoleg yr ugeinfed ganrif ar ein gwarthaf ni. Faint bynnag o'r 'golau mewnol' oedd ym Motwnnog, ac mae'n debyg fod yno gryn dipyn, dwy lamp Aladdin oedd y golau allanol i oleuo tywyllwch boreau dyddiau byrion cefn gaeaf, a phan gafodd rhyw benbwl o wleidydd rhyfelgar yn Llundain y syniad i'w ben y byddai'n dda cael amser haf dwbwl a throi'r clociau ddwyawr ymlaen yn yr haf a'u gadael awr drwy'r gaeaf, byddai'n rhaid aros iddi oleuo cyn cael mynd at wersi a hynny yn golygu cadw pawb yn y Neuadd i ganu emynau yng ngolau'r ddwy lamp. Nid bod raid i neb droi ei drwyn ar lamp Aladdin. Roedd hi'n frenin o'i chymharu â'r hen lampau potel bres a'r fflam felen gron yn y gwydr hirgul. 'Golau fel dydd arni hi' oedd barn pob perchennog lamp Aladdin. Iawn mae'n debyg i ddarllen yr Herald gyda'r nos. Wel ia, iawn hefyd i roi golau i ganu emynau oedd pawb yn wybod am hanner awr i ddisgwyl iddi oleuo. Ond goleuo'r llwyfan at y ddrama? Dim gobaith. Nes i rywun awgrymu efallai y byddai'n werth cael sgwrs efo Lewis Owen 'Refail Bach yn

Rhoshirwaun. Wedi ei brentisio efo'i dad yn saer coed yr oedd Lewis Owen, ond yn ddyn ifanc wedi dioddef salwch oedd yn peri ei fod wrth ei ffon. Un o'r rhai ieuengaf o Feirdd y Rhos a gŵr oedd yn cynnal sgwrs ar gynghanedd, ac un oedd wedi dod yn drydanwr medrus o'i ben a'i bastwn a hynny ymhell cyn i drydan masnachol ddod yn nes na Phwllheli.

'Oes 'nen tad, mae posib, Parry,' oedd yr ymateb i'r ymholiad petrus, a'r llygaid wedi mynd yn fychan wrth i'r wên bryfoclyd oleuo'i wyneb.

'Sawl swigan oedd gynnoch chi mewn golwg?' Term bathedig Lewis Owen ei hun oedd swigan a swigod am fylbiau trydan.

'Wn i ddim. Rhyw bedwar ne bump?' gan obeithio nad oedd hynny yn swnio'n haerllug.

'Chwech ta felly ac wedyn wyth o fatris...'

Roedd pawb yn yr ysgol yn gwybod cyn amser chwarae drannoeth y 'bydda 'na letrig yn gola'r stêj'. Y Prifathro ychydig yn amheus o'r syniad ar y cychwyn – meddwl y byddai'r ddwy lamp Aladdin, un bob ochor i'r llwyfan yn hen ddigon o olau – ond ar ôl cael ei arwain i feddwl y gallai un o'r Bugeiliaid neu hyd yn oed Joseff ei hun roi cic i'r lamp wrth basio a'i gyrru'n deilchion dros ymyl y llwyfan gyda'r holl bosibiliadau fflamllyd, y Prifathro oedd y mwyaf eiddgar dros Lewis Owen a'r dechnoleg newydd. A'r Prifathro oedd yr edmygydd mwyaf llafar o'r goleuadau llwyfan ar y noson gyntaf. 'Deyn, fel tasa chi yn Lerpwl...'

Y swigod a'r batris a'r gwifrau, a medr a chrefft Lewis Owen, a dyna'r llwyfan yn olau fel dydd am ychydig funudau y noson cyn y perfformiad cyntaf. Ychydig funudau yn unig oedd i'w gael oherwydd byddai'n rhaid i'r batris ddal am ddwy awr drwy'r perfformiad y noson wedyn. Ond os theatr, theatr. Trwy garedigrwydd yr athro Ffiseg a rhagor o dechnoleg yr oedd y goleuadau yn codi a gostwng yn ôl yr angen. Ond mae'n debyg mai'r uchafbwynt o ran llwyfannu oedd yr Angel. Cornel bellaf triongl y llwyfan wedi ei chau gyda llen o fyslin lathen o led yn edrych fel pen draw a chefn y llwyfan yn ddigon naturiol. Ond yr oedd un o'r swigod y tu ôl i'r llen uwchben y gornel, a phan dywyllid y llwyfan a goleuo'r gornel, yr oedd yr Angel i'w weld yn glir fel pe bai mewn cwmwl golau. Robin Davies o Aberdaron, y lleiaf o'r hogiau oedd wedi dechrau ym mis Medi, a llais fel angel ac wyneb fel angel yn graddol ymddangos yn ei wyn a'i aur wrth i olau'r llwyfan wanio a golau'r gornel gryfhau. Dim ond arlliw o ffurfiau'r Bugeiliaid ar y llwyfan erbyn hyn a'r côr yn canu yn y cefndir, 'Yn nhawel wlad Judea dlos...' ac ar ôl y 'Dywedai...' yn y pedwerydd pennill, y côr yn distewi a'r Angel, a'r llais soprano fel cloch yn dweud 'Dwyn newyddion da yr wyf...', a'r darn o'r ddynol-ryw oedd ym Motwnnog, pob un ohono yn chwilio am ei hances boced.

Fu dim o ymlacio cymdeithasol y noson gyntaf gyfoes efo'r gwenau a'r glasiad gwin ar y diwedd, achos yr oedd yn rhaid cael y batris, lond cist car ohonynt, yn ôl i'r 'Refail Bach i'w llenwi yn barod at nos drannoeth. Fe lewyrchodd y goleuni hwnnw yn y tywyllwch am dair noson er ei fod wedi melynu yn fuan ar ôl diwedd perfformiad y drydedd noson am fod pawb yn stelcian ac yn gweld biti na fyddai yna noson arall. Ac fe aeth un o'r lampau Aladdin yn sych ar ddiwedd y noson olaf honno hefyd a llosgi'r wic a'i ddifetha cyn i neb sylweddoli.

Yn ôl pob tystiolaeth yr oedd Gŵyl y Geni wedi bod yn llwyddiant mawr, ac nid athrawon a rhieni yn unig oedd yn dweud hynny; dyna oedd y farn gyffredinol. Ond gan fod i lwyddiant bob amser ei gyfrifoldeb, yr oedd angen paratoi at Nadolig y flwyddyn ddilynol – 'Fydd raid i ni gael drama eto 'leni, a ninnau wedi cael y fath hwyl llynedd.'

Dim ond cwta bedair blynedd oedd er pan oeddwn i wedi cyrraedd yno, ond yr oedd yno ryw dynfa gyfrin. Rhamant y blynyddoedd a chofio'r 'Circa 1616'? Gweledigaeth yr Esgob a'r parch at ewyllys y marw? Tynfa lle ac amser yn nirgel leoedd yr anwybod? Y ffaith fod rhai o gyfoedion fy nhad o Garmel wedi bod ym Motwnnog yn dysgu morwriaeth er mwyn pasio'n gapteiniaid yn niwedd y ganrif ddwaetha? Y ffaith fod merch y Dyn Siwrans wedi mynd i Goleg Astudiaethau Busnes ym Mhorthaethwy a'i bod hi'n aros ym Mangor efo Tomos ac Enid? Neu ddiogi cynhenid am ei bod hi'n haws aros na gwneud ymdrech i symud. Pwy a ŵyr? Y cwbwl efo'i gilydd efallai. P'run bynnag, 'Hen Ysgol Hogia Llŷn' oedd y sioe at ddiwedd tymor y Nadolig, gyda'r is-deitl hunandybus, 'Pasiant o Hanes yr Ysgol'. Dros dri chan mlynedd o ddeunydd. Cefnogaeth a chymorth brwdfrydig pawb yr un fath eto. Actorion a chantorion a dawnswyr a llefarwyr profiadol – wedi gwneud 'Gŵyl y Geni' y llynedd. A Lewis Owen yn fodlon dod â'r gwifrau a'r batris a'r swigod yr un fath. Gyda'r fath gefn mi fyddai gofyn cael penbwl dychryn-llyd i fethu â gwneud sioe ohoni hi.

Ar ôl gwyliau'r Nadolig, ym mis Chwefror y flwyddyn newydd, fe ddaeth Myfanwy Howell o'r BBC ym Mangor i'r ysgol ryw bnawn dydd Mawrth i glywed rhannau o'r sioe. 'Neis iawn,' meddai hi yn garedig dros ben, ac ym mis Ebrill aed â deg a thrigain o'r perfformwyr hynny, llond dau fws, i Neuadd y Penrhyn ym Mangor i ddarlledu detholiad o 'Hen Ysgol Hogia Llŷn' yn Awr y Plant. Ond gan nad oedd yno ddim actio na gwisgoedd na bod wedi paentio'ch wyneb, doedd hi fawr o sioe o gymharu â'r sioe ar y llwyfan yng nghornel y Neuadd efo golau letrig Lewis Owen. Fe godwyd peth ar safon y diwrnod at ei gilydd hefyd trwy beri i'r ddau fws aros yng Nghaernarfon ar y ffordd yn ôl i bawb gael tships – doedd 'sglodion' ddim wedi cyrraedd – a'r BBC yn talu.

Yn 1945 ar ôl i ail drychineb bwystfilaidd y ganrif ddod i ben, daeth y golau oedd wedi diffodd ym Mhenrhyn Llŷn i ganlyn diffodd goleuadau Ewrop, yn ei ôl, ac yr oedd yn amlwg fod peth o'r diwylliant a rhywfaint o syberwyd byw wedi goroesi'r tywyllwch. Yr oedd mynd mawr ar Ŵyl Ddrama Pwllheli, a Glyn Owen, actor, a'r trefnydd mwyaf medrus a gafodd unrhyw weithgarwch erioed, yn llwyddo i gael cwmnïau drama enwoca'r wlad i ddod i gystadlu mewn wythnos o ddramâu bob nos. A chyn diwedd y rhyfel yr oedd John Gwilym wedi dod o Landudno i ddysgu Saesneg yn yr Ysgol Ramadeg ym Mhwllheli, ac wedi dod â'i holl frwdfrydedd heintus i'w ganlyn, ac yn fuan iawn wedi sefydlu cwmni drama yn y dre. Cyflwyno dramâu safonol, gwreiddiol rai, fel *Brwyn ar Gomin*, William Vaughan Jones, yn ogystal â chyfieithiadau o ddramâu oedd yn boblogaidd ar lwyfannau Llundain fel *The White*

Headed Boy a *Time and the Conways*. Ond fe adawodd John Gwilym ymhen tair blynedd, ac er dychryn a syndod daeth gwahoddiad i ymuno â'r criw ym Mhwllheli. Dilyn John? Dim peryg yn y byd. Ac eto, yr oedd yno actorion mor ardderchog a chymaint o dalent fel na fyddai angen cyfarwyddo dim ar neb – Emlyn Jones, tad Shân Emlyn a thaid Mari Emlyn, Huw Roberts, Glyn Owen, John Cadwaladr, Mrs Hughes Jones a nifer fawr o rai eraill profiadol. Ystyriaeth arall oedd mai sôn yr oedd y Cwmni am gyflwyno drama Tomos, *Llywelyn Fawr*, oedd wedi bod yn eithaf llwyddiannus ym Mangor, ac y gellid, pe byddai problemau yn codi, gael help gan yr awdur, a John Gwilym hefyd pe byddai angen.

Fe gafwyd rhai anawsterau ynglŷn ag offer a gwisgoedd. Byddai Cymdeithas y Ddrama Gymraeg yn y Coleg yn ei dyddiau mawr yn arfer llogi gwisgoedd a wigiau o Wardour Street, ond fedrai Cwmni Glan y Môr ddim meddwl am fynd i'r fath gostau. Ond trwy lafur cariad y cast a chyfeillion fe wisgwyd pawb nes bod pais a llurig a dwyfronneg a helm yn sgubo cynulleidfa'r cotiau cwta a'r sgertiau mini yn ôl i'r ddeuddegfed ganrif. Maelwisg pennau ac ysgwyddau milwyr Llywelyn barodd beth anhawster, ond technoleg fodern yn dod i'r adwy unwaith yn rhagor.

Wrth i'r bladur a'r cryman medi ffeirio lle efo'r tractor a'r beindar yr oedd llinyn beindar wedi dod yn nwydd poblogaidd, nid yn unig yn ei briod waith o rwymo ysgubau ŷd, ond at bob achlysur gwaith lle'r oedd angen llinyn a chwlwm – cau cegau sachau tatws, rhwymo coesau coed tomatos wrth gansen, cwlwm ychydig yn is na'r pen-glin i wneud London Yorks i chwynnu maip, hel weiran bigog a weiar neting at ei gilydd i aros nes byddai cyfle i osod stanciau ac ailweirio, cwlwm dan yr ên i ddal cap neu het rhag mynd i ganlyn y gwynt ar dywydd mawr, a chwlwm am y canol i ddal côt rhag mynd i fflantian adeg stormydd Awst neu sgrympiau Gŵyl Grog. A lliaws o bethau eraill. A llinyn beindar ddiogelodd bennau ac ysgwyddau milwyr Llywelyn Fawr rhag saethau a gwaywffyn ei elynion.

Gweill rhif un – rhai pren ffyrf – a phatrwm helmed Balaclava, ac egni ac ymroddiad merched y Côr a'u cyfeillion ofalodd fod pennau'r milwyr i gyd yn saff. Trochi pob helmed mewn doli dei du, a'u paentio ar ôl iddynt sychu efo paent aliwminiwm, a thybiodd yr un copa yn y gynulleidfa mai llinyn beindar oedd y cadwynau haearn main, plethedig oedd yn disgleirio dan y goleuadau llachar ar lwyfan Neuadd y Dref.

Thalwyd fawr o arian i neb a fu'n gysylltiedig â'r cynhyrchiad hwnnw, na'r un cynhyrchiad arall oedd yn digwydd ar y pryd. Cyd-ddiddordeb yn tyfu yn gyfeillgarwch ac yn gwmnïaeth gymdeithasol oedd y man cychwyn, a'r cyd-ddiddordeb hwnnw yn tyfu yn ystod yr wythnosau o weithio ac ymarfer i fod yn agos i ran o ddiben bodolaeth. Y tyndra pryderus ar ôl gorffen coluro a dim ond pum munud nes y byddai'n amser dechrau – 'Na, 'dach chi'n iawn. 'Dach chi'n edrach yn ardderchog'. Y sŵn yn y neuadd yn distewi wrth iddi dywyllu a llygaid pryderus yn yr wynebau paent yn dod i'r golwg yn ochrau'r llwyfan wrth iddo oleuo a'r llenni'n agor. Y geiriau yn llifo oddi ar y llwyfan i'r gwyll lle'r oedd yr wynebau llwyd, res ar ôl rhes yn disgwyl, yn chwerthin, yn distewi, ac yn awr ac yn y man yn curo dwylo pan oedd Siwan neu Ednyfed Fychan neu Lywelyn yn gadael y llwyfan. Y ddwy egwyl a'u bygwth boddhad, ac yna y Côr ar y llwyfan yn cyfarch Llywelyn ac yn gorffen,

> 'Fe'th ystyrir di'n ddewr,
> Fe'th gyfrifir di'n ddoeth,
> Fe'th elwir di'n Fawr'.

Eiliad neu ddwy o ddistawrwydd llethol, ac yna, curo dwylo'r gynulleidfa fel ton ar ôl ton o ollyngdod. A'r holl ymdrech wedi cael talu amdani ar ei chanfed.

Yn y blynyddoedd difodur hynny yr oedd mynd i'r dre o Bencraig unwaith neu ddwy yr wythnos i ymarfer yn orchwyl rhy anodd. A ph'run bynnag yr oedd digonedd o ddewis ymysg y criw o rai llawer mwy abl i ofalu. Huw Roberts, hogyn o Lanberis oedd wedi dod i ddysgu Cemeg i Ysgol Botwnnog ond yn byw ym Mhwllheli ac wedi bod yn un o actorion disglair John Gwilym, ddaeth yn gynhyrchydd a sefydlu Cwmni Drama Glan y Môr ddaeth yn enwog trwy Gymru yn y pum a'r chwedegau. Ond fe barhaodd y cysylltiad â Chwmni Glan y Môr am flynyddoedd. Coluro wrth reswm. Ond cyfieithu ar eu cais hefyd bethau fel *Arms and the Man* – coffa da am yr hen Shaw yn syrthio o'r gwely gefn nos ym Mryn Awel – a'r *Playboy of the Western World*, ac un ddrama wreiddiol hefyd – *Dros y Ffordd*.

Yn y cyfamser yr oedd pethau yn dal i fynd ymlaen ym Motwnnog, a'r cynyrchiadau'n mynd yn fwy uchel-geisiol. Technoleg oedd yn cefnogi a chreu'r posibiliadau unwaith eto, y tro yma ar ffurf cwt brics bach a tho sinc wedi ei godi yn erbyn mur cefn y tu allan i'r ysgol yn gartref i 'injian letrig' – peiriant cynhyrchu trydan digon cryf i oleuo'r holl ysgol a gwneud i 'swigod' Lewis Owen edrych fel tân bach diniwed mewn clawdd eithin. Digon o olau erbyn hynny i fentro ar bethau fel *Orpheus ac Eurydice* a *Dido ac Aeneas*, gweithiau oedd yn rhoi cyfle i gael pawb i mewn, a phawb yn golygu y rhan fwyaf o'r plant...

'Plis gawn ni neud rwbath yn yr Opra?'

'Fasa chi'n lecio mynd i'r Côr?'

'Fedrwn ni ddim canu, Syr.'

'Wel, fasa chi'n lecio bod wrth y drysa yn y Neuadd i helpu i gael pawb i'w llefydd pan fyddan nhw'n dŵad i mewn?'

'Ew, esyr.'

Pawb. Hyd yn oed i 'gadw drws'.

Gan fod Huw Roberts yn aelod o'r staff ym Motwnnog yr oedd yn naturiol ddigon i'r sefydliad fanteisio ar ei ddawn a'i brofiad, a dyma flynyddoedd cynyrchiadau fel *Doctor ar ei Waethaf*, Molière a chyfieithiad eto fyth o Shaw, *Androclys a'r Llew*, a drama wreiddiol arall, *Dawns yr Aur*, o hanes y môr-leidr Harri Morgan. Ie, mae'n ddigon gwir mai Dad a Mam a Taid a Nain ac Yncl ac Anti oedd y gynulleidfa, ond pan fyddai'r perfformiad olaf ychydig ddyddiau cyn y Nadolig drosodd, a'r gynulleidfa wedi mynd adre a golau'r llwyfan wedi diffodd a gwynt main y tu allan i ddrws yr ystafell wisgo ar ben y grisiau, a phawb wrthi'n brysur yn hel y dillad at ei gilydd, fe fyddai yna olwg bach ddigalon ar ambell wyneb, ac yr oedd hynny yn beth rhyfedd o gofio'r gymeradwyaeth a'r sŵn a'r gloddest oedd newydd lenwi'r Neuadd ar y cyrten olaf hwnnw. Dim ond rhyw air fel

'Da iawn chi' mewn ymdrech i gysuro fyddai raid ddeud wrth Dido neu Eurydice i beri i ddeigryn gronni yn y paent yng nghil y llygad, a 'Fydda i ddim yma y flwyddyn nesa yn na fydda?' Roedd yr hen le yn gafael ynddyn hwythau hefyd. Dacia fo!

Yr oedd yna ddrama y tu allan i Fotwnnog a Phwllheli erbyn hyn hefyd. Fel Trefnydd Sgyrsiau y penodwyd John Gwilym Jones ar staff y BBC ym Mangor, ond yn fuan iawn, gyda'i ddiddordeb ysol mewn drama, yr oedd wedi ei benodi yn gynhyrchydd dramâu a dyna ddechrau cyfrwng newydd ar ffurf newydd.

Yn y dyddiau cynnar pan ddaeth Sam Jones a Nan Davies i Fangor, prin y breuddwydiodd neb y gallai'r 'weiarles' fod yn gyfrwng i ddrama, ond ar ôl llwyddiant rhai o'r ymdrechion cynnar gan bobl fel Louis McNiece, buan y sylweddolwyd, nid yn unig ei fod yn gyfrwng posibl, ond fod y posibiliadau yn ddihysbydd. Darlledwyd *Under Milk Wood* yn 1954 ac yr oedd 'Saturday Night Theatre' yn dechrau denu cynulleidfa Guild Hall a'r Empire yng Nghaernarfon a'r Town Hall a'r Palladium ym Mhwllheli.

Er bod y theatr a drama yn annatod gysylltiedig rywsut, eto yr oedd drama radio yn tyfu ac yn ennill ei phlwyf. Yr oedd galwad ffôn gan Sam Jones i'r Ysgol i ofyn am adroddiad i'r Co Bach a 'rwy'n i moyn e at fore Sadwrn' a hithau yn bnawn Mawrth yn beth cymharol gyffredin, ond peth gwahanol iawn oedd galwad ffôn gan John Gwilym,

'Yli, dwi isio i ti neud addasiad o *Gŵr Pen y Bryn* i mi. 'Nei di?'

'Wel... y... pa bryd?'

'Erbyn dechra mis Mawrth. 'Nei di?'

'Wel...'

'Rwyt ti wedi'i darllen hi yn do?'

'Do.'

'Wel meddwl am y peth a mi ffonia i nos fory.'

Doedd dim angen gweld llwyfan yn eich meddwl yn y busnes yma, a dim angen cysidro oedd yna ddigon o gyfle i bawb ar y llwyfan fod yn y lle iawn ac ymateb yn ddigon eglur pan oedd hon-a-hon yn mynd allan a rhoi clep ar y drws ar ei hôl. Na, y cwbwl oedd eisio'i wneud oedd eistedd a gwrando. Gwrando ar John Williams yn rhagrithio'i gredoau, gwrando am sŵn y ffair a Mathew yn cael ei dwyllo wrth brynu wats, gwrando ar Rofar yn cyfarth yn y pellter ac yn dod yn nes wrth i John Williams ei gyrraedd a dweud yn ddistaw, 'Rofar, ti sy' 'ma?' Amrwd iawn oedd yr 'effeithiau' cynnar hynny hyd yn oed pan gafwyd rhai ohonynt ar recordiau gramaffon, ond fel swigod Lewis Owen a chlec yr injian letrig buont yn ateb eu diben, ac fe drodd John Williams y drol yn ddigon effeithiol, yn llythrennol ac yn ffigurol.

Dilynwyd *Gŵr Pen y Bryn* gan ddwy o nofelau Gwyneth Vaughan, *O Gorlannau y Defaid* a *Plant Y Gorthrwm* fel rhan o gynllun o gyflwyno gweithiau llenyddol cydnabyddedig drwy'r cyfrwng newydd. Ond gadawodd John y BBC pan benodwyd o'n ddarlithydd yn yr Adran Gymraeg yn y Coleg ym Mangor, a daeth un o'i gyn-ddisgyblion drama i'r swydd yn ei le. Yr oedd Wilbert Lloyd Roberts yn fyfyriwr ifanc addawol, wedi bod yn gyfrifol ar y cyd â John am gynhyrchiad y Coleg o *Llywelyn Fawr*, ac yr oedd iddo ddilyn John yn adran ddrama'r BBC yn addas iawn.

Dechreuodd cyfnod newydd, diddorol yn hanes y ddrama radio yr adeg yma, ac yr oedd hadau cynaeafau'r dyfodol yn cael eu hau mewn cyfresi fel Teulu'r Siop a Theulu'r Mans. Dilyniant oedd Teulu'r Siop, bennod bob wythnos, o ddigwyddiadau cynefin pentref yn y Gogledd. Ie, y Gogledd, er gwell neu er gwaeth, oherwydd Gogleddwyr llydan eu hacen oedd y tri oedd yn ysgrifennu, Idwal Jones, Islwyn Ffowc Elis a minnau. A Gogleddwyr oedd yr actorion. Y drefn fyddai cyfarfod ym Mangor i lunio sgerbwd o stori fyddai'n para am chwe phennod – chwe wythnos o ddrama. Gobeithio bob tro byddai siawns cael dilyn Islwyn oherwydd byddai crynodeb taclus o'r bennod a geiriau olaf yr olygfa yn cyrraedd bob amser mewn da bryd. Llanrwst heb fod hanner mor brydlon. Galwad ffôn,

'Yli, wyt ti'n cofio ein bod ni wedi sôn y byddai fy mhennod i yn gorffen efo'r hen fachgen yn dychryn wrth glywed curo ar y drws?'

'Ydw.'

'Wel yli, mi fasa'n well cael y curo ar y drws yn gynta ac i'r hen wraig ddychryn cymaint wrth iddi godi i fynd i agor nes cael ffit a syrthio yn un lledan ar draws y bwrdd nes basa'r llestri yn deilchion. Fasa'n well yn basa?'

'Y... basa...'

''Na chdi 'ta – dos di ymlaen o'r fan honno a mi fyddwn ni'n olreit...' Fyddwn ni?

Yr oedd yna un elfen fawr sylfaenol arall wedi dod i fyd y ddrama erbyn hyn hefyd. Arian. Rhywbeth fel canu mewn côr neu chwarae ffwtbol i'r Cesarea Rovers, neu ysgrifennu llythyrau at berthnasau yn y Mericia, neu helpu adeg cynhaea gwair oedd drama wedi bod. Ond pan fyddai Sam Jones yn y BBC ym Mangor yn gofyn am griw o ddeg o stiwdants i fynd i'r stiwdio i Fryn Meirion i fod yn 'dyrfa' yn un o raglenni Hanes Cymru, Ambrose Bebb, oedd yn sôn am y Brenin Siarl yn dod o Iwerddon a gwerin Wrecsam yn ei groesawu, byddai'r 'dyrfa' o ddeg yn cael pum swllt bob un am weiddi 'Hwrê' wedi eu gwasgu fel penwaig rhwng dau ddrws yn y stiwdio. Derbyniol dros ben. Ond fe ganodd tinc y goron honno gnul llawer o hwyl a brwdfrydedd a gwreiddioldeb diwylliant llyfr a llwyfan yn y gymdeithas yng Nghymru. Yr oedd Sam Jones yn talu gini am bob adroddiad i'r Co Bach, ac fe dalodd John Gwilym bymtheg gini – fesul gini yr oedd y Gorfforaeth yn talu ei harian – am bob pennod o *Gŵr Pen y Bryn*.

Am fod y mamon anghyfiawn yn llechu y tu ôl i bethau fel hyn, ac yn arbennig felly pan ddaeth y teledu cyn hir, yr oedd tranc y cymdeithasau a'r cwmnïau fel Cwmni Glan y Môr yn anochel. Fe berfformiwyd *Fy Machgen Gwyn i* chwech a deugain o weithiau rhwng 1952 a 1954, *Juno a'r Paun* dair ar hugain yn 1957-58, *Congrinero'r Gorllewin* ddeg o weithiau yn 1961-62. Ond *Dros y Ffordd* yn 67-68 ddim ond pedair gwaith. Doedd ryfedd yn y byd i'r campwaith hwnnw beidio â chael ei gydnabod fel un o'r cerrig milltir yn hanes datblygiad y ddrama yng Nghymru.

Ar ôl un o'r ymdrechion cynnar gyda'r gyfres 'Byd a Betws', a Wilbert eto yn gofalu ac yn ymarfer am wythnos ym Mangor a mynd â llond bws o gast i Gaerdydd i ddarlledu, fe symudodd yr holl weithgarwch i'r brifddinas, a daeth enwau newydd a bugeiliaid newydd. Ond yr oedd y ddrama radio yn dal yn ddigon poblogaidd ac fe ddarlledwyd amryw o bethau fel addasiadau o straeon Kate Roberts a rhai ymdrechion gwreiddiol fel *Twll yn y To* a *Ffordd Neidr* dan olygiaeth a chyfarwyddyd cynhyrchwyr fel Lorraine Davies ac Evelyn Williams.

Yn 1973 daeth cais arall oddi wrth George Owen oedd wedi bod yn gyfrifol am amryw o'r addasiadau, yn holi am ddrama gyfres o bum neu chwe phennod yn sôn am bobol yn eu harddegau – disgyblion pumed a chweched dobarth yr Ysgolion Gramadeg. Fe gafwyd deunydd ar gyfer y gyfres 'Pen ei Dennyn' o'r ffaith fod amryw o fechgyn Ysgol Botwnnog wedi mynnu gadael ar ôl y pedwerydd neu'r pumed dosbarth, ac yr oedd rhai o'r hogia hynny yn arbennig o ddisglair. A meddwl bod pobol felly allai 'fynd yn eu blaenau' i'r fan a fynnent yn mynnu gadael i fynd adre i ffermio! Problemau ac anawsterau un o'r disgyblion hynny oedd 'Pen ei Dennyn'. Ond y peth diddorol oedd fod y cynhyrchydd wedi awgrymu y gellid lleoli'r ddrama yn yr ysgol ym Motwnnog, ac yn bwysicach fyth, y gellid defnyddio rhai o'r plant i gymryd rhan gyda'r actorion adnabyddus oedd yn y cast – Ryan Davies, Charles Williams, Marged Esli, Guto Roberts. Lleolwyd rhai o'r golygfeydd yn yr ysgol ac eraill mewn gwahanol fannau yn Llŷn, a chafodd y pedwar neu bum 'actor' o'r ysgol ddau neu dri diwrnod yn aros mewn gwesty ac yn gweithio mewn stiwdio yng Nghaerdydd a Guto Roberts yn gofalu amdanynt, a chadw'i fawd ar linyn y pwrs gan fod ganddyn nhw fwy o arian nag oedd ganddyn nhw wedi bod erioed. Fflachiodd enwau yr un ohonyn nhw mewn goleuadau neon uwchben pyrth theatrau mawr y byd, ond 'y mae eu hiliogaeth hwynt yn y cyfamod hefyd, a'r gynulleidfa a draetha eu clod hwynt'.

Yr oedd y ddrama pan ddangoswyd hi yn iawn fel yr oedd pethau ar y pryd, ac yr oedd yr hogia wedi mwynhau pob munud. Pwy fedrai beidio â mwynhau yn y fath gwmni? Ond priodas anghymarus oedd hi. Gan fod y coffrau yn agored nid gwaith amser hamdden oedd actio bellach ond gyrfa. Gofynnodd rhyw gyfaill i dad dyweddi Ifan O. Williams beth oedd darpar ŵr y ferch yn wneud,

'O,' meddai'r tad, 'mae o ar y weiarles.'

'Ydi' oedd yr ateb, 'wn i hynny – dwi wedi glywad o. Ond be 'di waith o?'

Wrth i'r gair 'proffesiynol' ddod yn fwyfwy amlwg yr oedd yr holl awyrgylch a'r hinsawdd yn newid. Doedd a wnelo awdur ddim byd â'i waith unwaith yr oedd o wedi rhoi pennod yn y post. Dim 'cysentio' mwyach. Ac os digwyddai i actor gamynganu gair neu gamliwio cymal neu frawddeg, neu os dinistrid darn o lenyddiaeth, treftadaeth cenedl, trwy anwybodaeth technegwyr, neu os aberthid gwirionedd am fod y fformiwla yn gofyn am ffug – wel ia, iawn, fel 'na y mae hi. Delio efo pobol broffesiynol yr ydach chi. Ac y maen nhw i gyd yn perthyn i undeb.

Yn fuan ar ôl 'Pen ei Dennyn' fe ddaeth 'Pobol y Cwm' a Bella a Harri Parri a T.L.Thomas a'r lleill yn rhoi cychwyn y gaseg eira o gyfres na feddyliodd neb y byddai'n datblygu i fod yn anghenraid o gyffur. 'Papur wal' fyddai disgrifiad Gwenlyn Parry ohoni yn y dyddiau cynnar. Rhyfedd meddwl fod cymaint o bapur ar gael o hyd a'r wal wedi mynd.

Ond yr oedd i'r holl weithgareddau hyn un rhinwedd mawr sylfaenol, sef mai tonnau'r awyr oedd y cyfrwng, ac unwaith y byddai'r rhaglen drosodd na fyddai dim byd yn aros i neb ei ganmol nac i godi bys ato. Darfodedig. Ffansi'r funud. Dydi 'annwyl' ddim yn gywir nac 'anwyl' yn anghywir 'hyd lyfnion hafodlasau'r nef'.

'Sgolion

Er mai dim ond rhyw bum munud o gerdded oedd hi o'r Gwyndy trwy lôn bach Maes-gwyn a thrwy'r Lôn Gul ac ar hyd y Rhes Ffrynt ac ar hyd Lôn Bisgah i'r Ysgol Bach yng Ngharmel, yr oedd hi'n dipyn o daith i'w gwneud cyn eich bod chi'n bump oed. Yn enwedig pan fyddai sgidia newydd yn brifo'ch traed chi.

Am un diwrnod, tra byddai Effraim Jones yn pedoli'r clocsiau, y byddai angen mynd â'r sgidia i'r ysgol, a chwarae teg a phob parch iddo, byddai Effraim Jones yn gofalu y byddai'r clocsiau'n barod at drannoeth a'u pedolau newydd yn clepian ar hyd palmant y Lôn Gul. Llwybr ryw lathen o led rhwng dau glawdd cerrig uchel oedd y lôn gul yn arwain o Lôn Maes-gwyn i'r mynydd bach o flaen Capel Carmel ac wedi ei phalmantu efo cerrig glan môr yr un fath â llawr stabal neu lawr beudy a'r cloddiau yn uwch na phen y dyn talaf nes ei bod bron fel twnnel ac yn lle ardderchog i hogia bach ddysgu smocio, ac iddyn nhw ddod i ddysgu am gusanu genod a phethau felly ar ôl iddyn nhw ddod yn llafnau mwy.

Dim ond am dair blynedd yr oedd eisio mynd i'r Ysgol Bach yn Lôn Bisgah, achos unwaith yr oeddech chi tua'r saith oed 'ma, roeddech chi'n cael eich symud i Ysgol Pennfforddelen, hanner y ffordd rhwng Carmel a'r Groeslon, ysgol yn cael ei gweinyddu gan y Caernarvonshire Education Committee a'i rhedeg er mwyn carcharu plant bach rhwng saith ac un ar ddeg oed o naw yn y bore hyd bedwar o'r gloch y pnawn. Ond yr oedd yr Ysgol Bach yn iawn ac yn wahanol. Tair adran – y Bebis a'r Secon Clas a'r Thyrd Clas. Ar wastad y llawr mewn cadeiriau bach crynion wrth fyrddau isel yr oedd y Bebis, ac ymysg yr amryfal weithgareddau oedd yn digwydd yno yr oedd pethau fel symud marblis pren ar weiran mewn ffrâm er mwyn dod i ddysgu cyfrif, a phlygu cylchoedd bach o bapur bob lliw yn ddau ac yn bedwar ac yn wyth i'w pwytho wrth eu conglau i wneud pêl bapur i'w hongian wrth ben y ffenest yn y gegin ffrynt i fod yn destun edmygedd teulu a chymdogion at allu a dyfalbarhad yr hogyn bach. Gwneud seren arian hefyd cyn y Nadolig efo papur te a phâst blawd peilliad – seren ac un pig iddi yn fwy na'r lleill oedd yn golygu ei bod hi'n bwysig fod y pigyn hir yn canlyn a chydredeg efo'r ffon fyddai'n ei dal ac o ganlyniad yn cuddio peth ar y diffyg cydbwysedd. Majig wand oedd hi ar ôl ei gorffen ac mi fedrech chi droi cath yn gi neu droi afal yn fanana efo hi ond i chi fod yn gwybod y geiriau iawn i'w dweud. Mae'n debyg fod Tomos yn gwybod y geiriau yn iawn, ond doedd fiw gofyn iddo fo achos bod Miss Thomas Ffyrs Clas wedi deud mai dim ond pobol fawr oedd i fod i wybod, ac na ddylai plant bach ddim trio gneud majig.

Yr oedd mynd o'r Bebis i'r Secon Clas yn ddyrchafiad materol yn ogystal â bod yn arwydd o gynnydd addysgol, achos nid eistedd ar wastad y llawr mewn cadeiriau bach yn gwneud peli papur a sêr oedd hi bellach, ond eistedd mewn desgiau ar un o'r tair gris oedd yn codi o'r llawr at y ffenestri cefn. Arwydd o'r urddas oedd yn perthyn i'r Secon Clas oedd y steps – codi uwchlaw cyffredinedd y

Bebis a dechrau mynd yn hogia ac yn genod. Nid chwarae a chael eich dandwn a'ch mwytho oedd hi chwaith ond dechrau wynebu realaeth galed y byd oedd o gwmpas, y byd lle'r oedd yn rhaid gwneud pethau a dechrau sgriffio ar hyd godreon y corff mawr hwnnw o wybodaeth oedd y ddynoliaeth wedi ei hel at ei gilydd dros flynyddoedd y canrifoedd.

Un o'r camau cyntaf ar y llwybr hwnnw oedd gwneud gwaith drwy ril – lathenni ar lathenni ohono fo yn cordeddu ar y ddesg ac i lawr ar eich glin chi yn stribedi amryliw, brown a gwyn a phinc a glas a melyn, i gael ei bwytho at ei gilydd wedyn i wneud matiau i'w rhoi dan debot neu i wneud capiau babis dol. Ar ôl bwrw prentisiaeth efo'r ril a'r pedair hoelen ynddi, symud ymlaen i weu efo gweill. Deuddeg o fasgau wedi i Miss Pritchard eu codi ar ddwy wiallen yn cael eu gweu yn ôl ac ymlaen, y pwyth o dde bob tro, wrth fynd yn ôl ac wrth fynd ymlaen – 'in-and-over-and-under-and-out'. Ac ar ôl cael cyfrif sylweddol o ddarnau, naill ai eu pwytho wrth ei gilydd ochr yn ochr i wneud cadachau llestri neu eu gadael yn stribedi i wneud gardysau i Nain Caesion. Yr oedd Nain Caesion yn nain, nid yn unig i'w hwyrion a'i hwyresau ei hunan, ond i wyrion ac wyresau pobol eraill hefyd. Teitl oedd 'Nain' yn ei hachos hi yn hytrach na nod perthynas, a byddai mynd i Gaesion Mawr i ddanfon y gardysau iddi ar ddiwedd tymor haf yn achlysur o bwys.

'O, chdi sy' 'na? Tyd i'r tŷ 'ngwas i ac ista ar y stôl haearn 'na, ma' hen ias yni hi er bod hi'n fis Awst. O adra doist ti?'

'Ia. Wedi dŵad â rhain i chi. Wedi gneud nhw yn 'r ysgol.'

'Brensiach annwyl – gardysa! Wel yn y wir…'

Yna codi ar ei thraed, yn ddefosiynol bron, a gwyro i godi'r sgert laes a'r trwch peisiau fyddai dan y sgert, ac yna, clymu'r gardysau newydd fodfeddi piwritanaidd yn is na'i phen-glin. Cwlwm dwy ddolen ar grimog ei choes, ac yr oedd hi'n bwysig fod y gardysau yn ddigon hir i'r cwlwm fod yn llawn ac yn gymesur. Oeddan, yr oeddan nhw'n hen ddigon mawr – diolch byth. Anghofio'r cwbwl am yr oriau o weu a'r pigo bysedd a'r colli masgau yn sŵn y clodfori a'r diolchgarwch wrth iddi godi i'w syth a gadael i'r peisiau a'r sgert syrthio i'w cynefin weddustra ychydig fodfeddi yn uwch na'r llawr.

'Wel ardderchog,' fyddai'r ddedfryd bob tro. 'Gardysa gora welis i 'rioed – ac yn lliwia crand i gyd.' Ailgodi'r sgert a'r peisiau wedyn er mwyn tynnu'r hen rai a'u collfarnu, 'Yli mewn difri wedi mynd yn hen gyrnhinion sâl yr oedd y rhain – cyn deneuad ag incil yli, a ma' nhw'n hegar pan ma' nhw'n fain fel hyn. Ond ma' lled yn y rhai newydd 'ma a ma' nhw mor esmwyth â melfad. Fuost ti yn hir yn 'u gweu nhw dŵad?'

'Na ddim felly.'

'Wel diolch yn fawr iawn i ti 'ngwas i. Gardysa gora welis i 'rioed. Hogyn ardderchog wyt ti 'nte?' Doedd o mo fy lle i i ddadlau wrth gwrs. 'Ac aros di rŵan, rhaid i mi dalu i ti.'

Yr oedd dwy geiniog yn swm sylweddol o arian a 'chyflath Nain Caesion' – cyflath gwyn a mint ynddo yn enllyn derbyniol yng nghanol haf. Doedd o ddim mor ddurol â chyflath triog du adeg y Nadolig – roedd hwnnw'n perthyn yn nes i injia roc Ffair Llanllyfni pan fyddai wedi cael ei gadw am wythnosau nes byddai'n dechrau troi'n siwgwr.

Ond nid y cyflog na'r cyflath oedd yn peri fod y gwneuthurwr gardysau hwnnw yn cerdded mor dalog o dan y goeden fawr i fyny'r lôn bach o Gaesion Mawr i'r Gwyndy, a'i ben mor uchel â phe byddai am 'i'r byd gael ei weled'. Mae llwyddiant yn medru bod yn beth heintus, meddwol. Nid rhagolwg gwerth cyfnewid dwy geiniog ym masnach fferis John Hughes Lanshion, y siop yn y parlwr ffrynt yn un o dai'r Rhes Ffrynt, na chyfanswm y maeth oedd mewn calan o gyflath oedd yn bwysig, ond y ffaith fod yr awyr yn las a'r gwellt yn wyrdd a'r dyfodol yn olau. A Nain Caesion wedi deud 'ardderchog'. A'r ofnau heb ddechrau.

Mae'n siŵr nad oedd raid i neb ysgwyddo'r cyfrifoldeb o 'fynd i nôl' Miss Pritchard a Miss Thomas i fynd i'r ysgol yn y bore, ond yr oedd y gorchwyl yn ychwanegu at bwysigrwydd pan oeddech chi wedi cyrraedd y thyrd clas, er ei fod o'n golygu codi chwarter awr yn gynharach i fynd i nôl Miss Pritchard, achos yr oedd hi yn byw yn Goleufryn ar y ffordd i'r Groeslon, i lawr trwy Lidiart Mynydd a heibio Green Bank a Thyddyn Perthi ar allt Dorlan Goch. Merch ifanc dal, osgeiddig, ddychrynllyd o glws ym marn y noliwr yr adeg honno, oedd Miss Pritchard, ac er y byddai hi'n gwbwl amlwg y gallai hi gerdded ar ei phen ei hun, ddangosodd hi erioed nad oedd hi'n falch ofnadwy o gael ei 'nôl'.

Un fyrrach, fwy crwn oedd Miss Thomas, a mwy ffwrdd-â-hi, a doedd mynd i'w 'nôl' hi yn golygu dim trafferth o gwbwl achos yn un o'r tai yng nghanol Rhes

Ffrynt ar y ffordd i'r ysgol yr oedd hi'n byw. Ac yr oedd hi wedi bod yn yr un dosbarth â Tomos yn Ysgol Pengroes, ac yr oedd hi'n arfer bod yn y tîm hoci yr adeg honno. Mae'n debyg fod pobol y pentre'i hun, y Rhes Gefn a'r Rhes Ffrynt a Lôn Bisgah yn wahanol, yn barchusach eu gair efallai, ac yn glosiach yn eu cymdeithas na thrigolion y tyddynnod a'r tai y tu allan i'r pentre. Achos pan fyddwn i yn curo ar y drws ffrynt yn Bay View tua chwarter i naw a'r drws yn agor, byddai Kate Thomas, chwaer Miss Thomas, yn bagio cam neu ddau fel pe bai am fy nghael i'r ffocws cywir cyn gwenu'r croeso llydan fyddai'n siwtio rhywun mewn oed, a deud,

''Ngwas gwyn i, chdi sy' 'ma?'

'Wedi dŵad i nôl Miss Tomos.'

'Wedi dŵad heddiw eto!' cyn troi ei phen yn ôl tua'r tŷ i alw mewn llais yn awgrymu ymwelydd o bwys,

'Tyd, Blodwen, ma Gruffudd wedi dŵad i dy nôl di a ma' gynno fo Rosyn Mynydd digon o ryfeddod i ti.'

Ar wahân i'r Rhosyn Mynydd a'r Lili Fali, dim ond blodau piws Pedwar Ban y Byd oedd yn tyfu yn yr ardd bach o flaen y tŷ yn y Gwyndy, a fyddai Pedwar Ban y Byd ddim yn offrwm teilwng achos coed oedd y rheini mewn ffordd dim ond fod blodau piws yn digwydd tyfu arnyn nhw. Ond yr oedd Rhosyn Mynydd a Lili Fali yn wahanol – Rhosyn Mynydd am ei fod o'n fawreddog, yn goch tywyll, ac am y byddai yna berlau o wlith yn llochesu ym mhlygion ei betalau ac yn disgyn pan fyddai Miss Thomas yn ei gymryd o o'ch llaw chi ac yn rhoi sws i chi ar eich talcen. Roedd hi'n biti hefyd mynd i'r ardd bach ar ôl te a gweld ei le o'n wag a bonyn y coesyn yn edrych fel craith ynghanol y dail. Ond wedyn mi oedd

Miss Thomas wedi edrych arno fo lawer gwaith drwy'r dydd ac wedi gadael i Maggie Blaenfferam roi ei bys ar y petalau i deimlo mor esmwyth oeddan nhw. Ac mi fyddai ar y ddesg eto bore fory.

Aroglau'r Lili Fali oedd ei hatyniad mawr – persawr gwyn, glân diwedd gwanwyn a dechrau haf. Pump neu chwe choesyn o flodau wedi'u gosod yn daclus ar gefndir o dair neu bedair o'r dail llydan, gwyrdd tywyll, ac wedi'u cynnal efo papur sidan a'u rhwymo efo edau bag blawd. Am ryw reswm, Miss Pritchard fyddai'n cael y Lili Fali. Roedd hithau, mae'n debyg, yr un mor falch ohonyn nhw ac yn gwyro i'w harogli nhw cyn rhoi ei llaw ar eich pen chi a deud, 'Diolch yn fawr'. Ond wedyn, mewn pot jam y byddai Miss Thomas yn gosod y Rhosyn Mynydd. Nid nad oedd o'n edrych yn iawn yno – ond byddai Miss Pritchard yn rhoi'r Lili Fali mewn llestr gwydr bach main ac yn gofalu y byddai llafnau'r dail yn gymesur wastad y tu ôl i'r blodau.

Musus Wmffras oedd y Brifathrawes, gwraig Willie Wmffras, un o gyfoedion fy nhad, ond ychydig iawn o gyfathrebu oedd rhyngddi hi a'r plant lleiaf. Hi wrth gwrs fyddai'n gneud y 'preyrs' y peth cynta yn y bore, a hi fyddai'n deud 'Bydd...' yn 'Bydd wrth ein bwrdd o frenin nef' amser cinio, ond Miss Pritchard a Miss Thomas oedd maen sbring y sefydliad yn weithredol o ddydd i ddydd yn y Bebis a'r Secon Clas. Yr oedd Miss Thomas yn bod y tu allan i'r ysgol hefyd, achos yr oedd hi yn canlyn efo Harri Pen Llwyn, bachgen ifanc uchel ei barch oedd yn ymgeisydd am y weinidogaeth ac a ddaeth yn ddiweddarach yn un o bregethwyr amlwg yr Hen Gorff. Yr oedd o gartref crefyddol, Richard Williams ei dad yn ddyn cyhoeddus, yn dweud ei brofiad yn hir yn y Seiat, yn gweddïo, 'cystal â'r un blaenor a gwell na llawer' yn ôl rhai ddylai wybod, ac yn cyfrannu yn uwch na'r cyfartaledd cyffredinol. Fel nad oedd ryfedd yn y byd i Harri benderfynu mynd yn bregethwr a mynd i'r Coleg ym Mangor. Ond mynd am dro efo Blodwen Thomas hyd ochor Mynydd Cilgwyn gyda'r nosau braf ym mis Awst yr oedd o yr haf hwnnw. Roedd y 'Mynydd' yn bwysig ar lawer ystyr ac ar wahân i'w gysylltiadau Beiblaidd. Yr oedd yno ddefaid yn pori gydol y flwyddyn – defaid y bobol oedd yn byw yn y tai mwg main nad oedd ganddyn nhw lathen o dir yn eiddo iddynt; yr oedd yno eithin mân i'r tyddynwyr ei dorri a'i falu yn niwedd gwanwyn pan fyddai porthiant yn brin; yr oedd yno dyllau lle'r oedd pentrefwyr wedi bod yn codi cerrig i adeiladu eu tai a lle y byddent yn cael cario'r gwastraff o'r gerddi yn niwedd y flwyddyn ac o'r tai adeg sbring clinio. Ond yn fwy na dim yr oedd y mynydd yn lle i fynd am dro – lle i gerdded yn hamddenol brynhawniau a gyda'r nosau canol haf. Eistedd ar ddarn o graig ar ael llethr i edrych i lawr ar banorama o olygfa yn ymestyn o Gaergybi i Bortin-llaen – o dyrau Castell Caernarfon dros y Foryd a Dinas Dinlle a Choed Glynllifon i Glynnog a Threfor a'r Eifl a llinell 'hen derfyn' y gorwel yn eu clymu yn un cynefin anghysbell.

Ond yr oedd y Mynydd hefyd yn rhodfa cariadon a dau amlwg o ddeuoedd y dyddiau hynny oedd Miss Thomas a Harri Pen Llwyn. Mae'n debyg nad oedd rhywun i fod i wrando ar y sgwrs rhwng Mam a Mrs Jones Bodgwilym yn y gegin gefn yng Ngwastadfaes ar gyda'r nos o haf a phob man yn ddistaw ac yn llonydd yn ias gyda'r nos.

'Ma'r ddau wedi lecio'i gilydd er pan oeddan nhw yn yr ysgol.'

'Ydi, mi fydd Tomos yn deud fel bydda fo yn cario'i bag hi nes bydda fo'n troi o Lôn y Mynydd am Ben Llwyn.'

'Ma' Kate yn falch medda nhw.'

'Falchach na Mrs Williams Pen Llwyn er na chlywis i mohoni hi'n sôn yr un gair.'

'Eisio ceiliog gwyn i ganu yn does?'

'Ma' nhw'n iawn, dwi ddim yn deud. Ond mi dwi'n meddwl 'u bod nhw yn gneud peth digon gwirion yn mynd o olwg pawb fel hyn hyd ochor y Mynydd 'na bob nos.'

'Ma' 'na ddigon o lefydd i ista a bod yn y golwg yn does?'

'Llefydd brafia. Gneud gwaith siarad heb eisio.'

'Ia, wrth 'i fod o'n pregethu 'di'r peth yntê…?'

Mi gawson briodi 'yn wyneb haul llygad goleuni' a phawb yn cael eu gweld a Miss Thomas yn mynd yn Mrs Williams.

Ar ôl y tair blynedd hynny daeth yn amser gadael Miss Pritchard a Miss Thomas a Musus Wmffras a'r Ysgol Bach yng Ngharmel a gadael iddi fynd yn rhan o hanes wrth i ddisgyblion y Thyrd Clas ddechrau cerdded y filltir i lawr Dorlan Goch ac Allt yr Efail i fod yn Sdandar Wan yn Ysgol Pennforddelen. Mae hi wedi ei chau a'i gwneud yn dai i bobol fyw ynddyn nhw ers blynyddoedd. Adeilad cerrig o ddiwedd y bedwaredd ganrif ar bymtheg oedd hi, a'r 'Ysgol Sinc' yn rhyw fath o atodiad diweddarach – sied mewn gwirionedd wedi ei rhannu yn ddwy ystafell a stof gron ar un pared pob ystafell a pheipan haearn yn mynd allan drwy'r to a chaead y stof yn mynd yn ddigon poeth erbyn amser cinio fel y gallech chi roi brechdan arni hi fyddai wedi crasu mewn dim o dro – brechdan feddal, dda, dim ond fod blas menyn wedi llosgi arni hi. Roedd yno furiau uchel – cyn uched â waliau Plas Glynllifon – o gwmpas yr holl le, ac wrth sefyll y tu allan i'r lidiart haearn i fynd i mewn iddi, doedd dim i'w weld ond wal gerrig cefn y portsh yn eich wynebu chi. Ond ar ôl mynd i mewn yr oedd yno agoriad o boptu, un i iard y genod a'r llall i iard yr hogia. Tri drws i mewn i'r prif adeilad – drws y genod a drws yr hogia a'r drws i'r Ysgol Bach lle'r oedd Miss Grey yr un fath â Musus Wmffras yng Ngharmel, dim ond ei bod hi'n ddynes gas yn ôl pob sôn. Druan o blant y Groeslon.

Yr oedd y waliau yn arwyddocaol er nad oedd neb yn sylweddoli hynny ar y pryd, ond yr oedd y rheini'n cynrychioli gorfodaeth Deddf Addysg 1870, yr anfadwaith hwnnw gafodd ei wneud yn llo aur pobol oedd yn yr anialwch wedi colli eu hunan-barch a'u hunanhyder ar ôl Brad y Llyfrau Gleision. Dechrau colli eich hunaniaeth ar ôl rhoi eich top côt yn y clocrwm a mynd i mewn i ystafell Sdandar Wan yn eich jyrsi a'r gyfundrefn yn gwasgu ac yn cau. Yr oedd yno ffenestri oedd mor uchel fel nad oedd dim byd i'w weld drwyddynt ond awyr a chymylau, ac o'u canol i lawr yr oedd y gwydr yn llwyd er mwyn gwneud yn siŵr nad oedd y caethion bach yn cael gweld fod yna fwg yn dod o gyrn simneiau tai a bod dail y coed yn wyrdd yn y gwanwyn ac yn 'gad ddu' yn yr hydref. Hyn i gyd hefyd er mwyn i'r golau daro o'r ffenest ar y blacbord, achos hwnnw a'r llechen oedd canolbwynt gweithredol dysg a dealltwriaeth. A'r titsiars – y rheini hefyd...

Miss Williams oedd yn teyrnasu yn Sdandar Wan. Yr oedd rhai aelodau mwy beiddgar na'i gilydd yn Sdandar Tw yn ei galw yn 'Miss Wilias Pinsh' am ei bod yn arfer pinsio rhwng ei bys a'i bawd glust neu foch neu gefn llaw am mai hynny yn ôl ei gwelediagaeth hi oedd y ffordd i wneud disgyblion anystywallt yn ddinasyddion da i'r wladwriaeth. Ond yn yr ysbeidiau rhwng y pinsio yr oedd Miss Williams yn gwneud llawer iawn o bethau eraill megis taro'r nodyn ar gyfer y dechrau llafarganu, 'Tweis wan ar tw, tweis tw ar ffôr...', a deud stori ar bnawn dydd Gwener, a rhoi top lein ar y llechen, a rhoi raffia yn sownd ar y carbord ffrâm pictiwr er mwyn i chi gael mynd rownd a rownd efo'r raffia a gorffen eich ffrâm erbyn y Nadolig i gael mynd â hi adre i fod yn ddechrau trafodaeth ar lun pwy ddylid ei roi ynddi hi. Fy llun i, y gwneuthurwr, roed ynddi hi, ac yr oedd hynny yn iawn ryw ffordd er ei fod yn golygu y bu'n rhaid i mi basio'r seibord fel tae hi ddim yno am hir iawn rhag ofn i rywun feddwl fy mod i'n edrych ar fy llun fy hun.

Ar ambell bnawn Gwener, pan fyddai straeon yn brin efallai, byddai Sdandar Wan yn cael mynd am 'Nature Walk'. Troi i lawr heibio'r Post Bach a dilyn y ffordd a'r llwybr i Nant yr Hafod – hafn goediog gul lle'r oedd y ffrwd o ymyl y Foty wedi rhedeg heibio Ael y Bryn a Braich Trigwr a mynd yn afon ar waelod yr hafn, ac i blant 'anial di-goed' a diafon y pentre, yr oedd coed yn tyfu ar y llethrau serth a'r afon fel grisial ar y gwaelod yn rhyfeddod. Byddai Dic ac Owen Bodgwilym yn mynd i Nant yr Hafod i bysgota. Gorwedd ar eu boliau ar y dorlan a llawes crys wedi ei thorchi at yr ysgwydd er mwyn medru cyrraedd i deimlo dan y dorlan yn y gobaith y byddai yno frithyll y gellid ei deimlo a chosi'i fol a rhoi llaw lechwraidd amdano a'i luchio dros yr afon ar y gwellt gyferbyn. Ond plant mawr oedd y ddau hynny a ninnau heb ddechrau amau geirwiredd yr adroddiadau am eu hanturiaethau. Felly, i Sdandar Wan, briallu yn y gwanwyn a gwyddfid yn yr haf a chnau yn yr hydref oedd Nant yr Hafod, er mai 'prumrosus' a 'hynisycl' a 'hesl nyts' fyddai'n dod yn ôl i'r Rŵm Bach lle'r oedd Sdandar Wan yn paratoi ar gyfer rhedeg yr yrfa yn y byd mawr oedd y tu allan i'r waliau uchel a'r ffenestri hanner llwyd.

Ar ôl yr un flwyddyn gyntaf efo Miss Williams, cael symud i Sdandar Tw mewn rhyw ugain o ddesgiau dwbwl ym mhen draw y Rŵm Fawr, a chael llawer llai o slapiau efo'r rwlyr ar figyrnau wrth fynd ati i ddechrau paratoi o ddifri i ddysgu sbelio a dysgu gneud syms – syms yn arbennig.

Ond fel yr oedd hi yn Nenmarc Hamlet, yr oedd yna ryw ddrwg yn y caws ym Mhenfforddelen yr adeg honno … Griffith Jones, un o Waun-fawr, a merch ifanc o Dal-y-sarn, Lily Jones, oedd yn dysgu'r plant hŷn – y rhai oedd wedi dod yn ôl i'r ysgol naill ai heb gynnig neu wedi bod yn aflwyddiannus yn y sgolarship ac yn cael byd ysgafnach a dedwyddach o lawer na'r blynyddoedd iau. Ond mi fyddai Sdandar Tw a rhai eraill o breswylwyr yr Ysgol Fawr yn cael eu gyrru i'r Ysgol Sinc at Miss Jones a Mr Jones am foreau cyfan tra byddai rhyw drafod-aethau ymysg rhai o'r athrawon eraill a'r Prifathro. Ac yr oedd y boreau hynny yn foreau braf ofnadwy, achos yr oedd Mr Jones a Miss Jones yn rhai clên ofnadwy. Roeddan nhw'n gwenu arnoch chi a byth yn sbio'n stowt, ac yn siarad yr un fath ag yr oedd pobol yn siarad adra, a doedd yno ddim golwg o gansen yn unman. Yr adeg pan oedd Allan Cobham yn mynd i Awstralia mewn eroplen oedd hi, ac yr oedd Mr Jones yn cael papur newydd bob dydd oedd yn deud yn union ymhle yr oedd Allan Cobham ar y daith. Wedyn mi fyddai'n dangos ar y map mawr o'r byd oedd ar y pared yr union wledydd y byddai wedi hedeg drostynt ac yn deud sut bobol oedd yn byw yn y gwledydd hynny a sut fywyd oedd hi arnyn nhw, a hyd yn oed pan fydda fo wedi bod yn hedeg dros y môr drwy'r dydd, mi fyddai Mr Jones yn ddifyr yn deud am y pethau oedd i'w gweld o'r eroplen wrth basio – ynysoedd bach a llongau a gwahanol adar. Wedyn byddai un o'r plant o'r Ysgol Fawr yn dod i mewn i ddeud wrth Mr Jones bod eisio iddo fo fynd i'r Ysgol Fawr a byddai pawb yn cael canu a Miss Jones yn canu'r piano. Byddai hithau wedyn yn cael ei galw i'r Ysgol Fawr a Mr Jones yn dod yn ei ôl. Yr oedd pawb yn ei lecio hi – roedd hi'n arbennig o dlws – mor dlws fel nad oedd ryfedd i Robert Thomas, oedd ychydig bach yn ddiniwed, gamddyfynnu un o emynau poblogaidd y cyfnod ar ei weddi a deud,

Calon lân yn llawn daioni
Tecach yw na Lili Jôs...

Wedyn, ychydig cyn gwyliau'r haf, fe gafodd pawb, yr holl ysgol, fynd allan i chwarae am hir iawn, iawn y naill fore ar ôl y llall. Yr oedd Johnny, ffrindia Tomos o'r Groeslon wedi bod yn dysgu yn yr ysgol y flwyddyn honno, ond soniodd o ddim byd am yr helynt a ddeudodd o erioed pam roedd y staff i gyd wedi gadael a bod Mr Jones a Miss Jones wedi priodi y flwyddyn wedyn. Ond pan ddechreuodd yr ysgol ar ôl gwyliau'r haf, pobol newydd sbon oedd yno i gyd.

Un o Sir Fôn oedd R.H. Gruffydd yn wreiddiol, ond o'r Rhiw yn Llŷn y daeth o'n Brifathro i Benfforddelen a dod â rhai pethau newydd sbon o farddoniaeth a cherddoriaeth i'w ganlyn – Cwm Pennant, Eifion Wyn a Fflat Huw Puw, J. Glyn Davies. Ond yn fwy na'r cwbwl, dod ag awel iach o Gymreictod i'r awyrgylch Seisnigaidd. Y preyrs yn Gymraeg a 'Gentle Jesus' wedi mynd yn 'Iesu Tirion' a 'Santiana' yn lle pethau fel 'Twinkle, Twinkle Little Star'. A deud 'Ein Tad' yn lle 'Owyr Ffaddyr'.

Y flwyddyn wedyn yr oedd hi'n amser trio'r sgolarship i fynd i Ysgol Pen-groes a byddai Penfforddelen, er mor braf oedd hi yno erbyn hynny, yn barod i fynd yn rhan o'r 'hen bethau anghofiedig'.

Roedd yr arfau ar gyfer mynd i Ben-groes wedi eu cael yn barod i fynd adre efo ni y noson cynt – pensel a rybyr, a phen holdar a nib newydd sbon ynddo fo yn sgleinio fel aur, a rwlyr ddeuddeng modfedd fel newydd, a dalen o flotin cyn wynned â'r eira nad oedd diferyn o inc wedi ei lychwino erioed. Beth bynnag fyddai canlyniadau'r ornest oedd i'w chynnal yn erbyn anwybodaeth yn Ysgol Pen-groes yfory, fyddai gan neb le i weld bai ar yr arfau.

Cerdded i Ben-groes yr oeddan ni, blant Carmel, bawb yn ei siwt orau wedi molchi drosom y noson cynt a slempan arall wedyn yn y bore nes bod y gwynt i'n hwyneb ni dros y mynydd yn teimlo'n oerach nag arfer am ein bod ni mor ddychrynllyd o lân. Yr arfau wedi eu lapio mewn darn o glwt gwyn glân allai ateb gwahanol ddibenion yn ôl y galw neu mewn cyfyngder, a'u gosod yn daclus yng ngwaelod y bag a'r brechdanau at amser cinio mewn papur sidan a bag papur llwyd ar eu pennau. Erbyn i ni gyrraedd yr oedd Mr Gruffydd wedi dod yno ar ei foto beic i'n cyfarfod ni ac i ddymuno'n dda i ni, ac er na wnaeth o ddim bygwth rhoi unrhyw gyfarwyddyd munud olaf i ni, roedd hi'n llawer haws mynd i mewn i'r hen ystafell fawr uchel honno a'r rhesi o ddesgiau sengl a dyn efo mwstas a rhywbeth fel côt fawr ddu heb ddim botymau arni hi amdano fo yn sefyll ar ben stej bach yn disgwyl amdanon ni. Dwy ddynes efo cotiau yr un fath hefyd yn edrych yn ddigon ffeind yn dangos i ni lle i fynd i eistedd. Nhw hefyd oedd yn rhoi'r papurau i ni. Teimlad o unigrwydd dychrynllyd oedd eistedd yn y fan honno. Mr Gruffydd wedi mynd adre. Neb o blant Penfforddelen yn agos i mi. Hogan efo gwallt hir yn blethan i lawr ei chefn yn y ddesg o 'mlaen i yn ym-ddangos yn hollol hunanfeddiannol yn gosod yr offer ar y ddesg o'i blaen yn union fel pe bai hi'n bwriadu mwynhau ei hun. Hogyn llwyd a golwg ddigon pryderus arno yn y ddesg yr ochor arall i'r llwybr, llygad ffeind a rhyw hanner gwên oedd yn deud, 'Am gythral o le.' Ond dyma un o'r merched oedd yn sefyll ar ganol y llawr yn deud yn uchel dros y lle, 'You may start writing now children.' Doedd dim eisio iddi hi fod wedi gweiddi cymaint achos mi fydda pawb wedi clywed yn iawn. Ond yr oedd y frwydr wedi dechrau.

Colli fuo'i hanes hi. A'r syms yn y bore oedd y maen tramgwydd. Rhyfedd, roeddan nhw'n edrych mor dda ar y papur ffwlsgap mawr hir – yr hyndryds, tens a'r iwnits yn union syth o dan ei gilydd, a'r long difision wedi ei chadw ar ganol y dudalen heb droi yn ormodol i'r naill ochor na'r llall a heb i'r ffigurau fynd yn fân wrth fynd i lawr. Dwy lein syth fel bwled o dan bob atebiad a'r 'ans' wedi ei ysgrifennu yn daclus ar eu holau. Yr unig ddrwg oedd, mae'n debyg, nad oedd yr atebion ddim yn iawn – y ffigurau ddim yn gywir er mor ddel yr oeddan nhw'n edrych.

Dyna'r rheswm am y sgwrs a glywyd trwy ddrws agored y siambar yng Ngwastadfaes rhwng Mam a Tomos ar ôl i mi fynd i fy ngwely noson y canlyniadau. Roedd Mr Gruffydd wedi deud yn garedig iawn y bore hwnnw,

'Mae arna i ofn nad ydi'ch enw chi ddim ar restr y rhai sydd wedi llwyddo, Griffith,' fel pe na byddai hynny yn gwneud rhyw lawer iawn o wahaniaeth. Ond yr oedd meddwl y byddai Willie a Ffrancon yn mynd i'r Cownti y flwyddyn wedyn yn brifo cryn dipyn. Ond wedyn roedd Richie a Robat yn hen hogia iawn hefyd. A doedd Vera J T ddim wedi pasio chwaith, ac yr oedd hynny yn deud llawer iawn. Croeso tyn gafwyd ar ôl mynd adre amser te. Dim ond, 'Wel dyna fo – hitia befo,' a chitha'n gwybod yn iawn ei bod hi'n 'befo' ofnadwy. Ond y sgwrs trwy ddrws y siambar:

'Dydi o ddim yn gwybod 'i debls 'ychi Mam.'

'Nac ydi mwy na finna.'

'Ond dydach chi ddim yn trio'r sgolarship chwaith yn nac 'dach?'

'Nac ydw... Mi rwyt ti yn 'u gwybod nhw yn dwyt?'

'Ydw – roeddwn i yn 'u gwybod nhw ymhell cyn mynd o Benfforddfelan.'

'Un da oedd Mr Ellis yntê? A ma' Richard yn 'u gwybod nhw?'

'Ydi siŵr iawn. Ma' gin Dic fwy yn 'i ben na neb arall sy'n tŷ 'ma.'

'Ond mi geith fynd i Ben-groes os medrwn ni dalu?'

'Wel ceith siŵr, a does dim eisio poeni am dalu yn nagoes? Mi fydda i'n ennill y flwyddyn nesa, a does gin Dic ddim ond dwy flynadd rŵan na fydd ynta yn ennill.'

'Ia ond dydan ni ddim yn mynd i bwyso arnat ti. Rwyt ti wedi ennill dy goleg heb gostio dim i ni.'

'Be oedd Nhad yn ddeud cyn iddo fo fynd i'w wely?'

'Odd dy Dad biti drosto fo ac yn deud y basa fo yn lecio iddo fo gael mynd i Ben-groes yr un fath â chi'ch dau.'

'Wel dyna fo 'ta, mi ddeudwn ni wrtho fo yn y bora. A thrio cael gynno fo ddysgu'i debls...'

A fu dim rhaid i'r aflwyddiannus, gwarthus aros tan y bore. Roedd o wedi'i rhwyfo hi am Ben-groes efo Ffrancon a Willie cyn cysgu ac ymhell cyn i Tomos ddod i'w wely.

Gadael felly, Benfforddelen a'r ffenestri uchel lle byddai'r bwtsias gog rhyngoch chi a'r awyr yn y gwanwyn, a lle'r oedd y llyfr clawr glas, *Great British Naval Battles* a lluniau'r gynnau mawr yn tanio'n goch at y giwed powld oedd wedi mentro herio grym Prydain Fawr a'r Empeiar. Y llyfr hwnnw oedd yn gyfrifol am y penderfyniad mai mynd i'r môr fyddai'r peth gorau i'w wneud a bod yn gapten ar long ryfel fawr fyddai'n amddiffyn Prydain gyfan. A phobol Rhes Gefn a Rhes Ffrynt. Ond yn nes ymlaen y byddai hynny. Yn y cyfamser yr oedd yno bryderon ynglŷn â chychwyn ym

Mhen-groes gan fod y grymoedd sy'n rheoli'r byd am i hynny ddigwydd. Ond doedd yna ddim sicrwydd sut y byddai hi efo chwarae concars, chwarae marblis a chwarae peli capiau a phethau felly ar ôl mynd i Ben-groes, ond heb ddim dwywaith trwy Ysgol Pen-groes yr oedd gobaith, a chaniatáu ei fod o'n un egwan, 'iti ddŵad yn dy flaen'.

Yr oedd y tebls yr un mor fygythiol yn y fan honno ag yr oeddan nhw wedi bod ym Mhenfforddelen, dim ond eu bod nhw erbyn hynny yn codi eu pennau hyll mewn pethau fel Geometri a Cemistri a Ffisics – pynciau oedd yn ddiddorol o'u rhan eu hunain. Ond y bwgan mawr ym myd ffigurau yn y lle newydd oedd Aljibra, y gymysgfa ryfeddaf o rifau a llythrennau, uwchben llinellau ac o dan linellau, a'r cyfan i gyd yn ddirgelwch llwyr. Damwain mae'n debyg oedd i adroddiad un tymor tua'r drydedd flwyddyn gofnodi fod y 'dygiedydd' wedi cael deg o farciau allan o gant yn Algebra. Dim allan o gant oedd hi wedi arfer bod bob amser. Ond di-alw-amdano oedd gwaith y llaw oedd wedi ysgrifennu, 'He had one correct answer – by mistake' ar ôl y deg.

Lladin oedd uchafbwynt gweithgareddau academaidd Ysgol Pen-groes. Y dosbarth mor ddistaw â'r bedd nes bod sŵn y ddau yn y ddesg tu ôl yn anadlu i'w glywed yn y distawrwydd wrth ddisgwyl clywed sŵn troed yn nesu at y drws, a'r llyfr agored yn dod i'r golwg yn gyntaf wrth i'r athro chwyrlïo'i ffordd i mewn a chlep ar y drws, a 'You! Stand up! Decline "Puer".' A gwae'r 'puer' neu'r 'puella' a lithrai sillaf yn rhediadau'r enw. Yr oedd y llyfryn bach glas, *Elementa Latina,* oedd yn edrych yn ddigon diniwed, yn medru bod yn erfyn brwnt pan ddefnyddid o wysg ei ochor i'ch taro chi ar eich clust efo nerth bôn braich. Fyddai neb yn methu â phasio Lladin yn yr arholiadau, a byddai rhieni'r dioddefwyr yn dweud fod Alexander Parry yn 'ditsiar da ac yn ŵr bonheddig o ddyn,' ac mae'n debyg mai nhw oedd yn iawn – wrth edrych yn ôl. Ond tymhestloedd o wersi oedd y gwersi Lladin hynny, a phob gewyn wedi tynhau a phob nerf yn suo yn y cnawd oherwydd gallai'r gorchmynion megis 'Parse' neu 'Translate' gael eu hyrddio atoch fel ergydion o wn a byddai distawrwydd yr eiliadau diwybod hynny fel y tawelwch cyn storm. A'r ochenaid o ryddhad pan fyddai'r drws wedi cau ar y diwedd yn peri i chi feddwl mai felly y byddai plant y tonnau yn teimlo wrth roi troed ar graig yr oesoedd.

Ond yr oedd yno fannau gwyn iawn yn Ysgol Pengroes hefyd. Y dosbarthiadau Cymraeg a 'Thelynegion Maes a Môr', 'Cywydd y Farn Fawr' a 'Drych y Prif Oesoedd' yn y Chweched Dosbarth, a'r athrawes Gymraeg ymroddgar, P.K. Owen yn gwybod fod cof cenedl a diogelwch hil mewn iaith, er mai yn Saesneg yr oedd disgyblion y flwyddyn gyntaf yn y Chweched Dosbarth yn codi'r nodiadau ar 'Welsh Grammar'. A David Davies B.A., yr athro Saesneg, heb fod lawn mor ymroddgar efallai, ond â rhyw elfen o hud a lledrith o'i gwmpas. Byddai'n hawdd ganddo roi gwaith ysgrifennu am ryw ddeng munud i'r dosbarth cyntaf fyddai ganddo yn y bore er mwyn cael hamdden bach i ddarllen ei bapur newydd. A'r rhyfeddod oedd ei fod yn medru galw pethau fel, 'Robert Morris, turn round and get on with your work' heb dynnu'r papur newydd estynedig oedd o'i flaen i lawr o gwbwl. Ffrancon ddarganfu'r gyfrinach.

Priodas fy Nhad a Mam

Tad a Mam Kit

Llun Arfon Huws
o'r Gwyndy

Llun Arfon Huws
o Wastadfaes

Nain Carmel ac Enid

Ritchie Caermoel a Nel

Pencraig Fawr

Ysgol Penygroes

Ein priodas ni

Rolant Owen a Mrs Owen

*Mam, Owen Jones, Dic a
Gwilym John*

Nhad a Mam a fi

Ysgol Botwnnog

Huw Roberts a Blodwen a'r Swyddfa Bost yng Ngharmel

Dosbarth Ysgol Sul
Fi a Robat (cefn)
Ffrancon, W. G. Roberts
a Wili (blaen)

Capel Tŷ Mawr

Y Capel newydd

Capel Tyddyn

Owen Jones

Dic

Jane Catrin Caermoel yn prynu cig Sul

Y cwt cwnhingen

Y tair wyres, Luned, Lois a Bethan

Y tair merch, Siân, Enid a Mai

Enid fy chwaer yng nghyfraith, Kit a fi ym Mhencraig

Fy mhen-blwydd yn bedwar ugain

Cwt Ci y Gwyndy

Y lôn bach i Gaesion Mawr

Y cwt saethu pregethwrs

Y Coijiws yn y Gwyndy

Daniel yn Ffau'r Llewod

Tomos

Yr hen gapel yng Ngharmel

Roedd David Davies yn torri twll bach crwn efo pensel ynghanol y papur newydd er mwyn medru gweld beth oedd yn digwydd heb orfod edrych dros ei ben neu gyda'i ochor. Ond pan fyddai egwyl y darllen papur drosodd ac yntau wedi cael ei wala o gynnyrch syber gwasg Seisnig y tridegau cynnar, byddai'n darllen Shakespeare fel pe byddai 'golau un o'r awenau' yn ei arwain. Penbleth Hamlet, uchelgais Macbeth, cellwair Sir Toby a gwae Othello – y cyfan yn cael ei argraffu a'i serio ar ymwybod llafna o hogia a llafnesod o genod o Nebo a Thal-sarn a Charmel. Mi glywson ni'r gloch honno yn canu cnul diwedydd llwyd, a mi welson ni'r llafurwr yn ym-lwybro'n herciog, flinedig am adre yng nghyffiniau Stoke Poges. Mi welson ni'r hen ŵr yn sgubo'r dail ar balmant tref yn yr hydref a phitïo na châi o ddim byw blwyddyn arall. Ac mi deimlon ni wres y tân diddiffodd wrth edrych ddydd y farn dros geulan y pwll i 'uffern ddofn a'i ffwrn ddu'. Mi glywson ni hefyd am y rafins hynny o ddisgynyddion i Owen Tudur o Benmynydd yn Sir Fôn er na chlywson ni ddim gair am Lywelyn Fawr na Llywelyn ap Gruffudd na'r morfa hwnnw ym Meirionnydd lle bu braich wen yn obennydd nac am fil o wylanod y môr yn dod i ddwyn elor. Na, Saesneg a Phrydeindod oedd yno yn hanfod a sylfaen ac yn orchudd dros y cwbl.

Y gweithgareddau y tu allan i'r ystafelloedd dosbarth oedd atyniad mawr y blynyddoedd hynny. Yr oedd yno adran o'r Urdd enillodd y darian yn Eisteddfod Machynlleth, a ninnau yn flwyddyn gyntaf yn y Chwe-ched Dosbarth, ac yr oedd y darian wedi ei gosod mewn lle o anrhydedd ar y cwpwrdd bach o dan y Tabled Coffa lle'r oedd englyn Williams Parry i'r cyn-ddisgyblion oedd wedi'u colli yn y rhyfel, 'Eu dysg yn gymysg â'r gwynt...' a byddai rhaid mynd heibio iddi wrth fynd i'r ffrynt i ddarllen yn y gwasanaeth yn y bore, ond gofalu peidio ag edrych i'w chyfeiriad rhag ofn i rywun feddwl fod hynny yn arwydd o jarffio.

Yr oedd pwysau cynnal urddas a braint 'Ysgol Sir Pen-y-groes' yn drwm ar ysgwyddau aelodau'r Chweched Dosbarth erbyn hynny. Yr oedd y trychineb o fod wedi methu â phasio'r sgolarship i fynd yno wedi cael ei leddfu ryw gymaint erbyn hynny gan i'r di-debls lwyddo i gael ei gydnabod ychydig yn fwy teilwng ar ôl canlyniadau arholiadau'r haf ar ddiwedd y flwyddyn gyntaf a chael ei ysgol 'am ddim' wedyn. Mynd adre'r diwrnod ola a phrysuro i ddeud, 'Fydd dim eisio i chi dalu am i mi fynd i'r ysgol 'na eto!' Chrynodd ceidwaid temlau dysg fawr iawn chwaith wrth fy ngweld i'n nesu o fform i fform. Mi gafwyd matric mae'n wir, rhyw un gneud-y-tro heb fod yn yr un cae â Dic a Tomos unwaith eto, ond digon i fynd i'r Chweched Dosbarth. Ond er cael mynd efo Ffrancon i ddanfon y darian yn ôl i Eisteddfod yr Urdd i Gaerffili, ac er ennill cadair Eisteddfod yr Ysgol a chael ei chario adre, i Fryn Awel erbyn hynny, a chael cymorth parod Megan Owen a Mora a gweddill y criw rhwng un ar ddeg a hanner nos dros Glogwyn Melyn ac ar hyd y Mynydd – er gwaetha hyn i gyd, gwantan wedyn oedd canlyniadau'r 'Higher' ym mis Awst. Cymraeg yn eitha byth, Saesneg yn o lew ond Hanes yn da i ddim, ac o ganlyniad yr oedd hi'n anodd gwybod beth oedd am ddigwydd a ffordd i fynd – 'pa gyfeiriad i ddirwyn yr yrfa' fel y byddai Rolant Owen yn deud.

Yr oedd gen i ddiddordeb wedi bod mewn bwyd er dyddiau cynnar iawn. Nid yn ei fwyta yn gymaint â hynny ond yn ei wneud, ei baratoi a'i drin a'i drafod. Ond wrth gwrs, peth merchetaidd oedd peth felly – un o'r pethau i'w 'guddio rhag y werin' beth bynnag am 'gyfiawnder nef.' Ychydig o amrywiaeth oedd yna ym mwydlenni teuluoedd chwarelwyr. Cig ffres at ginio Sul a'r gweddill ohono yn gwneud brechdanau i Nhad fynd i'r chwarel ac i rai ohonom ni fynd i'r ysgol. Cynnyrch cartre oedd y rhan fwyaf o enllyn gweddill yr wythnos – tatws, moron a maip yn y gaeaf, a phys a ffa ac ambell gabatsien – dibynnu ar y lindys – yn yr haf, a chymorth darn o goes las neu ben dafad neu dun corn biff i'w helaethu. Brywes ac uwd a llymru hefyd – pethau oedd Mam wedi ddod efo hi o Lŷn, ac yn eithaf y pen arall oddi wrth y rheini yr oedd pethau fel y tun samon a'r tun pêrs ar gyfer achlysuron arbennig iawn. Bara brith a theisen blât o ffrwythau yn eu tymor. Ambell amrywiad diddorol hefyd megis cocos i fwyd chwarel drannoeth y byddai Wil Seimon wedi bod efo'r drol yn llafarganu 'Cocos ffres', a phennog picl ar ôl i Bob Tai Lawr fod o gwmpas efo'r fasged a'r stiliwns pres. A chodi i fraidd-gyffwrdd ag arferion dosbarth uwch ambell ddydd Sadwrn pan fyddai Nhad wedi bod yn y dre yn siop Isaac Parry nos Wener y Pwyllgor Coparetif yn prynu brôn neu sosej.

Yr oedd rhai achlysuron cofiadwy. Mam wedi mynd â'i dosbarth Ysgol Sul am drip i Lŷn. Llogi moto bach, ffordyn model T pen clwt Dicw Tŷ Bet, hithau yn eistedd yn y ffrynt a chwe aelod y dosbarth yn eistedd yn y sêt tu ôl. Lladd dau dderyn â'r un ergyd hefyd a manteisio ar y cyfle i alw heibio'r teulu, 'a ninnau wedi dŵad mor agos', a chael te yn nhŷ Nain ym Min Afon cyn mynd i lawr i olwg y môr ym Mhorth Golmon. Wil Llainfatw, perthynas arall, yn dod i mewn yn y cwch wedi bod yn pysgota mecryll ac yn falch ofnadwy o'i gweld a chydnabod y balchder a'r berthynas trwy roi dwsin o fecryll yn syth o'r môr iddi a llinyn drwy'u tagelli a'u cegau i'w hongian ar fraced lamp y ffordyn i swingio'u ffordd adre i Garmel bob cam. Pryd cofiadwy oedd y mecryll hynny wedi'u ffrio i fwyd chwarel nos drannoeth – cystal â dim ffriodd Endaf Emlyn erioed. A gwell o feddwl fod tatws newydd o'r cae a menyn cartra efo nhw.

Roedd priodas Ceinwen Siop yn anferth o briodas fawr, yn un o'r rhai mwyaf yr oedd sôn amdani wedi bod a deud y gwir, ac yr oedd y wledd briodas, oeddan nhw am ryw reswm od yn ei alw'n frecwast, wedi ei baratoi yn y festri. Hynny'n ddigon naturiol am fod ei thad yn ysgifennydd yr eglwys ac yn siopwr llwyddiannus iawn, a bod yno laweroedd o wahoddedigion. Gan mai Meri Wmffras, nain Willie, oedd yn gofalu am y trefniadau yn y festri, a gan fod Willie a Robat a finna yn stelcian yn Rhes Gefn i ddisgwyl i'r briodas orffen i ni gael gweld pobol mewn hetiau silc ac ella gweld Ffrancon yn y briodas, hwyrach ei bod hi'n naturiol iddi hi ddeud, pan roddodd hi ei phen drwy'r drws,

'Fasa chi'n lecio cael dŵad mewn i weld lle crand?'

Pwy fyth fyddai'n meddwl y byddai hi'n cynnig, achos doedd Meri Wmffras ddim tebyg i nain arall Willie. Nain Caesion oedd honno ac yr oedd hi yn nain go iawn iddo fo.

'Ew basan,' oedd ateb y triawd.

'Wel dowch i mewn 'ta ond peidiwch â deud wrth neb eich bod chi wedi cael bod.'

'Na 'nan, 'Nan ni ddim.'

'Wel dowch i mewn 'ta. Ar flaena'ch traed.'

Edrych mewn syndod ar y byrddau gwynion a'r blodau a'r platiau cig... a Meri Wmffras yn deud,

'Dyna chi 'ta – cerddwch ar hyd y pasej i'r gwaelod i chi gael gweld yn iawn, ond peidiwch â mynd yn rhy agos at y byrddau rhag ofn i chi chwythu ar y bwyd.' Mi ddalion ni'n gwynt ein tri nes cyrraedd y Sêt Fawr rhag ofn llygru'r briodas, ond er i ni neud, ddaliodd y briodas ddim yn hir iawn er bod hynny'n beth pur anghyffredin y dyddiau hynny.

P'run bynnag, ac er gwaethaf cyffredinedd canlyniad-au'r Higher, fe dorrodd llygedyn o obaith am 'fynd o'r cadwynau hyn yn rhydd' chwedl W.J. Gruffydd oedd yn olygydd *Y Llenor* ar y pryd, ac yr oedd *Y Llenor* yn dod i Fryn Awel bob tymor. Yr oedd gan Enid Picton Davies, cariad Tomos, ewyrth oedd yn berchen gwestai yn Llundain, a thrwy'r cysylltiadau yng nghyfraith hynny mi gafwyd addewid am le yn un o'r gwestai yn Llundain i llnau sgidia a phlicio tatws a chyffelyb orchwylion fyddai'n gweddu i sgiliau un wedi pasio dau bwnc yn yr Higher. Yr oedd y byd yn dechrau goleuo. Cyfnod byr fyddai'r plicio tatws. Ymhen dim o dro byddid yn cael safleoedd pwysig yn y gegin – gofalu am y llysiau, cymysgu saws o bob math, trin cigoedd, gwneud pwdin-au fel breuddwydion angylion, ac yn y diwedd, mynd i sefyll i ddrws yr ystafell fwyta yn y goleuadau meddal i dderbyn cymeradwyaeth y ffrogiau sidan a'r siwtiau bol deryn. A bod wedi cael cyfle i chwythu ar fwyd pob un wan jac ohonyn nhw.

Mi fuo'r môr yn Ninas Dinlle yn lasach am ddyrnodia, a doedd niwl a glaw mân diwedd Awst ddim hanner mor wlyb ag arfer. Roedd Hugh Roberts y Post – Huw Buarth – yn gefnogol iawn i'r syniad,

'Glywis i nad wyt ti ddim am fynd i'r Coleg 'na?'

'Dwi ddim yn meddwl y cawn i fynd.'

'Ti ddim wedi pasio ddigon da?'

'Naddo mae'n debyg.'

'Wel ia, does dim eisio i bawb fod yn BA 'sti. Er bod Tomos chi yn MA rŵan yn 'tydi. Ond ma' gynno fo frêns yn does?'

'Oes ma' siŵr.'

'Ond 'di o ddim ots. Wyt ti am fynd i Lundan?'

'Meddwl 'te.'

'Ardderchog 'rhen ddyn. Yli fel mae Willie Pŵal a William John Maes-gwyn wedi dŵad yn 'u blaena ar ôl bod yn Llundan, a wyddost ti mai hogyn o'r Groeslon ydi'r 'fur buyer' yn Selfridges?'

'Ew ia?'

'Tua phum punt y dydd o gyflog – Griffith Thomas! Na, mi rwyt ti wedi'i gweld hi. Ma'n rhaid i ti fynd o'ma os wyt ti am ddŵad yn dy flaen...'

Ond na, doedd y gobeithiol hwnnw ddim wedi 'i gweld hi', achos mi welodd 'i fam o Ifor Williams, yr Athro Cymraeg ym Mangor, ar y Maes yng Nghaernarfon bnawn Sadwrn ymhen pythefnos, ac mewn ateb i'r ymholiad 'Be 'dach chi am neud efo fo?' fe eglurodd hi yn gynnil, ac yn anfoddog gydag ias o gywilydd mae'n debyg, beth oedd ei fwriad. Doedd yna ddim Cynghorwyr Gyrfaoedd yn yr ysgolion yr adeg honno, ond fe ysgwyddodd yr Athro y cyfrifoldeb yn ddiwahoddiad wrth ddweud, 'Peidiwch â gwrando arno fo. Gyrrwch o acw aton ni. Fydd yn well o lawer iawn iddo fo.' Ac 'acw aton ni' yr aeth o. Ŵyr Llundain mo'i cholled hyd y dydd heddiw.

Twll o le oedd 17 Park Street mewn gwirionedd er bod rhai wedi rhamantu yn atgofus yn ei gylch wrth edrych yn ôl ar y gymdeithas a'r cwmni oedd yno yn eu dyddiau Coleg. Tŷ pen ar ben steps hanner canllath i lawr culffordd yn arwain o Ffordd y Coleg i Allt Glan'rafon a gwaelod y dre oedd o. Dau fyfyriwr yn y parlwr cefn, a dau yn y parlwr ffrynt – yr un o Garmel a hogyn o Fynytho, Moses Glyn, oedd â chysylltiadau agos â Charmel. Yr oedd ei fam yn chwaer i Richard Jones Bodgwilym oedd yn dad i Owen, ffrind Dic, un oedd wedi treulio'r rhan fwyaf o'i ddyddiau yng Ngwastadfaes a Bryn Awel ac yn debycach i frawd i ni na chyfaill. Ond er bod Mos yn glên iawn a'i hanesion am Fynytho yn ddifyr iawn, noson ddychrynllyd oedd y noson honno. Gwely sengl a gwely dwbl yn yr ystafell ucha yn y tŷ. Mos yn dewis y gwely sengl ac ar ôl tynnu amdano yn mynd iddo ar wastad ei gefn a chicio'r dillad yn rhydd a'u troi amdano nes ei fod fel babi yn barod i fynd i gysgu, ac yn fuan iawn roedd o'n rhwyfo cysgu fel tae o wedi bod yno am flynyddoedd. Yr oedd gen i bartner yn y gwely arall, fel roedd o'n deud yn y gân, yn gwrthod yn bendant â pheidio â 'phwyso mor drwm arnaf' ac yn gwrthod yr un mor bendant 'nesu dipyn at yr erchwyn'. Penci o bartnar cysgu oedd o, a symudodd o ddim modfedd am oriau, ac yr oedd o yno wedyn yn y bore ar ôl deffro. Roedd hi'n oer i fyta brecwast yn y parlwr ffrynt hwnnw hefyd, er mae'n rhaid deud fod y bwyd ei hun yn iawn. Wrth gwrs ein bwyd ni oedd o ar wahân i'r bara a'r te yn dod o'r gegin oedd yn rhywle yng nghrombil y seler allech chi feddwl ar y cychwyn ond oedd mewn gwirionedd yn ystafell braf iawn lefel llawr yn is na'r parlwr ffrynt am fod y tŷ ar y fath oleddf.

Roedd Tomos yn darlithio yn yr Adran Gymraeg erbyn hyn ac yn byw gartre yng Ngharmel a mynd a dod efo'r car bob dydd, a doedd ei weld o'n cyrraedd y bore cyntaf hwnnw yn ddim llawer iawn o help. Roedd hi'n braf iawn arno fo – wedi cael cysgu ei hun yn ein gwely ni yn y llofft ffrynt ym Mryn Awel a chodi fel arfer i gael brecwast yn gegin gefn cyn cychwyn. Ac roedd gweld y car yn gwneud i rywun gofio am y garej gartra a'r llwybr i ben draw'r ardd a'r gasgen ddŵr wrth ddrws y cwt golchi a...

'O, dyma chdi? Wyt ti'n iawn?'

'Ydw.'

'Gysgist ti?'

'Dipyn.'

'Pa lofft rwyt ti – llofft gefn?'

'Naci, llofft ffrynt.'

'O, ia wir? Parlwr ffrynt a llofft gefn oedd hi pan oeddan ni yn sefntîn ond ma' hi yn ffrynt i fyny ac i lawr arnoch chi'ch dau. Welist ti Moses Glyn bora 'ma?'

'Do – mae o wedi mynd i lawr i'r llefydd seians 'na. Pryd byddi di'n mynd adra heddiw?'

'Ma' gin i ddarlith am dri. Ryw hanner awr wedi pedwar felly ma'n debyg. Pam?'

'Dim ond meddwl fasa'n well i mi ddŵad efo chdi? Does gin i ddim byd tan ddau pnawn 'fory.'

Gwenu wnaeth o a deud,

'Na, waeth i ti aros yma 'rhen ddyn. Rwyt ti'n nes adra na tasat ti yn Llundan 'sti.' Sylw cwbl amherthnasol a di-fudd i'r sefyllfa fel yr oedd hi ar y pryd.

Yr oedd yno ragor o berthnasau i ni yn yr Adran Gymraeg hefyd – Robert Williams Parry, cefnder i ni o Dal-y-sarn, yntau'n ddarlithydd, wedi priodi ac yn byw ym Methesda, ac fel Tomos yn dod i'r Coleg efo car – Morus êt pen ôl crwn. Y cysylltiadau teuluol yma oedd un rheswm dros i mi newid cwrs ar ddiwedd y flwyddyn gyntaf a derbyn cynnig i fynd i'r Adran Saesneg. Y rheswm arall oedd fod swyddi ar gyfer athrawon ysgol yn brin iawn yng Nghymru ac y byddai gwell siawns i gael gwaith wrth wybod mwy am iaith y Deyrnas nag am iaith y Nefoedd. Ac er y byddai'r Gymraeg yn aros yn bwnc atodol, byddai'r berthynas efo'r Adran yn llawer pellach, ac fe fyddai'n golygu hefyd na fyddai rhaid i'r cefnder o Fethesda benderfynu pa un ai 'ti' ai 'chi' a ddylai ddeud wrth y cefnder o Garmel.

Un gwahaniaeth mawr i'w deimlo wrth fynd o Ysgol Pen-groes i Goleg Bangor oedd fod ym Mangor lawer mwy o ryddid, a doedd hi ddim yn ymddangos fod yno bwyslais o gwbwl ar a oeddech chi'n gwybod eich tebls ai peidio. Ond yr oedd yno un pwnc ychwanegol i boeni yn ei gylch. Yr oedd yn rhaid pasio arholiad canolraddol mewn Lladin ar ddiwedd y flwyddyn gyntaf i gael mynd yn ôl i'r Coleg yr ail flwyddyn. Egwan iawn at ei gilydd oedd cyraeddiadau'r rhan fwyaf mewn Lladin, ac fe dreuliwyd oriau yng nghwmni John Roberts Williams, hogyn o Bencaenewydd yn Eifionydd a Tecwyn Lloyd, un o Lan'rafon, Corwen, yn cynllwynio sut i gael golwg ar y papur Lladin cyn yr arholiad. Yr oedd yn wybyddus trwy ddirgel ffyrdd mai yn yr ail drôr i lawr yn nesg y darlithydd Lladin, R.A. Browne, yr oedd y papur yn cael ei gadw hyd wythnos cyn yr arholiad pan symudid o i Swyddfa'r Coleg i gael ei argraffu. Fyddai'r drôr ar agor, pe byddai modd, trwy ryw ystryw, fynd i mewn i'r ystafell? Fyddai modd cael 'goriad? Hwyrach fod clo'r ddesg yr un fath â chlo'r ddesg yn ystafell y darlithwyr Cymraeg? Yr oedd un o'r genethod oedd yn gweithio yn y swyddfa yn beth bach glên iawn hefyd a hwyrach y byddai'n werth gofyn iddi hi leciai hi ddŵad i'r ddawns nos Sadwrn... Fe basiodd Tecwyn Lloyd y Lladin, heb fod yn arbennig o ddisglair, ond yn ddigon o ernes o'r gallu 'ieithyddol' ddangosodd ei hun yn nes ymlaen yn ei yrfa, a hwyrach y byddai'r ddau gynllwyniwr arall wedi pasio hefyd pe baen nhw wedi rhoi mwy o amser i ymroi a llai i osgoi. Treulio rhannau helaeth o'r gwyliau haf cyntaf yn 'llwydo uwchben Lladin' fu canlyniad y methiant, a gorfod anfon 'unseen' bob wythnos i Tomos, oedd ar ei wyliau yn Nghaerdydd, i gael ei farcio. A chrafu pasio yn niwedd Medi, diolch byth.

Fe ddiflannodd y partnar cysgu yn Park Street cyn bo hir, a buan iawn y daethpwyd i sylweddoli fod yna lawer iawn o bethau heblaw darlithoedd mewn coleg. Petai dim ond genod. Yr oedd yna rai o'r rheini wedi bod yn Ysgol Pen-groes hefyd, ond rhyw berthynas o bell oedd hi wedi bod wrth fynd am dro efo un ohonyn nhw i'r Hen Lôn neu dros Bont Stesion ar noson Sosial, a gan fod pawb – a Mam – yn gwybod fod y Sosial yn gorffen am ddeg o'r gloch, byddai angen peth dychymyg i egluro pam y byddai hi ymhell wedi un ar ddeg arnoch chi'n cyrraedd y tŷ. Wedi mynd i'r Siop efo Ffrancon am banad, neu wedi bod ar ôl yn helpu i glirio'r Neuadd a wedi bod yn danfon Luned Huws adra am fod arni hi ofn pasio Llwyn Onn mor hwyr y nos. Fu dim gofyn ar yr un o'r straeon wrth lwc. Ond y Coleg! Mi gaech sefyll hyd goridorau'r Coleg i siarad efo merched, fesul un neu fesul mwy, faint fyd a fynnech chi, a'r athrawon yn pasio a nodio arnoch chi, a Tomos yn codi'i het wrth basio. A 'merched' oeddan nhw erbyn hynny, nid 'genod'. Ar ôl y dawnsfeydd nos Sadwrn hynny, yr oedd yna ryw fath o ddyletswydd cymdeithasol i fynd i hebrwng un ohonyn nhw at lidiart yr hostel a sefyll yno am rai munudau gweddus nes y byddai'n amser i'r ferch fynd i mewn i ddiogelwch gwyryfol ei llety. Ar ei ffordd yn ôl i'w lety ei hun ar ôl perwyl o'r fath y cyfansoddodd Harri Gwynn y delyneg honno oedd yn dechrau:

> A gofi di fel minnau
> Y lleuad drwy y coed
> Ar nos o haf a sŵn y dail
> Yn fwyn ym man yr oed…?

Yr oedd merched yn dueddol iawn i gyffroi'r awen yn rhai o egin feirdd y blynyddoedd hynny a byddai'r cynnyrch yn ymddangos ambell dro, wedi ei ddiwygio a'r enwau wedi'u cuddio, yng nghylchgrawn y Coleg – un o'r arwyddion di-ffael fod perthynas ddyfnach na sgwrs-llidiart-hostel yn datblygu – perthynas fyddai'n arwain deuoedd dedwydd o'r fath hyd lwybrau Siliwen neu Fynydd Bangor gyda'r nosau dechrau haf.

Byddai rhai o'r cyplau selog hynny yn eistedd efo'i gilydd mewn cyfarfodydd gyda'r nos fel y Cymric a'r Gymdeithas Saesneg a'r Côr a'r Ddrama Gymraeg, ac fe ddaliodd rhai i eistedd efo'i gilydd weddill eu hoes. Ond byrhoedlog, gwirion-ifanc oedd hi y rhan amlaf gan fod yno gymaint o bethau eraill pwysig i'w gwneud – pethau fel gofalu bod yn yr Ystafell Gyffredin erbyn te un ar ddeg, ac aros, am awr neu well ambell dro, i drafod mawrion broblemau myfyrwyr oedd bron â bod yn barod i ddechrau gwneud trefn ar flerwch y byd. 'For East is East and West is West and never the twain shall meet', meddai rhywun yn dyfynnu dyfyniad o un o ddar-lithoedd un o athrawon eithafol chwith yr Adran Hanes. Gallai sylw o'r fath ysgogi trafodaeth athronyddol-gymdeithasol-ddiwinyddol drom a maith. A hollol ddi-fudd.

Yn ystod ei drydedd flwyddyn yr oedd Tecwyn Lloyd yn paratoi i sefyll ei arholiad gradd yn y Gymraeg – ac fe roddodd beth sylw i'r pwnc at ei diwedd hi. Ond ei brif orchwyl drwy'r flwyddyn oedd gosod trefn ar y wybodaeth enfawr roedd wedi ei gasglu am iaith oedd yn cael ei siarad gan lwyth cyntefig oedd yn byw mewn dyffryn cul ym mynyddoedd yr Himalaya. 'Erimot' oedd yr iaith ac yr oedd iddi gysylltiadau pell â'r ieithoedd Celtaidd ond bod ei thwf a'i datblygiad wedi bod yn hollol wahanol. Un o'r ffactorau oedd wedi dylanwadu'n drwm ar ei datblygiad oedd y ffaith fod y dyffryn cul lle'r oedd y llwyth yn byw yn ddychrynllyd o ddyfn ac, o ganlyniad, bod ynganiad y rhai oedd yn byw yn yr awyr oer, denau ar y llethrau uchaf yn hollol wahanol i ynganiad y rhai oedd yn byw yn yr hinsawdd dynerach ar waelod y dyffryn. Golygai hynny fod y llafariaid yn feinach a'r cytseiniaid yn galetach yn y rhannau uchaf am fod ar y siaradwyr ofn agor eu cegau yn yr oerni, tra bod hinsawdd gynnes gwaelod y dyffryn yn peri fod y llafariaid yn llacach a'r cytseiniaid yn hwy ac yn feddalach. Ond yr oedd geirfa a gramadeg yr iaith yr un fath yn sylfaenol hyd hynny. Dichon y byddai gwahaniaethau yn datblygu yn ddiweddarach ac y byddai'r dyfodol yn gweld 'Uwch-' ac 'Is-Erimot'. Ond hyd hynny yr oedd y meistr wedi llunio geirfa, gramadeg a chystrawennau cyflawn iddi. Trefnwyd iddo draddodi darlith yn y Coleg ger y Lli ar gysylltiadau cefndirol Erimot a'r ieithoedd Celtaidd, ond deallwyd mewn pryd y gallai rhai o aelodau'r Adran Gymraeg yno fod yn orawyddus i fynd yn rhy ddyfn i'w garped bag a throi'n ffyrnig. Pobol ddim yn medru cymryd sbort. A ph'run bynnag, yn anffodus, fe dorrwyd ar draws ei waith ymchwil gorchestol gan yr angen i fod yn gwybod rhyw gymaint am bethau llawer llai diddorol fel Canu Aneirin a'r Pedair Cainc. Ond fe ddychwelodd at ei briod faes yn syth ar ôl yr arholiadau.

John Roberts Williams yn meddwl nad oedd y papur newydd oedd y myfyrwyr yn ei gyhoeddi yn ystod wythnos y rag yn ddigon teilwng ac yn mynd ati i sefydlu'r 'Tonicl', papur y bu gwerthu mawr arno a galw mawr amdano drwy Wynedd am y ddwy neu dair blynedd yr ymddangosodd cyn i John – yr oedd Meuryn wedi cymryd diddordeb mawr ynddo wrth mai yn Swyddfa'r Herald yng Nghaernarfon yr oedd 'Y Tonicl' yn cael ei argraffu – symud i fyd newyddiaduraeth fwy cyfrifol a dod yn adnabyddus ar bob aelwyd yng Nghymru yn ddiweddarach.

Criw bach gwlatgar o Gymry wedi cael eu siomi gan yr adwaith i losgi'r Ysgol Fomio yn Llŷn. Pan dorrodd y newydd,

'Ti 'di clywad y newydd bora 'ma?'

'Be?'

'Ma' nhw 'di rhoi Penybarth ar dân.'

''D â malu. Pwy?'

'Saunders Lewis yn un. A Valentine. A ma' nhw yn jêl ym Mhwllheli.'

''Di cael 'u dal?'

'Naci, wedi rhoi'u hunain i fyny.'

'Aglwy' mawr i be dŵad?'

'Gweithredu 'te. Gneud rhwbath yn lle siarad. A mi fydd 'na fwy gei di weld. Ma' hi wedi dechra. Cofia di am Sul y Pasg yn Werddon. 'Di'r diawlad Saeson 'ma ddim yn dallt geiria, ond mi ddalltan nhw hyn fel buo raid iddyn nhw ddallt yn Werddon. Be am fynd i Bwllheli?'

'Gin i ddarlith ddeg.'

'Waeth 'ti befo. Awn ni. Fydd 'na ddim RAF yn Llŷn gei di weld. Mi odd tad Arthur Wyn yn deud bora 'ma 'i fod o'n uffar o dân. Mi fydd y wlad 'ma'n wenfflam ar ôl hyn...'

Na, doedd hi ddim yn debyg i Ddulyn Sul y Pasg ym Mhwllheli. A 'daeth y wlad 'ma ddim yn wenfflam. A chafodd y criw bach hyderus, diniwed a gwlatgar hynny yn y Coleg ddim ond eu siomi yn eu cyd-wladwyr y tro hwnnw fel pob tro ar ôl hynny. Ond dyna barodd i'r ychydig hynny benderfynu fod angen sefydlu plaid wleidyddol newydd sbon fyddai'n sefyll dros iawnderau

Cymru fel yr oedd chwarelwyr Bethesda wedi sefyll yn erbyn gormes yn ystod y Streic Fawr. 'Gwerin' oedd enw'r blaid – plaid sosialaidd annibynnol Gymreig oedd yn mynd i herio awdurdod Lloegr a llywodraeth Loegr yng Nghymru. Cafwyd cyfarfodydd brwdfrydig ym Môn ac Arfon, a'r rhagolygon yn obeithiol iawn. Ond rywsut neu'i gilydd fe ddaeth rhai o arweinwyr Gwerin i gysylltiad â'r Blaid Lafur swyddogol, ac fe ddewiswyd bachgen o Fethesda, Goronwy Roberts, oedd wedi bod yn arbennig o flaenllaw gyda 'Gwerin', yn ymgeisydd y Blaid Lafur yn Arfon, lle'r enillodd o'r sedd yn hwylus. A fu dim llawer o sôn am 'Gwerin' ar ôl hynny.

Yr oedd yna ddarlithoedd yn yr Adran Saesneg yn dal i fynd ymlaen yr holl amser, a'r tri aelod o'r Dosbarth Anrhydedd – merch o Fangor a bachgen o Fethesda oedd y ddau arall – wedi cynefino rhyw gymaint gydag iaith a llên y Saeson. Y darlithoedd llenyddiaeth yn ddifyr, o Chaucer i Yeats ac o Defoe i Hardy. Ac i Joyce – mewn copi o *Ulysses* wedi dod o Ffrainc yn anghyfreithlon. Bwgan y cwrs hwnnw oedd yr Hen Saesneg, yr Anglo-Saxon a'i 'Groniclau' a'i 'Beowulfen Saga', deunydd sych oedd yn tueddu i greu pob mathau o esgusodion er mwyn ei osgoi. Aeth y ddwy flynedd heibio fel gwynt wrth fod cymaint o bethau diddorol yn digwydd, a rhyw atodiad gorfodol oedd y darlithoedd wedi bod. Ond mi ddaethon nhw i ben o'r diwedd, ac wedyn mi ddaeth yna ysbaid i adolygu a pharatoi ar gyfer yr arholiadau, ac yn yr ysbaid honno y daeth yr holl bethau oedd heb gael y sylw dyladwy fel ysbrydion y fall i gyhwfan eu crechwen o gilfachau'r cof. Ond yr oedd hi'n rhy hwyr a doedd dim amdani ond gobeithio gwneud y gorau o'r gwaethaf.

Wedyn y pythefnos o eisteddiadau achlysurol yn yr unigrwydd mwyaf dychrynllyd yr un fath â hwnnw adeg y Sgolarship yn Ysgol Pen-groes, yn y ddesg ynghanol ugeiniau eraill oedd am gael eu cydnabyddiaeth ddyledus am eu dysg a'u dawn. A chael bod yn B.A. neu B.Sc.

Diwrnod braf ofnadwy ym mis Gorffennaf. Eistedd ar fraich y gadair yn ffenest y llofft ffrynt ym Mryn Awel yn disgwyl gweld car Tomos yn dod i'r golwg yn Llidiart Mynydd. Roedd o wedi priodi ac yn byw ym Mangor erbyn hyn ac yr oedd o'n dal i fynd i'r Coleg bob dydd er bod y lle wedi cau. Felly bydda fo bob gwyliau. Ond yr oedd o wedi addo ei fod o am ddod i Garmel y diwrnod hwnnw i ddeud be fydda. Fe ddaeth y car i'r golwg o'r diwedd a fuo yntau ddim yn hir cyn dŵad i'r tŷ, chwarae teg iddo fo, a dŵad i droed y grisia a galw,

'Lle'r wyt ti?'

'N fa' 'ma.'

'Well i ti ddŵad i lawr 'rhen ddyn...'

Doedd hi ddim cystal â Dic a doedd Dic ddim wedi bod cystal â Tomos, er y gallai Dic fod wedi gwneud yn well na neb meddan nhw. Ond oedd raid manylu cymaint â hynny? Wedi'r cwbwl, gradd ydi gradd mewn ffordd o siarad. A ph'run bynnag, maen nhw'n deud fod yr arholiada 'ma yn mynd yn anos bob blwyddyn. Ond diolch byth fyddai yna ddim un arholiad o bwys eto – byth bythoedd a-men.

Cwrs hyfforddi athrawon ac ymarfer dysgu oedd y flwyddyn wedyn ym Mangor, a'r flwyddyn orau o'r cwbwl i gyd gan fod yr academiaeth wedi diflannu a phethau difyr fel Garddio a Gwaith Coed a Cherddoriaeth wedi dod yn bynciau yn lle Saesneg a mwy o

Saesneg. Cael mynd i ysgolion a gwrando ar athrawon profiadol, a chael sefyll o flaen deg ar hugain o blant yn y Central yng Nghaernarfon. Ffrind o'r De, chwaraewr rygbi cyhyrog yn bartnar, a'r partnar yn sefyll yng nghefn y dosbarth yn barod i roi ochor pen i'r neb a feiddiai darfu ar y wers. Chafodd neb o'r Cofis hynny 'filings' chwaith. Hwyrach nad oedd y gwersi yn cynhyrfu teimlad o fath yn y byd – dim digon hyd yn oed i'w styrbio.

Profiad gwahanol iawn oedd mynd i ysgol gynradd 'Ffid-mi-Lams', eto yng Nghaernarfon, lle'r oedd 'Teacher Annie' yn hyfforddi a chadw gwastrodaeth ar Standar Wan. Teacher Annie yn dweud, 'hands forward' yn orchymyn i'r holl aelodau roi cledrau eu dwylo i lawr ar y ddesg o'u blaenau ac aros am y gorchymyn nesaf, 'Eyes closed', a'r gorchymyn olaf 'Heads down' oedd yn golygu fod y deg talcen ar hugain yn cael eu rhoi ar y trigain llaw estynedig oedd ar y desgiau. Wedyn Teacher Annie yn dweud ein bod ni'n mynd i gael 'story'. Hanes atgyfodiad Lasarus oedd y stori. Dechrau gyda'r teulu bach, y brawd a'r ddwy chwaer, a Lasarus druan yn mynd yn sâl, 'ac yn salach, ac yn salach, (Saib) ac yn y diwedd (Saib) yn marw!' Y golled a'r chwithdod a'r hiraeth ym Methania – 'pawb yn lecio Lasarus, a Mair yn crio, a Martha yn crio a phawb yn crio am fod Lasarus wedi marw – peth bach!' Iesu Grist yn cyrraedd ac yn mynd â'r teulu i gyd at y bedd a rhoi pawb i sefyll yn gylch o flaen drws y bedd, ac yn dweud, mewn iaith ddigon anysgrythurol, wrth Lasarus am ddod allan. Wedyn 'y lle yn ddistaw a phawb yn edrych ar y drws... a... wir... mae yna rywbeth yn symud... rhywbeth gwyn yn symud ac

yn dod yn nes… ac yn nes…' Yr oedd disgrifiad Teacher
Annie o goes wywedig y Lasarus atgyfodedig yn dod i'r
golwg dros ymyl y bedd yn digon i ddychryn y cryfaf o
blant dynion. Fel nad oedd ryfedd yn y byd fod yno
ruddiau llwydion a llygaid llaith pan gododd pawb ei ben
ar y gorchymyn 'Heads up'. Ac 'ocheneidiau anhraeth-
adwy'.

O ysgol 'Ffid-mi-Lams' hefyd y cafwyd galwad
annisgwyl un bore i fynd yn ôl i Fangor i gyfarfod
arbennig o Gyngor y Myfyrwyr am fod rhywun o 'gorff y
myfyrwyr' fel y'u gelwid, wedi medru perswadio chwech
o'r defaid mawr gwlanog oedd yn pori ym mharc y Coleg
i fynd i'r Llyfrgell dros nos, a bod yr awdurdodau yn
ystyried hyn yn drosedd yr oedd yn rhaid rhoi sylw dis-
gyblaethol iddo rhag blaen. Nid oedd Thomas Richards
y Llyfrgellydd chwaith yn dangos unrhyw awydd i
fugeilio praidd o'r fath. Yr oedd ei 'Out' atseiniol wrth
droseddwyr o fyfyrwyr fyddai wedi siarad yn uchel yn y
Llyfrgell yn ddihareb. Pa mor uchel fyddai'r 'Out'
hwnnw wedi bod tybed pe bai wedi dod i gyfarfod â chwe
dafad? Ond yr oedd y chwe dafad freiniol hynny, mae'n
ymddangos, wedi blino yn y Llyfrgell yn gynnar yn
oriau'r nos, a hynny wedi peri iddynt fynd i grwydro
wysg eu trwynau yma ac acw i chwilio allan gyfrinleoedd
y Coleg gyda'r canlyniad fod gwaith glanhau mewn nifer
o'r ystafelloedd darlithio a bod yr holl weithgareddau
wedi cael eu hatal am fore cyfan.

Yr oedd gwŷs i John Rowley, Llywydd Cyngor y
Myfyrwyr, ac i minnau fel Ysgrifennydd fynd i ystafell y
Prifathro yn y rhan neilltuedig dawel honno o'r adeilad
ar y coridor uchaf. Gŵr golygus, tal, yn eistedd yn syth

mewn cadair freichiau fawr gefn-uchel ac yn codi ei ben i edrych arnom wrth i ni fynd i mewn. Ein galw'n 'Foneddigion' mewn Saesneg Rhydychen a mynd yn ei flaen i ofyn a wyddem pam ein bod wedi ein galw i'w wyddfod.

'Meddwl ein bod ni'n gwybod,' atebodd John Rowley mewn llais lawn mor Rhydychenaidd.

Pwysleisiodd y Prifathro ddifrifoldeb yr hyn oedd wedi digwydd yn ystod y nos a'r angen i ddod o hyd i'r fath ddrwgweithredwyr ysgeler a mynd yn ei flaen,

'Pe bawn i'n gofyn i chi enwi'r troseddwyr sy'n gyfrifol am y gwarth yma, mae'n debyg na fyddech chi ddim yn barod i wneud?'

'Na fyddwn, Syr,' meddai'r Llywydd.

Edrychodd y Prifathro i lawr ar y ddesg o'i flaen – anferth o ddesg – a chodi ei ben yn araf ac edrych yn herfeiddiol i lygad y Llywydd.

'Yna, wna i ddim gofyn ichi,' meddai heb sylweddoli na wyddai John Rowley ddim mwy nag yntau pwy oedd wedi medru cael y chwe dafad i diriogaeth sanctaidd Llyfrgell y Dr Thomas Richards. Ond, yn garedig iawn, wrth beidio â gofyn, yr oedd wedi bod yn ddigon hynaws i beri nad oedd Llywydd y Myfyrwyr wedi gwrthod ateb y Prifathro. Groeg oedd pwnc y Prifathro ac y mae rhai o'i gyfieithiadau yn dal yn glasuron.

Yr oedd yno ryw fath o arholiad ar ddiwedd y flwyddyn honno hefyd, ond rhywbeth ffurfiol oedd o, achos doedd dim sôn bod fawr neb erioed wedi methu, a dyna pam, mae'n debyg, y ffrydiodd yr Adran Addysg honno fel rhai eraill athrawon ysgol wrth y degau i Lundain a chanolbarth Lloegr.

Diwedd Awst a dechrau Medi 1939 oedd hi, a fawr o olwg fod neb ar wahân i ryw awdurdod addysg yn Essex ar feddwl rhoi ystyriaeth i fy ngheisiadau am swydd. Ond wythnos cyn y cyfweliad yn Essex fe ymddangosodd hysbyseb am swydd yn Ysgol Botwnnog yn Llŷn. Er bod teulu Mam yn dal yn Llangwnnadl bron i gyd, lle i fynd iddo yn yr haf a lle i ŵydd ddod ohono yn y gaeaf at y Nadolig oedd Penrhyn Llŷn. Os oeddech chi ar feddwl cychwyn ar eich gyrfa yn y byd o stesion Groeslon, wel am Gaernarfon a Bangor a Chaer y byddech chi yn dal trên ac nid am Ben-groes a Phant Glas a Bryncir. Roedd y Rhyfel wedi dechrau hefyd, a Phrydain Fawr unwaith yn rhagor am ddiogelu'r byd a gwareiddiad trwy ei ddinistrio ac aberthu cenhedlaeth arall o ieuenctid ar ei hallorau aur. A gan mai annhebygol ydoedd y byddai mwy o werthfawrogiad yn dod o Essex nag oedd wedi dod o Wolverhampton a Birmingham, byddai'n ddoeth rhoi cynnig i Ysgol Botwnnog fanteisio ar y ddysg a'r ddawn yr oedd y Saeson yn dewis eu hanwybyddu.

Y Llywodraethwyr lleol oedd yn penodi athrawon i'r Ysgolion Sir ac fe gafwyd ar ddeall y byddai'n beth doeth mynd i weld y Llywodraethwyr fesul un ac un. Na, na, nid canfasio na dim byd felly, dim ond er mwyn iddyn nhw gael gwybod bod rhywun yn ymgeisydd, rhag ofn y gallai fod yna ryw wybodaeth fydden nhw'n lecio'i chael neu ryw gwestiwn fydden nhw'n lecio'i ofyn. Dim ond er mwyn i'r Llywodraethwyr gael gwell cefndir er mwyn medru gwneud eu dewis.

Yr oedd y Parchedig O.M. Lloyd yn weinidog efo'r Annibynwyr yn Nefyn ar y pryd ac yn berchen Ostin Sefn, ac yn garedig iawn wedi cynnig i mi fynd yno i aros a mynd o gwmpas i weld y Llywodraethwyr. Yr oedd O.M. wedi bod yn un o ffrindiau Dic yn y Coleg ac mi fyddai'n gwenu'n oddefgar ffeind wrth sôn amdano fo.

Doedd yr ymweliad â'r cyntaf o'r Llywodraethwyr ddim yn rhy addawol. Prifathro ysgol gynradd wedi ymddeol ac wedi codi bynglo hwylus newydd sbon ar fin y ffordd fawr. Cael gwadd i'r tŷ a fy nhroi i'r ystafell ffrynt, foethus gyfforddus iddo gael edrych arnaf i fyny ac i lawr fel ffarmwr yn edrych llo. Gair am y tŷ a'r tywydd er mwyn torri'r garw a dweud y neges,

'O ia, Ysgol Botwnnog – oes ma 'na. Lle buoch chi'n Coleg?'

'Ym Mangor.'

'Yn y Normal?'

'Naci yn y Brifysgol.'

'Be 'naethoch chi yno?'

'Saesneg... a... y... blwyddyn hyfforddi athrawon – trêning felly.'

'Faint 'di'ch oed chi?'

'Tair ar hugain.'

'Ddim llawar o iws i chi drio yn nac'di – mi fyddwch yn 'rarmi cyn 'Dolig.'

Peidio â deud, 'Gei di weld pa'r un mêt', dim ond diolch yn foesgar am ei amser ac am y cyfle i'w weld a mynd yn ôl i'r car, yn benisel.

Roedd yr ymgyrch yn gwella wrth fynd yn ei blaen. Prifathro ysgol gynradd oedd heb ymddeol yn glên iawn, yn diddori yn arw ac yn canmol Ysgol Botwnnog, yn un o'i chyn-ddisgyblion. Y Cofrestrydd, y 'Lifin Offis' oedd y nesaf, yn edrych dan ei aeliau dipyn yn surbwchaidd wrth agor y drws, ond yn gwadd i'r tŷ yn garedig ac yn galw ar y wraig, 'Well iddo fo gael cypanad, Gweno.' Sôn fawr iawn am Ysgol Botwnnog na'r swydd na fy nghymwysterau, ond holi am hanes a hynt y teulu, a dweud hanes rhai ohonyn nhw yr oedd o'n gyfarwydd â nhw. Galw ar fy ôl pan oeddwn i wrth y llidiart,

'Ydach chi wedi bod yn Llys Meddyg?'

'Naddo, ddim eto.'

'Wel ylwch – fydd dim eisio i chi fynd i weld Doctor Hughes na Miss Thomas – mi siarada i efo nhw.' Dau o'r Llywodraethwyr oedd 'Miss Thomas' a'r Doctor.

Yr agwedd, fel yn Almanac Caergybi, 'yn gwella at y diwedd'. Yr olaf i mi ymweld ag o oedd ffarmwr a chynrychiolydd yswiriant oedd yn ei swyddfa ym Mhwllheli bob pnawn Mercher – un Griffith Jones. Roedd o'n digwydd bod yn sefyll yn nrws y Swyddfa yn y Metro Buildings yn y Stryd Fawr y pnawn hwnnw, ac fe gafwyd derbyniad digon cwrtais ganddo. Ond rhyw edrych i fyny ac i lawr y stryd rhag ofn fod yno gwsmeriaid yr oedd o, a'i sylw olaf wrth danio'r siag yn ei getyn oedd,

'Wel ma gin i hogan yn yr ysgol, a'r un fydda i yn 'i feddwl neith fwya iddi hi geith fy fôt i.' Chwarae teg iddo fo. Roedd o'n dad-yng-nghyfraith imi ymhen rhyw saith mlynedd.

Ysgol bach o ychydig dros gant o blant oedd Botwnnog, a'r wyth aelod o'r staff yn rhai croesawus dros ben. Y Prifathro yn genedlaetholwr o argyhoeddiad, ond Saesneg oedd cyfrwng dysgu a chyfathrebu y rhan amlaf oherwydd yr oedd Deddf Addysg 1870 yn ddeg a thrigain oed ac yr oedd hi a'r rhai a'i dilynodd wedi llwyddo, ymysg pethau eraill, i wneud yr ysgolion hyn yn gwbl Seisnig o ran eu hiaith swyddogol, ac o ran eu meddylfryd yn aml iawn. Mae'n debyg fod mwy o

Gymraeg ym Motwnnog nag oedd yn y rhan fwyaf ohonyn nhw.

Y gwasanaeth boreol ffurfiol oedd y profiad cyntaf ohoni y bore hwnnw ym mis Hydref. Y Prifathro yn sefyll ar y llwyfan yn wynebu'r gynulleidfa a'r staff yn sefyll o flaen y llwyfan, hwythau hefyd yn wynebu'r gynulleidfa o'r holl ddisgyblion, y rhai bach o Fform Tw yn y blaen yn graddoli yn drefnus i'r rhai mawr y tu ôl. Rhyfeddol oedd y canu a Saesneg oedd yr iaith wrth i'r cordiau mawreddog ar y piano arwain yr ychydig gyda chant i gyhoeddi yn unllef ac yn unsain, 'The Heavens Declare The Creator's Glory.' Ac ar ôl canmol yr Holl-alluog yn Saesneg a gweddïo arno yn Gymraeg, yr oedd olwynion y peiriant yn barod i ddechrau troi.

Gwers Hanes i'r Chweched Dosbarth oedd y peth cyntaf, a'r ddwy oedd yn y dosbarth yn arbennig o foesgar ac o wylaidd. Hanes Prydain o 1485 i 1603 oedd y maes – cyfnod brwnt a chythryblus y Tuduriaid eto fyth. A phe byddai'r dosbarth hwnnw wedi dewis haeru fod gan Harri'r Chweched wyth o wragedd ac mai hen lanc oedd Harri'r Wythfed, byddai'r athro yn petruso cyn eu hamau. Ond fe gafodd Harri'r Wythfed ei chwe gwraig, bob un dan ei henw, i'w difancoll cyn diwedd y wers. Diolch i'r genod.

Yn ychwanegol at yr Hanes i'r Chweched Dosbarth, Cerddoriaeth, Gwaith Coed ac Arlunio oedd meysydd y titsiar newydd.

Yr oedd y rhan helaethaf o'r ysgol yn adeilad newydd wedi ei godi yn 1936, dim ond rhyw deirblwydd oed a'r tamp heb ddechrau dod drwy'r parwydydd, a'r blociau yn y llawr heb ddechrau dod yn rhydd. Adeilad ysgafn, braf, a'r golygfeydd o'r ffenestri, o Fynydd Cefnamwlch i Fynydd y Rhiw ac o Garn Fadrun i Ben Cilan yn gyfareddol o hardd yn yr hydref cyntaf hwnnw. Ond yr oedd yr hen adeilad wedi ei addasu i fod yn rhan o'r adeilad newydd – talcen y gloch a'r corn hir a'r ffenestri pigfain, ac efallai fod y darn hwnnw o'r adeilad yn symbol o gyfrinach y gafael sydd gan Ysgol Botwnnog. Hen sefydliad yn tynnu at ei bedwar cant oed erbyn hyn, wedi ei waddoli gyda rhenti un o stetydd enwog Ynys Môn gan Henry Rowland, y bachgen o Sarn Mellteyrn aeth i Goleg Iesu, Rhydychen, ac a ddaeth yn y diwedd yn Esgob Bangor ac yn ŵr cyfoethog iawn, ac er mai yr adeilad newydd yn ei sglein a'i baent oedd yn hawlio sylw gyntaf, yr oedd rhin traddodiad y canrifoedd o gwmpas y lle hefyd. Hwyrach na chyhoeddodd neb erioed o bennau'r tai, 'Mae'r ysgol hon wedi ei sefydlu yn 1616' er bod 'Condidit circa 1616' ar ei harfbais. A hwyrach na fu yna erioed angen dweud, am fod yna rywbeth o'i gorffennol, o'i Groeg a'i Lladin a'i chanhwyllau gwêr nad oes geiriau i'w fynegi.

O ganlyniad i Ddeddf Addysg 1944, fe newidiwyd patrwm pethau a gwneud i ffwrdd â'r sgolarship a gadael i holl blant Llŷn ddod i Fotwnnog. Doedd yna neb wedyn o'r hogia mawr ar ôl yn yr ysgolion cynradd i nôl dŵr a nôl glo a disgwyl am gael mynd i'r môr neu yn brentis o saer coed neu fynd adre i ffermio. A bellach yr oedd pawb am fod yn gydradd. Ond weithiodd y breuddwydion hynny gan yr awdurdodau a'r gweinyddwyr ddim mwy nag y gweithiodd yr un arall o'r breuddwydion gawson nhw ac y maen nhw'n dal i'w cael. Dechrau'r chwiw am ganoli popeth oedd y tu ôl i'r syniadau hynny, ac un canlyniad i ddilyn y trywydd oedd bygythiad, cyn bo hir, i symud y Chweched Dosbarth o Fotwnnog i Bwllheli.

Nid protest fach drefnus, ddiniwed a charedig oedd gwrthwynebiad trigolion Llŷn, ond storm o fygythiad barodd atal y ffolineb a phrofi y tu hwnt i amheuaeth mai trech gwlad... Yr oedd y ffyrdd o Aberdaron ac Edern ac o Dudweiliog ac Aber-soch yn ddu o geir y noson honno wrth i'r cannoedd ddod i Fotwnnog i ddweud nad oedd Pwyllgor Addysg Sir Gaernarfon ddim yn mynd i gael torri ewyllys y marw. Trwy weniaith a thwyll yr Awdurdod, ac o bosib am fod llai o asgwrn cefn yn y gymdeithas, mae'r Chweched Dosbarth wedi ei symud i Bwllheli erbyn hyn, ond gwylied yr un o gŵn bach Llywodraeth Loegr fygwth bodolaeth 'Hen Ysgol Hogia Llŷn'.

Aeth y diwrnod cyntaf hwnnw ym Motwnnog yn wythnos ac aeth yr wythnos yn dymor hyd wyliau'r Nadolig. Tymor gwanwyn a thymor haf a dyna flwyddyn ysgol gyfan wedi mynd heibio, a dim rheswm wedi ymddangos i awgrymu na ddylid mynd yn ôl yno yn yr hydref. Ymddangosodd yna ddim rheswm chwaith am bron i ddeugain mlynedd wedyn flwyddyn ar ôl blwyddyn. Ac erbyn hyn mae'r plant oedd yn blant yr adeg honno yn deidiau ac yn neiniau ers blynyddoedd, a phlant y plant yn dod i Ysgol Botwnnog ac yn cael yr un croeso ag a gafodd eu mamau a'u neiniau. Ynghlwm wrth Ysgol Botwnnog y mae'r pethau fu'n gwneud oes wedi digwydd.

O Ysgol Botwnnog yr aed i'r Llys i Gaernarfon i gael archwiliad cydwybod am fod yn 'gonshi'. Tribiwnlys dan gadeiryddiaeth Syr Artemus Jones, a dau aelod arall yn cynnal ei freichiau – dynes lonydd fel pe bai wedi ei pheintio ac yn ymddangos yn fud a byddar, a rhyw Syr arall byrdew, moel a phen crwn o rywle anghysbell fel Stiniog nad oedd neb wedi clywed sôn amdano nes iddi ddod yn rhyfel. Y fo oedd am wybod beth fasech chi'n neud pe byddai'r Jyrmans yn dod i'r drws efo gwn ac am saethu'ch mam... Cynheiliaid cyfraith yr Ymerodraeth yr oedd yr haul yn machlud arni.

I Ysgol Botwnnog y daeth yr alwad ffôn gan Owen Bodgwilym ryw amser chwarae ym mis Mawrth 1942 yn dweud y byddai'n well mynd adre. A'r trên o Bwllheli trwy Afon-wen yn llusgo'n hir cyn cyrraedd stesion y Groeslon, a'r ddwy filltir o'r Groeslon i Garmel yn drwm i'w cerdded y tro hwnnw. A dim ond Mam ar ei phen ei hun yn y gegin gefn ym Mryn Awel yn fy nisgwyl i adre.

Yn y pumed dosbarth yn Ysgol Botwnnog yr oedd merch y dyn siwrans hwnnw ym Mhwllheli nad oedd o ddim yn siŵr iawn beth oedd o am wneud efo'i fôt. Chafodd y ferch yr oedd o'n sôn amdani ddim canlyniadau arbennig o dda yn ei 'Senior', ac am nad oedd hithau chwaith felly yn un dda iawn am basio arholiadau yr oedd hi wedi dod yn ôl i'r ysgol i'r pumed dosbarth. Y peth lleiaf y gallai rhywun oedd wedi dod i adnabod ac wedi dod yn gyfaill i frawd hogan felly oedd dweud y byddai'n fwy na bodlon i fod o unrhyw gymorth iddi gyda'i gwaith ysgol yn ystod blwyddyn yr ail gynnig. Y *Merchant of Venice* oedd un o'r llyfrau gosod yn Saesneg y flwyddyn honno, ac fe dreuliwyd cryn amser yn trafod arwyddocâd dyfyniadau fel,

'You taught me first to beg and now methinks
You teach me how a beggar should be answered.'

a

'In such a night as this
When the sweet wind did gently kiss the trees.'

a

'How sweet the moonlight sleeps upon this bank.'

Ac fe glodd un dyfyniad arall o'r ddrama honno bennod allweddol yn fy mywyd ac ateb y cwestiwn y byddai T.H.Parry-Williams yn ei ofyn, a'r wên ddireidus yn ei lygad, bob tro y gwelem ein gilydd, 'Pwy ydyw dy gariad, lanc ifanc o Lŷn...' Portia sy'n dweud yn y *Merchant of Venice*,

'This ring I do accept most gratefully...'

I Ysgol Botwnnog y daeth Enid efo'i thad pan oedd hi yn un ar ddeg oed, ac yn gwybod ei thebls o'r tweis wan i'r twelf twelf, wedi cael bag ysgol newydd sbon â'i lond o lyfrau – ac wedi cael bocs geometri, ac wedi ei gwisgo yng ngwisg y sefydliad yn ddu a gwyn a melyn ac arfbais yr Ysgol gyda'i 'Circa 1616' ar ei brest. Yno hefyd y daeth Mai, ei chwaer, ymhen chwe blynedd, ac Enid ar ôl blwyddyn wedyn, yn barod i fynd i'r Coleg ym Mangor i fod hiraeth am adra, a Mai yn cael peidio â bod yn hwyr a gorfod cuddio rhwng cotiau yn y clocrwm nes byddai'r gwasanaeth drosodd am fod Enid yn cael plethu'i gwallt ac yn hir yn cychwyn. Ac ar ôl i Mai fynd oddi yno i'r Coleg Normal ym Mangor ymhen chwe blynedd fe ddaeth Siân yno, heb lawer o grap ar ei thebls – ond doedd tebls a sbelio ddim mor bwysig erbyn hynny. Ond mi gafodd y tair lawer iawn o hwyl.

O Ysgol Botwnnog y daeth tad Siân yr ail Nadolig ar ôl iddi hi fynd yno. Y diwrnod cyntaf o dymor y gwanwyn ar ôl y Nadolig, yr oedd eisiau mynd i ddanfon Siân efo'r car i geg y lôn i gyfarfod y bỳs. Peth rhyfedd oedd edrych ar du ôl y bỳs hwnnw yn mynd o'r golwg ar ei ffordd i'r ysgol a chofio mai ar fỳs yr un fath â fo yr oeddwn innau wedi mynd yno ddeugain mlynedd ynghynt. Ond bagio'r car a throi'n ôl i fynd adre y diwrnod hwnnw – ar fy mhen fy hun.

Mae gair yn dod o Adran y Gymraeg yn Ysgol Botwnnog mis Medi bob blwyddyn yn gofyn i mi fynd i'r eglwys yn Aberdaron i ddeud gair wrth 'Flwyddyn Saith'. Y plant sy'n dechrau eu gyrfa yno yw 'Blwyddyn Saith' ac mae'r Adran yn trefnu taith, iddyn nhw gael dod i adnabod eu cefndir. Yr oedd yno agos i gant ohonyn nhw eleni, yn eiddgar ac yn ifanc ac yn arbennig o glên ac annwyl. Wrth i'r bỳs adael y pentre yn Aberdaron ar ddechrau eu taith a chychwyn i gyfeiriad Mynydd Mawr i gael mynd i olwg Enlli'r Saint – bagio a throi'n ôl a mynd adre yn y car – ar fy mhen fy hun. Ac Ysgol Botwnnog yn llond y lle.

Cytia

Yn ei ysgrif ar Y Gwyndy mae T.H.Parry-Williams yn cofio amdano ef a'i frawd – Oscar oedd y brawd – yn cael mynd i'r Gwyndy am ddiwrnod efo'i dad. F'ewythr Harri, hanner brawd fy nhad, oedd tad yr hogia hynny, ond gan ei fod o ddeuddeng mlynedd yn hŷn na fy nhad ac yn Brifathro ysgol yn Rhyd-ddu – ac yr oedd Rhyd-ddu yn bell yr adeg honno – ffurfiol, tipyn o oes Fictoria, oedd y berthynas. Flynyddoedd yn ddiweddarach, pan oeddem ni yn byw yn y Gwyndy, Henry Parry-Williams, f'ewyrth Harri, oedd yn beirniadu llenyddiaeth ac adrodd yn yr Eisteddfod yng Ngharmel ac am y byddai yn llawer rhy hwyr iddo feddwl mynd adre ar ôl yr Eisteddfod penderfynwyd ei fod yn aros yn y Gwyndy am y noson. Roedden ni yn cael te a swper yn y gegin ffrynt y dydd Sadwrn hwnnw, a bore Sul yr oedd eisio mynd â llond y jwg enamel o ddŵr poeth i fyny'r grisiau a'r roi o y tu allan i ddrws y llofft ffrynt cyn curo i adael i'r gwestai wybod ei bod hi'n wyth o'r gloch. Pan ddaeth o i lawr i gael brecwast yr oedd o wedi molchi a shafio a'r jwg a basn rhosod cochion wedi cael eu defnyddio am tua'r unig dro o fewn cof. Brecwast yn y gegin ffrynt bore Sul hefyd a'r crŵets gwydr caeadau arian fyddai'n mynd i'r festri amser Cyfarfod Misol ar ganol y bwrdd achos yr oedd hi yn fecyn, wy, bara saim a phob peth. Ac aroglau sebon shafio Erasmic yn beth dieithr iawn yn y bore.

189

Ond yr oedd ymweliad Tom ac Oscar Rhyd-ddu â'r Gwyndy wedi digwydd flynyddoedd ar flynyddoedd ynghynt, ymhell cyn bod sôn am neb ohonom ni hyd y fan honno, achos mae o'n dweud mai mynd i dŷ ei nain yr oedden nhw ill tri, a'i nain o oedd ail wraig fy nhaid, dyn dewr briododd dair gwraig a byw o 1815 hyd 1888. Y fo, mae'n debyg, oedd yn gyfrifol am wneud y cwt ci y mae T.H. Parry-Williams yn sôn amdano yn yr ysgrif:

'Ni bu un tebyg iddo yng Nghymru erioed. Twll ysgwâr mewn gwal lydan ydoedd, a mwy na hanner ffrynt y twll wedi ei orchuddio â llechen dew, a honno wedi ei thragwyddol sowndio. Yr oedd, felly, agorfa ryw ychydig fodfeddi o led i'r ci fynd i mewn.'

Ar draul anghytuno â gŵr o awdurdod, mae'n rhaid bod yn deg. Nid 'twll mewn gwal' oedd y cwt ci hwnnw o gwbwl i rywun oedd wedi ei archwilio yn iawn, ac os nad oedd yr awdur yn hogyn dychrynllyd o fawr – a does dim lle i gredu fod hynny yn debygol – yna doedd yna ddim rheswm o gwbl dros iddo fod wedi mynd i gaeth gyfle a methu â dod allan. Yn wir, pe byddai ganddo fflashlamp go lew, a'i fod wedi mynd i mewn ar ei fol yn ddigon pell a'i freichiau o'i flaen, byddai wedi medru troi ei ben a gweld fod ochrau a tho o lechi glân y tu mewn i'r cwt, ac yn fwy na hynny, fod yno ddarn o beipan landar a thro ynddi hi yn mynd allan o gefn y cwt i awyr iach gael tynnu drwyddo. A fuo yna erioed ffariar efo ci yn y Gwyndy. Yr oedd 'Cronji', y ci oedd yno pan aethom ni yno i fyw, yn gynddeiriog o hen y tro cyntaf i ni gyfarfod, a marw o henaint yn ddigon urddasol fu ei hanes o. Braidd yn ddifrïol oedd i neb gyfeirio at le oedd wedi bod yn gartref i nifer o gŵn, rai ohonyn nhw o wehelyth digon bonheddig, fel 'twll mewn gwal'. Ond dyna'r cam wedi ei unioni bellach, a'r parch dyladwy wedi ei dalu i gartref cenedlaethau o gŵn anghofiedig.

Ar wahân i gwt ci, beudy a chwt mochyn a sgubor ambell dro, oedd cyfanswm beudai tyddynnod y llethrau. Ond yr oedd yn y Gwyndy gegin allan hefyd – adeilad eitha helaeth gyferbyn â'r drws cefn a llofft dros un hanner iddo ac ysgol i fynd i fyny, yr un fath â'r ysgolion fyddai'n mynd i'r daflod yn y bythynnod. Ar yr ysgol, ryw hanner ffordd i fyny y byddai Tomos yn sefyll i drwsio sgidia a defnyddio llawr y llofft fel mainc i ddal y mul. Yr oedd yno gist yn llawn o arfau saer hefyd, a hynny yn beth eithaf cyffredin ar ddyddyn lle byddai angen styllen neu ddwy a llond llaw o hoelion at rywbeth neu'i gilydd yn barhaus.

Y tu draw i'r beudy a'r cwt mochyn oedd yn nhalcen y tŷ yr oedd y siafft – twll tua llathen ar ei draws wedi ei wynebu â cherrig, yn mynd i lawr yn ddyfn, ddyfn i rywle i berfeddion y ddaear a mwsog a rhedyn yn tyfu rhwng y cerrig, a phan fyddech chi'n gorwedd ar ymyl y siafft i edrych i lawr yr oedd yno wahanol fathau o redyn hyd at lle'r oedd wyneb y dŵr i'w weld yn wyn yn isel, isel yn y gwaelodion. Byddai ambell redynen yn cydio yn y bwced wrth iddi ddod i fyny ambell dro ac yn dod i'r wyneb, ac yr oedd rhedyn siafft yn well o lawer i'w rhoi mewn pot jam efo blodau'r gog ar sil y ffenest yn y gwanwyn am eu bod yn wyrdd gwyn, gwan, golau fel pethau wedi eu nychfagu. Cadwyn yn troi ar rowlar bren ar ffrâm haearn oedd yn codi a gostwng y bwced i fyny ac i lawr o'r siafft. Un o'r llefydd nad oeddech chi ddim i fod i fynd yn agos ati oedd y siafft hefyd achos mi allai fod yno beryglon. Ond doedd pawb ddim yn talu sylw i rybuddion felly.

Pnawn Sadwrn yn niwedd Awst oedd hi a Dic ac Owen Bodgwilym yn cicio pêl yn y cae o flaen drws. Cael mynd i chwarae ffwtbol i Glwt Foty ar ôl mynd dipyn yn hŷn oedd y ddelfryd, ond byddai angen llawer iawn o berswâd cyn y byddai ganddo fo obaith i gael caniatâd i beth felly, achos doedd Clwt Foty ddim yn lle i blant y Band of Hôp am fod yno gymaint o regi. Yr oedd William Hughes Tanyfynwent wedi clywed rhai prin bymtheg oed yn dweud 'diawl' ac 'uffarn' 'fel tasa nhw yn hen ddynion'. Ac er bod Nain Caesion yn un ddigon goddefgar, doedd hi ddim yn lecio bod un o'r hogia 'wedi mwydro efo'r hen dîn ffwtbol 'na a dim i gal gyno fo ond fel ma tîn Carmal yn well na tîn y Fron a tîn Penffridd.' Wyddai Mam ddim mai Griffith Caesion oedd wedi deud wrth Dic y bydda fo yn siŵr o gael chwarae dros Garmel ryw ddiwrnod ar ôl ei weld o'n driblio ar hyd Lôn Bach Maes-gwyn pan oedd o'n dod adre o'r chwarel ryw gyda'r nos. Hwyrach fod hynny wedi mynd i ben Dic ryw ychydig ac mai dyna pam fod yno gymaint o gicio pêl yn y cae o flaen drws.

P'run bynnag, roedd Nhad yn y boncan eithin y tu draw i'r cae bach yn cau bwlch cerrig yn y clawdd rhyngddon ni a chae Caeforgan, a Mam yn golchi'r llestri a chlirio ar ôl cinio, a newydd fod yn danfon bwyd i'r ieir, gweddillion cinio a dyrnaid o gorn bras, yr ochor draw i'r cwt mochyn. Mi glywson ni'r ieir yn clochdar yn wyllt am ryw funud, ond feddylion ni ddim o'r peth achos mae'n hawdd gan ieir wneud hynny os digwydd i rywbeth bach eu styrbio nhw. Nes i Owen Bodgwilym ddod i'r drws a'i wyneb o'n wyn nes bod ei frychni haul o'n gliriach nag arfer, a chyhoeddi,

'Ma'r ceiliog wedi mynd i'r siafft!'

Yr eiliad syfrdan mae hi'n gymryd i'r meddwl dynol amgyffred trychineb, a

'Sut?'

'Dic roth high shot i'r entrychion a mi ddoth i lawr yn ganol yr ieir!'

'Griffith, dos i nôl dy dad a deud titha wrth Richard am ddŵad i'r tŷ. A tyd efo fo.'

Erbyn i ni'n dau gyrraedd o ben draw'r boncan eithin yr oedd rhyw gymaint o'r rhyferthwy wedi lliniaru.

Doedd hi ddim yn ymddangos fod dynion yn dychryn cymaint â merched. Roedd y tri allan yn ein disgwyl ni wrth y drws cefn, ond dim ond deud wrth Dic wnaeth Nhad, yn union fel pe bae o'n siarad,

'Dos i Gae'r-moel a gofyn ddaw Richard Morris i lawr 'ma. Well i titha fynd efo fo, Owen.'

Fe aethom ninnau ein tri i faes y frwydr ar ôl cael cribin a rhaff i fynd efo ni. Un caredig, doniol oedd Richard Morris Cae'r-moel, ac fe laciodd y tyndra gryn dipyn ar ôl iddo gyrraedd, yn enwedig pan ddeudodd o,

'Mi ro i raff am 'y nghlun, Richie, a mi â i i lawr yn y bwcad rhag ofn i'r hen Rhode Island 'y mhigo fi yn 'y nhîn'.

Chwarelwyr oeddan nhw, a bod mewn rhaff yn ail natur i'r ddau, ond bod Richard Morris yn ddyn ysgafn iawn a'r llwch glo a llechi oedd yn ei ysgyfaint o heb ddechrau ar eu gwaith dinistrio fel y gwnaethon nhw yn ddiweddarach. Yr oedd yr holl sylw wedi ei ganolbwyntio ar y sefyllfa erbyn hyn a Richie Cae'r-moel wedi dod i lawr hefyd rhag ofn y byddai eisio helpu ei dad, achos yr oedd Richie yn y chwarel ei hun erbyn hyn ers dwy neu dair blynedd. Doedd mo'i angen o ond roedd hi'n braf ei fod o yno am ei fod o'n un difyr yr un fath â'i dad.

'Rŵan 'ta,' meddai Richard Morris, oedd wedi rhoi un goes drwy handlan y bwced nes ei fod yn edrych fel pe bai'n eistedd ynddi, a'r rhaff am y goes arall ac un pen iddi wedi ei glymu yn ddiogel wrth y ffrâm haearn ar ben y siafft, 'Rŵan 'ta, gollyngwch chi'r bwcad yn ara deg a throwch yr handlan fel y byddwch chi yn fy nghlywad i yn rhoi 'y mhwysa.'

Aeth pob man yn ddistaw a dim ond gwich echel y rowlar i'w glywed wrth i Nhad droi yn ara bach a dal y pwysau a'r gadwyn haearn yn datod yn ara deg oddi ar y rowlar wrth i'r bwced fynd yn is ac yn is. Lleisiau isel yn y distawrwydd,

'Ma'r dŵr yn isal...'

'Be tasa...?'

'Neith dim, ma'r rhaff yn siŵr o ddal...'

Yna clochdar ceiliog yn cael ei fygu a llais o'r gwaelod-ion yn gweiddi,

'Haul away, giaffar!' Roedd teulu Cae'r-moel wedi bod yn y Sowth amser y Rhyfel a Richard Morris wedi bod yn gweithio yn pwll glo.

Corun ei het o yn dod i'r golwg a Nhad yn dal i droi nes bod y bwced yn ddigon uchel iddo fedru camu ar y llechen ar geg y siafft ond heb godi oddi arni. Gwyro a dal i eistedd ar y bwced am funud cyn codi a gwneud lle

194

i'r ceiliog ei sgrialu hi efo un sgrech fuddugoliaethus i ben un o'r coed drain duon oedd wrth ben y siafft.

Yr oedd yno un adeilad arall wedyn y tu draw i'r siafft. Cwt oedd hwnnw hefyd mewn gwirionedd ond fyddai neb byth yn ei alw fo yn gwt. 'Y coijiws' oedd o'n cael ei alw – benthyciad dipyn yn ffwrdd-â-hi o'r Saesneg 'coach-house' mae'n debyg. Am ryw reswm, mae rhyw-beth aflednais o gwmpas y gair ei hun, ond doedd yna ddim byd aflednais o gwmpas y cwt. Adeilad cerrig solat a tho o lechi o Gors y Bryniau arno fo a drws llydan yn ei dalcen yn wynebu'r cae o flaen drws. Gweddill o ddyddiau mwy llewyrchus oedd o ar ôl i fy nhad ddod adre o'r môr i fod yn gefn i'w fam weddw a'i frawd a'i chwaer, y dyddiau pan oedd o 'yn llanc, yn llawen ac yn gryf ei gred' mae'n debyg, ac yn berchen car a merlen, ac wedi adeiladu'r coijiws i gael lle i roi'r car i mewn.

Ond pan aeth fy nhad a ninnau fel teulu erbyn hynny yn ôl i'r Gwyndy er mwyn i Mary Jane gael heddwch i gysgu'r nos yr oedd y Gwyndy yn llawer iawn llawnach tŷ na Bryn Awel. Dim ond y gegin gefn a'r gegin ffrynt a'r llofftydd oedd wedi eu dodrefnu yno. Y mangyl a'r bin blawd a'r injian wnïo a'r gist llongwr oedd yn y parlwr, ond er cyn waced oedd o, doedd yno ddim hanner digon o le i'r holl ddodrefn a chelfi oedd angen eu symud o'r Gwyndy amser y mudo, ac felly fe ben-derfynwyd gwagio'r coijiws a'i adael i Mary Jane gael ei ddefnyddio i gadw'r gweddill nad oedd arni eu heisiau ym Mryn Awel, a gan mai ei heiddo hi oedd ynddo, doedd yr un o'n traed ni yn cael mynd i mewn yno. Dim ond rhyw unwaith neu ddwy y galwodd Nhad ym Mryn Awel i fenthyg goriad y coijiws i ni gael mynd yno i nôl dau lond bocs o Drysorfa'r Plant oedd yn perthyn i f'ewyrth Griffith ac i Nhad gael yr Esboniadau yr oedd ei enw arnyn nhw ar gyfer y dosbarth Ysgol Sul. Ond yr oedd o'n lle difyr dros ben unwaith yr oeddech chi wedi cael eich pig i mewn yno – llestri mewn bocsus, cryman, crochon uwd, bwrdd crwn, ambaréls o bob math – un mawr, mawr – 'Efo'r car bydda hwn'na,' meddai Nhad yn ddigon ffwr-bwt. Roedd yno lond bocs o hetia Nain Gwyndy hefyd – rhai ohonyn nhw yn ddigri iawn. Cist arfau chwarel f'ewythr Griffith – 'Dacia hi,' meddai Nhad wrth eu gweld nhw, 'ma'r rhain yn rhydu.' Fe gafodd Dic hyd i barasôl yr ochor bella i'r bwrdd crwn. Dim ond ei handlan o oedd yn y golwg nes inni ei gael o allan, ond mae'n rhaid ei fod o wedi bod yn un crand iawn yn ei ddydd, fel sidan coch a melyn a blodau gwynion drosto fo i gyd. Ond pan aeth Dic â fo allan i'r gwynt a'i agor o mi chwythwyd y defnydd yn racs y munud hwnnw nes nad oedd dim ond ei fagal o a'i goes o a'i asennau o ar ôl. Derbyniad oeraidd gafodd ei falchder o hefyd pan gyhoeddodd y byddai weirs y parasôl yn gwneud ffrâm barcud ardderchog. Mi cafodd o hefyd yn y diwedd.

Er ei bod hi wedi bod yn ddigon difyr mynd drwy'r pethau yn y coijiws felly, a'n bod ni i gyd wedi chwerthin wrth i'r parasôl fynd i ganlyn y gwynt, doedd o ddim yn lle yr oeddech chi eisio mynd yn ôl iddo fo rywsut, ac yr oedd hi yn llawn gwell peidio â meddwl amdano fo, dim ond meddwl am y cwt ieir a'r cwt mochyn a'r cwt ci.

Yr oedd tua dwy neu dair acer yn fwy o dir yng Ngwastadfaes nag oedd yn y Gwyndy, a hwnnw at ei gilydd yn dir rhywiog a gwastad, peth anghyffredin ar yr hen ochrau gwyntog hynny lle'r oedd dyn yn gweithio, hel gwair, aredig, plannu tatws fel tae un goes yn fwy na'r llall iddo fo drwy'r dydd. Ond yr oedd Gwastadfaes yn haeddu'i enw ac yn fwy o dyddyn na'r rhan fwyaf o'r rhai oedd o'i gwmpas fel Cae Ddafydd a Maes-gwyn, ac efallai mai dyna pam yr oedd byw yno yn debycach i fod yn byw ar fferm gan fod yno feudai yn cynnwys hoewal, stabal, beudy a thŷ gwair cerrig helaeth a'r cwbwl yn un rhes daclus fel tai teras a rhyw lathen o balmant cerrig o'u blaenau a'r domen dail wrth y clawdd. Cwt mochyn a'r ffolt o'i flaen wedi eu gwneud o fflags – y darnau llechi mawr hynny lathen neu fwy o hyd a thua dwy droedfedd o led oedd i'w gael am ddim ond eu cario o'r tomennydd rwbel oedd o gwmpas y chwareli. Roedd lle a diben i fflags o bob math yn y gweithgareddau – cau adwyon i'r caeau gwair gael tyfu yn y gwanwyn, gwneud silff o flaen drws cefn i ddal llestri godro, pitsio cwterydd, gwneud tyllau defaid mewn cloddiau cerrig.

Pnawn Sadwrn a Nhad yn carthu'r cwt mochyn. A doedd hynny ddim yn waith anodd am y byddai Mam wedi treulio oriau wrth ben y moch, wrth eu bwydo yn foch bach, i'w dysgu i ddefnyddio un gornel o'r ffolt at ddibenion gwasanaethu'u cyrff, a hynny yn golygu y byddai'r gwellt yn y cwt yn sych ac yn lân a'r tail yn daclus yng nghornel y ffolt – ryw ddwy fforchiad yn barod i'w roi yn y ferfa. Cyn cadw'r ferfa mi ofynnodd,

'Fedrat ti fynd i ben y cwt 'ma dwad?'

'Medra. I be?' cyn ei fod o wedi gorffen gofyn.

'Wel mae'r sment wedi gollwng o geg y fflagsan ucha 'na yli, a mae Owen Roberts wedi gadael tocyn o fortar y tu ôl i'r cwt ieir. Mi fasa'n cau yn ardderchog a mi wyt ti'n ddigon ysgafn i sefyll ar y to.'

Nid bob dydd yr oedd pethau fel hyn yn digwydd. Pnawn Sadwrn arferol, cyffredin oedd o'n edrach ar ôl cinio, ond yn sydyn yr oedd o wedi mynd yn bnawn y byddai eisio ei roi o i lawr yn y deiari – 'Trwsio pen cwt mochyn.' Gweddill oedd Owen Robaits Saer Maen wedi adael ar ôl bod yn growtio pen y tŷ oedd y mortar ond mi weithiodd fel ruban ar ôl rhoi diferyn o ddŵr am ei ben o, ac fe gaewyd ceg agored y fflagsan ucha yn daclus efo'r driwal bach a thynnu recsyn o sach gwlyb ar ei hyd o wedyn i'w dacluso fel na chwythai gwynt y Gorllewin yr un diferyn o law drwyddo i amharu ar gysur y ddau fochyn.

Fe drodd y pnawn Sadwrn hwnnw yn gynsail buddiol iawn i weithredu arno yn ddiweddarach hefyd. Pan ddeuai'r pnawniau hynny y byddai rhywun 'heb ddim byd i neud', fyddai dim angen bellach gofyn am ganiatâd i fynd i drwsio pen y cwt mochyn, achos yr oedd y peth wedi ei sefydlu a gwarchodaeth y rhan honno o'r stad wedi cael ei drosglwyddo yn gyfan gwbl, fel nad oedd angen dim ond mynd i nôl yr ysgol bach i'r tŷ gwair fel gwnaeth Nhad a'i rhoi ar dalcen y cwt ac i fyny â chi. Rhyfedd fel mae'r byd yn newid wrth edrych arno o wahanol lefelau. Edrych i fyny o waelod Siefftydd chwarel Pen'rorsedd a gweld dim byd ond y brig ac awyr fawr gron fel petaech chi yn edrych i fyny o'r tu mewn i bêl wydr. Ac er mai dim ond rhyw ddwylath a hanner oedd bargod y cwt mochyn yn uwch na'r ddaear yr oedd Clwt Foty a Choed y Glyn a'r Belan yn edrych yn wahanol iawn o'i ben o. Tawelwch pnawn braf yng nghanol haf a sŵn gwenyn ym mrigau ucha'r Goeden Fawr, ehedydd o'r golwg yn y glesni, corn chwarel y Cilgwyn yn canu'r heddwch ar ôl saethu dri, sŵn chwerthin o Dan-y-ffordd neu Gae Ddafydd. A chael bod yn un o gwmni o dri yn yr haul – dau yn cysgu ar eu hochrau yn y ffolt ac un yn eistedd ar y fflagsan ucha ar ben y cwt a'i gefn ar bared y tŷ gwair wedi bod yn nôl clustog o'r tŷ. A llyfr i gogio darllen.

Yr oedd yno un cwt arall pwysig yn nhalcen y tŷ yng Ngwastadfaes – y cwt sinc lle'r oedd yr olwyn gorddi. 'Sam', hen fwngral o groesiad rhwng ci defaid a rhyw-beth arall na wyddai neb yn iawn beth, dim ond bod yn rhaid ei fod o yn rhywbeth trwm achos roedd yr hen Sam yn honglad o gi, ac yr oedd gofyn ei fod o. Olwyn fawr, fflat, yr un fath yn union â meri-go-rownd oedd olwyn gorddi, dim ond bod ei hechel hi ar oledd yn lle bod yn syth a hynny yn golygu fod un ochr iddi o fewn rhyw droedfedd i'r llawr a'r ochr arall tua llathen neu fwy yn uwch na'r llawr. Wedyn roedd y ci, wedi ei rwymo wrth gadwyn yn y pared yn sefyll ar yr olwyn ac yn cerdded, ac wrth wneud hynny, yn peri ei bod yn troi, a'r echel oedd wedi ei chyplysu â'r cocos oedd dan fwrdd yr olwyn yn mynd drwy bared y tŷ i droi'r corddwr yn y tŷ llaeth ac i arbed amser a thymer y sawl fyddai raid droi'r corddwr a'r llaeth yn cau torri a phethau pwysicach i'w gwneud na sefyll yn troi handlan.

Ond yr oedd Sam wedi dod i adnabod sŵn potiau llaeth cadw yn cael eu gwagio i'r corddwr fore diwrnod corddi, ac os na fyddai rhywun wedi gofalu ei fod yn rhwym wrth ei gadwyn yn ymyl ei gwt, byddai wedi diflannu fel pe na byddai wedi bod ar wyneb y ddaear erioed, a wnâi na chwibanu na gweiddi, ffeind na chas yr un rhithyn o wahaniaeth.

'Yr hen gena iddo fo a finna wedi rhoi dŵr yn y llaeth a phob peth yn barod i ddechra. Well i ti roi dy sanshws, 'y ngwas i, a pheidio mynd i'r ysgol bora 'ma. Gei fynd â llythyr pnawn.'

Ystyr hynny oedd mynd i'r cwt corddi a dringo ar yr olwyn a dechrau cerdded ar ôl gafael yn y sbyrsyn oedd yn dal y to i fyny, a thrwy hynny beri fod yr afradlon yn methu yn ei fwriad o ddifetha dau botiad o laeth cadw, achos doedd dim amheuaeth ym meddwl Mam nad dyna oedd ei bwrpas. Croeso llugoer iawn fyddai yn ei aros pan gyrhaeddai adre a'i gynffon yn ei afl tua hanner dydd, a chinio tila o grystyn a dŵr cynnes fyddai ei wobr am ei anffyddlondeb ac am esgeuluso'i ddyletswydd. Ond chwarae teg iddo fo – doedd o ddim yn haeddu cael ei drin fel 'tae o yn y jêl a chaniatáu ei fod o wedi pechu, ac roedd hi'n werth cuddio tamed o frechdan amser cinio a'i sleifio hi iddo fo ar ôl gorffen bwyta, achos wedi'r cwbwl yr oedd bore cyfan o ysgol wedi cael ei golli a doedd hi ddim mor anodd cael aros adre'r pnawn wedyn, yn arbennig os gellid dweud yn weddol argyhoeddiadol mai dim ond canu neu 'nature walk' fyddai'n digwydd yno yn y pnawn ac nad oedd hi ddim yn werth yr ymdrech i fynd yn ôl. Ac yn naturiol, yr oedd corddi yn lle Sam wedi bod yn waith caled iawn yn y bore, a hynny yn ei gwneud hi'n haws ennyn cydymdeimlad. Ac mae'n anodd meddwl hyd y dydd heddiw nad oedd o'n gwenu ynddo'i hun wrth glywed, 'Dwi ddim yn mynd i'r ysgol pnawn 'ma chwaith cofia – ddoi yn ôl atat ti mewn munud.'

Led cae o Wastadfaes yr oedd Bodgwilym, cartref Owen. Tŷ mwg main – hynny yn golygu tŷ heb ddim tir i'w ganlyn – oedd o, ond yr oedd yno ardd helaeth, a hynny a barodd i Richard Jones, tad Owen, godi cwt pren tua phedair llath wrth dair er mwyn cynnal busnes barbwr gyda'r nosau. Chwarelwr yn y Cilgwyn oedd Richard Jones, ond ar ôl gorffen bwyd chwarel a molchi a newid a smocio mewn cwt bach arall oedd yn yr ardd, byddai'n agor y 'siop'. Golau'r lamp baraffin oedd yn hongian o'r to, a'r stof baraffin i gael gwres yn y gaeaf ac i ferwi dŵr i shafio drwy'r flwyddyn, ac yna ar ôl trefnu'r offer ac agor y botel 'Bay Rhum' a'r botel 'Lavender Water' – Woolworth – a strapio'r raselydd a rhoi diferyn o oel i'r injian, byddai'r cwsmeriaid yn dechrau cyrraedd tua hanner awr wedi chwech. Wyth geiniog oedd 'cỳt a shêf' yn gostio – torri gwallt ei hun yn chwech a shafio yn dair ceiniog. Tair ceiniog am dorri gwallt hogia, ond dim ond ar bnawn Sadwrn y byddai'r cyfryw fodau yn cael mynd i mewn, a doedd o ddim yn brofiad i'w chwennych p'run bynnag. Nid bod dim o'i le ar Richard Jones – roedd o'n un clên iawn, ac yn un digri a digon o hwyl i gael efo fo. Ac yr oedd o'n tyfu rhes o flodau bach bob lliwiau – Virginian Stock – ar hyd ochor y llwybr o'r cwt i'r tŷ, a fedrai dyn oedd yn gwneud hynny ddim bod yn ddyn cas. Na, nid ei fai o oedd o. Yr injian oedd y drwg.

'Rŵan 'ta, ar dy benna-glinia ar y gadar a gafael di yn sownd yn ei breichia hi a fyddwn ni ddim dau funud yn gneud gŵr bonheddig ohonat ti.'

Codi'r pad lledr oedd yng nghefn y gadair i ddal pennau yn ôl wrth shafio,

'Dyna chdi, pwysa di dy frest yn erbyn hwn'na rhag ofn i ti fynd ar dy wynab.'

Y lliain glas a gwyn dros y cwbwl i gyd fel tent fawr nes bod eich pen chi'n edrych fel wy ar ben mynydd yn y glàs oedd o'ch blaen chi yn dangos eich llun yn y glàs oedd y tu ôl ichi. Aroglau'r 'Lavender Water' – Woolworth – yn llond y lle, a'r crib drwy'r gwallt yn llithro'n esmwyth a bol Richard Jones yn pwyso'n feddal braf yn erbyn eich ysgwydd chi. Ond eiliad foethus ddiflanedig oedd hi, a chwithau'n gwybod fod y torrwr yn ffeirio'r crib am yr 'injian' a'i bod hi'n amser dechrau gwasgu breichiau'r gadair efo dwy law yn barod i deimlo oerni'r dur ar eich gwegil a min y dannedd ar du ôl eich pen. Ambell dro byddai'r driniaeth yn weddol ddidramgwydd ar wahân i'r ffaith bod injian ynddi'i hun yn erfyn brwnt ac yn debygol o roi pigiad dirybudd y tu ôl i glust neu yn nhwll gwegil. Ond yn rhy aml byddai'r anffawd ddirdynnol yn digwydd. Rhediad yr injian ar ei rhawd o du ôl y gwddw i gyfeiriad y corun yn arafu ac yn aros yn rhywle tua chanol tu ôl y pen, a 'W – wps – dacia, ma' hi wedi tagu yli… a finna newydd roi oel iddi hi ganol dydd 'ma… aros di i edrach neiff hi ollwng,' a gwasgiad neu ddau arteithiol nes bod sŵn y blew yn dod o'r gwraidd i'w glywed.

'Na, ma'n rhaid i mi 'i hagor hi – dacia unwaith,' ac os oedd y bachu yn frwnt, yr oedd y dadfachu yn saith gwaeth. Ond sylw nesaf y poenydiwr fyddai,

'Wyddost ti be – gin ti ma'r gwallt mwya maswadd ydw i wedi weld erioed. Mae o fel manblu brest gŵydd. Fel sidan. Wyt ti ddim yn sâl wyt ti?'

'M – Nag 'dw.'

"Na chdi 'ta. Rown ni gỳt crib a siswrn yli. Hwnnw ydi'r gora un 'sdi. Crib a siswrn fydd Wyn y Glyn yn gael medda nhw, wedyn tro di fymryn bach at y ffenast a siawns na fydd y crib ddim yn bachu. Mi oedd yr injian yn iawn hefyd 'sdi a finna newydd roi oel iddi hi bora 'ma.'

Yr un hen stori yn dragwyddol. Dim bai ar yr injian. Ar fy ngwallt i yr oedd y bai am ei fod o'n rhy 'faswadd', beth bynnag oedd hynny.

A'r un fath yn union yr oedd hi efo pob peth. Cyrraedd o'r ysgol amser te a swigan ar y sawdl lle'r oedd yr esgid newydd wedi crafu drwy'r dydd. Ond – y sgidia? Dim peryg.

'Na ma'r sgidia yn iawn. Yli sgleinio ma' nhw. A meddwl di mor gynnas fyddan nhw yn y gaea pan fydd hi'n rhewi. A mi ddôn nhw i siâp dy droed di ymhen dwrnod ne ddau.' Yr un fath yn union. Dim byd o'i le ar y sgidia. 'Y nhraed i oedd y drwg.

Ond fe fyddai'r cwt pren to ffelt hwnnw yn troi yn lle gwahanol iawn ar ambell nos Sadwrn. Majic Lantar oedd un o gyfryngau adloniant y blynyddoedd hynny wedi bod. Tomos oedd wedi cael un i ddechrau pan oedd o yn Ysgol Pen-groes ond, heb ddweud dim i frifo neb, doedd hi ddim llawer o beth efo'i sleidiau gwydr lluniau 'Great Generals' a'i lamp baraffin nad oedd hi yn rhoi fawr mwy o olau na channwyll, ac a fyddai'n dueddol o ddiffodd os digwyddai i'r peiriannydd disian. Ond hanes gwahanol iawn oedd i fajic lantar Dic ac Owen Bodgwilym. Dic oedd piau hi mewn ffordd – y fo oedd wedi ei chael hi yn anrheg ben-blwydd ar ôl swnian am nosweithiau ac addo y byddai'n bodloni i gymryd mis i chwarae yn y capel bob yn ail â Ffebi ac Elin Elsie, ond gan mai dangos ffilmiau yr oedd hi yn hytrach na'r hen sleidiau gwydr plentynnaidd hynny, yr oedd angen arian i'w chynnal hi, a dyna lle'r oedd Owen yn dod i mewn, achos yr oedd o yn cyfrannu yn anrhydeddus at gost pob ffilm newydd ac o ganlyniad wedi dod yn bartner gweithredol yn hytrach na chyfaill goddefol. Rhyw bedwar neu bum munud fyddai ffilm yn gymryd i'w dangos yn gyffredin, a byddai hynny yn golygu y byddai eisiau pump neu chwe ffilm i wneud rhaglen gyfan. Dim ond un oedd wedi dod i ganlyn y peiriant a honno yn ddigon anniddorol – cylch o beth yn mynd rownd a rownd yn ddiddiwedd ac yn ailadrodd yr un lluniau drosodd a throsodd. Roedd y rhai fyddai'n dod drwy'r post ar ôl i Dic ac Owen yrru arian i ffwrdd yn wahanol a'r rheini oedd y rhai go iawn; y *Gaumont British News* – Arthur Griffith yn cerdded yn fân ac yn fuan yn Stryd Downing, eryr mawr melyn yn lladd oen bach yn Sgotland, a Charlie Chaplin yn cerdded i lawr grisiau hir ac yn mynd i erbyn dynes dew efo het â'i llond hi o flodau a'r blodau yn chwyrlïo i bob man.

Yn y gegin gefn yng Ngwastadfaes y dangosid y lluniau fel rheol a neb ond y ni ein tri yn edrych. Ond daeth Owen Jones acw un pnawn Sadwrn a deud wrth Dic,

'Ma' Nhad yn deud cawn ni fynd i'r cwt heno os ydan ni eisio a codi ar bawb i ddŵad i mewn.'

'Ew! A dangos y ffilm newydd?'

'Dangos y cwbwl – yr un fath â Guild Hall.'

'Gei di fod yn Musus Defis.'

''Im 'nciw – 'na i hel pres. Ti'n meddwl cawn ni

fenthyg cadeiria o yma? Chawn ni ddim mynd â cadeiria gegin ffrynt ni.'

'Awn ni â rhain.'

'Nei di ofyn?'

'Fydd dim eisio gofyn. Faint wyt ti'n meddwl ddaw?'

Ystyriaeth ddifrifol wedyn i faint y gynulleidfa.

'Ma' Katie Cae Ddafydd yn siŵr o ddŵad.'

'A Kate chi?'

'O'r argo, hi fydd y gynta un...' ac ymlaen nes bod yr wyth neu naw wedi cyfrif amdanynt. Ond gorffen bob tro trwy i Owen ddweud,

'...a geith Griffith bach fynd dan bwrdd i rowlio'r ffilmia.'

Doedd 'rowlio ffilmia' ddim yn un o bleserau cofiadwy bywyd. Mynd i eistedd ar lawr o dan y bwrdd oedd yn dal y peiriant. Wedyn byddai'r ffilm yn stribedu allan wrth i Dic droi'r handlan ac yn cordeddu'n gyrliog dros ymyl y bwrdd a gorchwyl y 'rowliwr' oedd cael gafael ar ei blaen a'i weindio arni ei hun yn gylch bach crwn taclus yn barod i gael ei hailweindio er mwyn ei chael yn ôl i'r dechrau. Sodlau esgidiau a chrothau coesau y rhes ôl yn y gynulleidfa oedd yr olygfa, ond doedd o ddim llawer iawn o wahaniaeth, o achos yr oedd yr ebychiadau a'r sylwadau yn hen ddigon o arweiniad i wybod pa ffilm oedd yn cael ei dangos ac i ble yn union yr oedd wedi rhedeg.

'Dyna fo ylwch, mi ddaw Lloyd George i'r drws rŵan', pan oedd Michael Collins ac Arthur Griffith yn cerdded fel dau soldiwr pren at ddrws y Rhif Deg adnabyddus a'r drws yn agor a'r Dyn Bach ei hun ar amnaid swyddog yn ymddangos i'w croesawu. Ychydig feddyliai'r gynulleidfa swnllyd honno ei bod yn edrych ar lun un o ddigwyddiadau mawr y ganrif – man cychwyn trychineb a thrais Gogledd Iwerddon. Ond dim ond cael gweld llun 'Loijorj' oedd o ar y pryd. Byddai'r ymateb i ffilm Charlie Chaplin yn fwy llafar fyth, a phan fyddai'r gwron a'i gansen a'i draed chwarter-i-dri yn mynd i erbyn y ddynes dew byddai Kate Bodgwilym yn ddieithriad yn mynd i chwerthin yn afreolus. Ei mam yn ymdrechu ei gorau,

'Wel taw, Kate, taw – mi ddon' yma o'r Rhes Ffrynt i edrach be' 'di'r matar os na thewi di.' Ond amser oedd yr unig feddyginiaeth – rhedeg y ffilm i'w diwedd a throi golau'r lamp i fyny er mwyn i'r gynulleidfa gael gweld i wneud lle i Kate gael gwyro ymlaen a chodi a gostwng er mwyn i'r hyrddiau chwerthin arafu a chael sychu'r dagrau ac anadlu yn rheolaidd, ac er bod y gynulleidfa wedi cael cyfle i'w diwyllio ei hun trwy weld y lluniau o'r coed mawr yn Ne America ac i'w haddysgu ei hun trwy weld y dyn efo'r peiriant gwneud mellt, dim ond cofio am Kate yn chwerthin yr oedd hi ar ei ffordd allan o'r cwt ar ddiwedd y sioe. Ond os nad oedd yr adloniant yn adeiladol ac yn gymorth i godi'r werin ar ei thraed, yr oedd y deunaw ceiniog neu'r deuswllt o'i cheiniog brin yn gymorth ymarferol mawr iawn i'r cwmni, ac yn gysur wrth glirio'r cwt a mynd â'r peiriannau a'r cadeiriau adre'n ôl.

Doedd cwt shafio Bodgwilym ddim llawn 'run fath â rhai o'r cytiau eraill. Eistedd ar y fainc i aros eich twrn i fynd i'r gadair y byddech chi, a phan fyddai'r oruchwyliaeth drosodd, mynd allan i wneud lle i rywun arall gael mynd i'r gadair, ac yr oedd hynny yn golygu nad oedd yno gymdeithas ar yr ystyr yr oedd cymdeithas yn rhai o'r cytiau eraill. 'Siop Salfur' oedd cwt John Crydd wedi bod ar un adeg, a hynny yn golygu ei fod yn adeilad sinc gweddol fawr wedi ei rannu yn ddwy ystafell, sef y siop ei hun ac ystafell arall wrth ei hochor – rhyw fath o warws gadw'r stoc a'r blawdiau a'r paraffin. A doedd John wedi newid dim ond y mymryn lleiaf ar y siop pan aeth o yno i ddilyn ei orchwyl. Dim ond mynd â'i offer a'i gelfi i mewn a dechrau gweithio. Y silffoedd a'r cownter yr un fath yn union, a'r mul wedi ei osod ar y cownter wrth y ffenest lle byddai'r ddesg, a'r canllaw a'r ffyn fyddai'n ei chuddio yno yr un fath yn union nes byddai'n rhaid i'r crydd estyn ei ben gyda'r ochor i weld pwy fyddai'n dod i mewn. Ond fyddai cwt y crydd byth yn wag achos yr oedd yno gymaint o ddynion ifanc allan o waith a heb ddim i'w wneud fel bod lloches a lle i chwarae draffts ar gownter y crydd yn dderbyniol ac yn amgenach na stelcian hyd gonglau'r ffyrdd.

Roedd yno raddau mewn parchusrwydd i'r cytiau. Bodgwilym yn iawn wrth reswm. A chwt y crydd. Ond yr oedd yno, heb enwi unlle, lefydd heb fod lawn mor gymeradwy. Chwarae draffts yn iawn wrth gwrs. A chwarae dominos heb fod i'w gondemnio yn ormodol. Ond chwarae cardia? Na, roedd angen tynnu lein yn rhywle. Ac yn ôl sibrydion cefn drws, roedd yno chwarae am arian ambell dro. Betio! I feddwl fod pethau felly yn medru digwydd mor agos aton ni!

'Dydi o ddim gwahaniaeth bod Willie na neb arall yn mynd yno – paid ti â mynd yno...'

Doedd yna ddim byd mawr o'i le i'w weld yno

chwaith. Gweithdy Ifan Hughes y teiliwr oedd o, ac Ifan Hughes yn frawd i weinidog a dau flaenor.

Mewn adeilad bach oedd yn siop a gweithdy yn Rhes Gefn y dechreuodd H.D. Roberts – Huw Buarth ar ôl enw'i gartref – ei fusnes teilwra, ond ar ôl rhyw ffrwgwd bach na waeth heb sôn amdani bellach, aeth y Post yn wag ac fe symudodd Huw Defi i gadw'r Post. A phriodi. A chael plant. Roedd y Post yn adeilad helaeth yng nghanol y pentref – y siop a'r gweithdy wrth ochrau'i gilydd yn y ffrynt a'r tŷ y tu cefn iddynt yn wynebu golygfa eang o waelod y plwy a Dinas Dinlle. Dyn siaradus, cyfeillgar oedd Huw Roberts, yn gymwynaswr rhadlon ac yn gyfaill cywir. Yn y gweithdy yn y Post y gosodwyd y teliffon cyntaf i ddod i'r pentre ac yr oedd gofal y Postfeistr ohono fel gofal mam o'i phlentyn. At wasanaeth y Post yr oedd wedi ei fwriadu ond gan fod Huw Roberts y dyn oedd o, yr oedd y teliffon at wasanaeth y pentre.

'Leciet ti gael dwy geiniog i wario?'

'Ew leciwn.'

'Wel dos â hwn,' ac estyn darn o bapur, 'i'r fan a'r fan a deud 'i fod o newydd gyrraedd rŵan ar y ffôn, a tyd yn ôl i gael dy gyflog.' Negeseuau cyffredin, canol ffordd bywyd bob dydd oedd y rhan fwyaf ohonyn nhw – 'Anti Meri yn deud ei bod hi am ddŵad acw efo'r bỳs dri pnawn fory', 'Elin Jane wedi cael hogan bach ers deg o'r gloch y bora 'ma a ma'r ddwy yn iawn'.

Roedd hi'n gweithio y ffordd arall hefyd.

'O Huw Robaits, fasach chi dim yn teliffonio i siop Nelson yn dre i ddeud wrth Katie na fydd dim eisio iddi hi fynd i Fangor i weld Hiwi heno – ma' 'na lythyr yn deud 'i fod o yn cael dŵad adra pnawn 'ma cofiwch! 'Dw i'n falch cofiwch.' Fe ddaeth 'Hiwi' adre ond doedd o ddim llawer gwell. Ychydig fedrodd 'Bangor' ei wneud i symud y llwch llechi o siediau Pen Bryn a Dorothea oedd wedi ceulo yn ei ysgyfaint. Ond doedd yna ddim llwch ar y garreg las osodwyd ar ei fedd o yn y fynwent yng Nghlwt Foty... 'yn 55 mlwydd oed'. Un o ormod y blynyddoedd hynny oedd Hiwi.

Ar y palis y tu ôl i'r drws rhwng y siop a'r gweithdy yr oedd y teliffon, a hawl y Postfeistr ei hun oedd ei drin a'i drafod. Byddai croeso i unrhyw un gael siarad ar ôl iddo fo fynd drwy'r rhagarweiniad o gael gwybod y rhif – a rhyw amcan o'r neges er mwyn hwyluso'r gwaith – ac yna codi'r derbynnydd a gwrando,

'O, helô Miss Jones 'dach chi yna? 'Di hi'n dal i fwrw yna?... O tewch. Fydd 'na ddim mynd am dro heno?... Clywad na alwodd neb heibio neithiwr chwaith... Pobol y goits fawr yn dŵad o hyd i bob stori 'ychi...' A chwerthin pwl a dal ymlaen i drafod problemau carwriaethol a chymdeithasol 'Miss Jones' nad oedd o erioed wedi ei gweld hi ac nad oedd hi yn ddim byd ar un ystyr ond llais ar ben arall y weiran. Yrhawg ac er mawr ollyngdod i'r sawl fyddai'n disgwyl, deuai'r sgwrs gyfeillgar bryfoclyd i ben gyda,

'Reit 'ta Miss Jones – Ga i Bangor three seven one?' neu pa rif bynnag fyddai'i angen, a thinc ymddiheurol yn ei lais yn union fel pe byddai'r cais yn golygu i Miss Jones orfod ei chychwyn hi am Fangor y munud hwnnw er mwyn plesio'r ymofynnwr petrus fyddai'n dal i sefyll ar lawr y gweithdy yn dechrau teimlo fod ei gais yn torri ar draws sefyllfa na ddylai fod yn ymyrryd â hi o gwbwl. Ond ar ôl munud neu ddau o aros,

'Hylô – Post Office Carmal…' a sgwrs bach gyfeillgar arall os digwyddai fod cydnabyddiaeth, cyn cyflwyno'r derbynnydd i'r sawl fyddai'n disgwyl a mynd i'r siop a chau drws y gweithdy yn dynn wrth fynd allan er mwyn diogelu preifatrwydd llwyr i'r siaradwr.

Ar achlysuron fel hyn byddai'r pedwar neu bum stelciwr fyddai'n digwydd bod yn y gweithdy ar y pryd yn hel eu traed am allan yn foesgar rhag ofn i neb feddwl am eiliad eu bod hwythau chwaith yn bobol fusneslyd. Er mai ystafell mewn adeilad oedd y gweithdy yn y Post ac nid cwt fel cwt crydd neu gwt teiliwr, eto yr un oedd yr awyrgylch. Y segurwyr yr oedd Lloyd George wedi addo gwlad deilwng o arwyr iddynt heb ddim i'w wneud ond gwagsymera a thrafod a sgwrsio o'r naill le i'r llall, a gan nad oedd yn y Post ddim darpariaeth adloniadol fel gemau a chwaraeon, ac yn sicr ddim chwarae cardiau, yr oedd y trafod yn tueddu i fod yn uwch ei safon. Pregethau'r Sul ym Mhisgah ac yng Ngharmel, ac ambell dinc o ddyneiddiaeth ac anffyddiaeth yn y dadleuon. Gwleidyddiaeth y dydd, a mwy na thinc o Karl Marx a *Das Kapital* gan ddisgyblion y dosbarthiadau allanol oedd yn lledu gorwelion ac yn disodli'r Seiat a'r Cyfarfod Gweddi ac yn peri fod gan y trafodwyr hynny grebwyll gwleidyddol a dealltwriaeth o economeg a chymeithaseg fyddai'n ddigon i godi cywilydd ar ambell sbrigyn o ymgeisydd seneddol fyddai'n dod o gwmpas adeg lecsiwn.

Enwau fel Ramsay MacDonald a Stanley Baldwin oedd i'w clywed yn y dadleuon. Roedd yno ddyn o Sais wedi bod o gwmpas o ddrws i ddrws drwy'r pentre a'r gymdogaeth yn hwrjio'r *Daily Herald*, papur newydd ifanc y Blaid Lafur, ac yr oedd y manteision a ddeilliai i'r sawl oedd am godi'r Herald bob dydd am hyn a hyn o amser yn ddirifedi. Nid yn unig am y byddai eu gorwelion gwleidyddol cyfyng yn cael eu lledu, ond byddent hefyd yn cael cyfle i brynu llyfrau am bris anarferol o isel. Hwyrach mai yn y llenyddiaeth honno yr oedd gwraidd rhai syniadau digon gwyllt a glywid ambell dro.

'Rwsia? – paid â siarad! Wyddost ti efo be ma' nhw'n gneud tancia yn Rwsia? Efo papur llwyd a blawd lli wedi'u rhoi ar 'i gilydd a'u gwasgu mewn ryw betha mawr fel mangyls nes bod nhw'n shitia calad. Dim ond un sneipar o Jeri efo otomatic fasa eisio a mi fasan fel gogor. A gwranda di beth arall. Ma' Jeri ar i ffordd eto gei di weld. 'Dydyn nhw ddim yn cysgu yno 'sdi.'

Eithriadau oedd oraclau o'r fath hefyd. Ac er mai trafod pwyllog, ystyrlon a deallus fyddai yno fel rheol, yr oedd yno feysydd peryglus. Y Blaid Genedlaethol yn meddwl sefyll lecsiwn. 'O Duw-duw!' Gweinidog Carmel wedi torri pump allan o'r Seiat am nad oedden nhw wedi cyfrannu. ''Na chi gythral o Gristionogaeth!' Ond mewn sgwrs a gogwydd crefyddol iddi, y peth peryclaf a allai ddigwydd fyddai i rywun ddigwydd crybwyll enw yr eilun hwnnw o Sir Fôn, John Williams. Byddai'r Postfeistr yn mynd yn wyn o gwmpas ei geg ac yn clirio beth bynnag fyddai ar y cownter i un ochor er mwyn cael lle i ddweud ei farn.

'Brynsiencyn? John Williams? Peidiwch â sôn amdano fo! Dyna i chi'r cythral gwaetha aeth i bulpud erioed! Yn 'i gaci! Clywis i o'n deud yn Gynarfon – yn gweiddi ar dop 'i lais, "Ewch fechgyn – mae cyfiawnder o'ch plaid chi. Mae Duw o'ch plaid chi! Cerddwch trwy ddŵr! Cerddwch trwy dân! Cerddwch trwy waed os bydd rhaid! Cerddwch at eich fferau trwy waed – a rydw i yn dŵad efo chi…!" Mi aethon ni i Ffrainc. I lle'r aeth o? I Aldershot yn *Chaplain General* y *Western Command*!' Ac yr oedd ffieidd-dod ieuenctid coll cenhedlaeth o fechgyn yn cael ei boeri yn ynganiad y geiriau Saesneg hynny. A hynny yn ddealladwy. Yr oedd Huw Roberts wedi bod yn Ffrainc, yn Ypres ac yn Vimy Ridge, ac wedi gwybod beth oedd gorwedd tu draw i'r gwifrau yn Rhandir Neb. Wedi tynnu gwniadau ei grys trwy fflam cannwyll mewn *dug-out* i ladd llau. Wedi dwyn maip i'w bwyta o gae oedd yn fôr o fwd, ac wedi cael diod o lefrith gan hen wreigan yn gwisgo siôl a het ddu. Roedd o'n un o'r rhai lwcus na chafodd ei glwyfo yn y rhyfel. Ychydig fyddai'r lleill yn ddweud – Johnny Minffordd oedd a'i gefn yn wrymiau cochddu wedi cael ei losgi, a Bobbie Lloyd – un o'r postmyn, a phenelin ei fraich chwith wedi cael ei chwythu i ffwrdd a'i gadael yn hongian mewn harnais lledr o'i arddwrn i fyny, a'r llaw wrthi yn fychan fel llaw plentyn. Ond wedyn, hwyrach fod llid y Postfeistr yn siarad drostyn nhw i gyd.

Tila oedd y gydnabyddiaeth gan y Brenin am werthu ei stampiau a'i archebion post a thalu pensiwn i hen bobol a leisians cŵn i ffermwyr cymharol gydwybodol, ac o ganlyniad yr oedd angen rhyw ffynhonnell ychwanegol o incwm i gadw'r teulu. Yr oedd yr hen ffordd o ddewis brethyn ac ordro siwt yn prysur ddiflannu, a phawb yn mynd am 'redi mêd gwaith neb'

yn lle dod i fenthyg y pecynnau patrymau a mynd â nhw
adre i'w troi a'u trosi a'u trin a'u trafod a dewis rhywbeth
tua chanol y pecyn oherwydd wrth fynd yn nes at y
diwedd yr oedd y pris yn mynd i fyny wrth i'r brethyn
fynd yn feinach ac yn glosiach. O ganlyniad, ychydig o'i
waith ei hun oedd y Postfeistr yn ei gael. Ambell ysbaid o
altro dilledyn – llaesu godre trywsus neu roi dart yn ei
gefn i wneud ei wasg yn fwy. Symud botymau côt
costiwm briodas er mwyn iddi ateb y diben cyn y
byddai'n rhaid i'r wraig ifanc wisgo dillad at y pwrpas. A
byddai angen mwy o ofal a manylder wrth drin dillad
merched,
    'Well i mi beidio rhoi hwn dan yr injian. Mi gna i o efo
fy llaw yn fân, fân fel dannadd chwain...'
    Y prinder galw yma barodd i Huw Roberts arall-
gyfeirio yn fuan iawn, a gwneud hynny'n llwyddiannus.
Legins i'r dynion chwarel oedd yr allwedd. Sach dros ei
ysgwydd a phin yn ei gau oedd unig amddiffyn
chwarelwr wedi bod rhag gerwinder tywydd mawr a rhag
rhew ac eira tymor gaeaf. Ond pan ddechreuodd y
Postfeistr droi'i law at wneud y legins, tyfodd y galw
amdanynt fel tân gwyllt. Rwber meddal, sglein un ochr
oedd y defnydd, yn dod efo trên i stesion Groeslon yn
gorn mawr tua llathen a hanner o hyd o rywle ym
Manceinion. Plaen iawn oedd y gwneuthuriad. Yr oedd
tua llathen a hanner o hyd o'r defnydd yn ddigon i
wneud dwy legan. Dim gwahaniaeth rhwng coes chwith
a choes dde, a'r ddwy wedi eu torri oddi wrth un o'r
patrymau papur llwyd oedd yn crogi ar hoelen ar y palis
coed rhwng y siop a'r gweithdy. Pum seis oedd yno – rhai
mawr, mawr ar gyfer dynion fel John Williams, Rhes

Gefn i lawr at rai hogia fyddai'n dechrau yn y chwarel. Ac yr oedd rhai o'r hogia fyddai'n cerdded dros Glogwyn Melyn i Ysgol Pen-y-groes yn cael pâr o legins ddechrau tymor y Nadolig.

'Leciet ti ddim bod wedi cael mynd yn deiliwr – joban gynnas braf wrth tân fel hyn?' gofynnodd ryw bnawn iasoer ddechrau gwyliau'r Pasg o'r Coleg ym Mangor.

'Fasa'n well gin i gael bod yn deiliwr na bod yn ditsiar.'

'Ddim ar ddiwadd y mis pan ma' nhw'n cael 'u cyflog 'y ngwas i. A chofia di am Ifan Benwan...'

Ei hadrodd hi wnaeth o. Doedd o fawr o ganwr,

> 'Aeth Ifan Benwan Blaen y Cwm
> A Moses Joseph Parry
> A Billy Jones a Jacob Pyrs
> I'r ffair i weld stalwyni;
> Roedd cyflog blwyddyn gan yr oll
> A bil y teiliwr druan,
> Ond daeth pob un yn ôl o'r ffair
> A'i bwrs tu chwynab allan.'

'Dyna'i hanas hi i ti – pawb yn cael ei dalu ond y teiliwr. Ond mi dysga i di fod yn deiliwr rhag ofn y bydd hi'n ddrwg arnat ti ryw ddwrnod. Eista di yn fan'ma a rhed hon dan yr injian a gofala di fod y gwnïad union yr un faint oddi wrth yr ymyl ar hyd y ffordd. Legan coes chwith ydi hon yli – ma' hi'n haws na choes dde...'

Gorffen y gwnïad a'i ddal i fyny i gael y canlyniadau. A chwyddo cryn dipyn wrth i'r teiliwr ddweud,

'Wel fel bwlat! Rwyt ti wedi bod wrthi hi o'r blaen?...

Naddo wir? Ond mae dy fam yn wnïadrag yn tydi? Dyna chdi – cyw o frid!'

Erbyn diwedd y gwyliau yr oeddwn yn wneuthurwr legins digon cymeradwy, yn ddigon da i gael pwytho'r gwnïad a'r hem yn barod i'r teiliwr ei hun orffen y legan trwy bwytho'r strapiau a'r tyllau botymau. Pethau i ddynesu atynt gyda gofal ystyrlon oedd tyllau botymau p'run bynnag.

Nid oedd galw am legins ym misoedd yr haf ac o ganlyniad gwan oedd y fasnach a dim angen help. Yr oedd digon o bethau i'w gwneud mae'n wir. Am ddim. Neu am gydnabydiaeth amrywiol. Cario gwair ym Maesgwyn, Cae'r-moel, Caesion Mawr a Gwastadfaes. Ffeirio oedd y drefn wedi bod tra buom ni yn byw yng Ngwastadfaes, ond ar ôl i ni fynd yn ôl i Fryn Awel – tŷ mwg main heb dir i'w ganlyn – doedd ganddon ni ddim byd i neb ffeirio'n ôl efo ni ac felly cydnabod y gymwynas oedd y drefn – swllt neu ddau mewn ambell le. Hanner coron yng Nghaesion Mawr bob blwyddyn. Roedd safon y bwyd yn amrywio hefyd, a mesur hynny oedd y tún ffrwythau fyddai'n cael ei agor at amser te. Bricyll – er nad oedd neb yn dweud 'bricyll' chwaith, doedd y Cymreigio mawr ddim wedi dechrau – *apricots* oedd ar y gwaelod, *peaches* radd yn uwch, tún *pears* yn uwch wedyn, a *fruit salad* ar y brig. A byddai Mrs Roberts, Gwastadfaes yn gofalu y byddai un geiriosen – tsieran – ymhob dysgl.

Ond er mor ddifyr oedd dyddiau cynhaeaf gwair, a'r gyda'r nos ar ôl cael y baich olaf i'r gadlas yn arbennig, a'r caeau i gyd yn lawntiau glân, awel bach feddal yn gwneud i ddail y goeden onnen siffrwd, aroglau cynnes y gwair o'r das yn llond yr iard, sŵn siarad mawr yr ail fyrddaid yn bwyta yn y gegin ffrynt i'w glywed drwy'r drws agored, Dic ac Owen Bodgwilym yn eistedd ar lawr ar y gwellt crin yn nhalcen y stabal yn dysgu canu iwcylili oedd Dic wedi ei brynu efo'i arian ei hun; er difyrred hyn i gyd, nid oedd cydnabyddiaeth ansicr cynhaeaf gwair yn ateb anghenion ariannol myfyriwr ugain oed. Dyna pam yr oedd yn rhaid meddwl o ddifrif am foddion amgenach i ddiogelu'r sefyllfa economaidd. Ystyriais amryw o wahanol bosibiliadau. Richie Cae'r-moel – Dic Môr oedd yn gyfaill mynwesol erbyn hyn, er ei fod ddeuddeng mlynedd yn hŷn – yn dweud y byddai siawns i gael gwaith am ryw ddau fis yn y Siefftydd yn chwarel Pen 'rorsedd.

'Croeso i ti ddŵad efo mi bora, a mi siarada i efo'r Stiward Bach os byddi di'n meddwl y leci di. Ddoi di?'

'Dof.'

'Wel well i ti fynd adra i fynd i dy wely 'ta, a thyrd â digon o fwyd efo chdi at ginio. A chofia y bydd eisio brechdan naw a brechdan dri.'

Rhagolygon diwrnod braf er bod ias bach yn yr awel oedd yn dod i'n cyfarfod o'r Mynydd Grug wrth i ni gerdded y byrwellt mynydd oedd mor feddal â charped yr ochor ucha i'r Garreg Lwyd ac i lawr llwybr y Cilgwyn i Ben 'rorsedd. Cyrraedd bum munud cyn caniad a chael cyfle i roi'r pecyn bwyd a'r botel ddiod ar y silff yn y wal cyn i Siôn, partnar Dic Môr gyrraedd, dri neu bedwar munud yn hwyr. Un o'r Fron – Cesarea i bobol neis – oedd Siôn.

'Duw, wyt ti wedi cyrraedd, Jacob? Odd Dic yn deud dy fod di am ddŵad.' 'Jacob' oedd Siôn yn galw pawb nad oedd yn ei adnabod. Erbyn amser cinio yr oedd 'Jacob' wedi cael brechdan naw, wedi sheflio peth o'r suntur oedd yn sawdl y graig i'r wagen dan gyfarwyddyd y ddau ac wedi bod yn yr efail yn danfon dau ebill i'w trin a dod â dau gŷn caled yn ôl i'r fargen. Ac ar ôl cinio yn y caban, a heb synhwyro fawr o'r diwylliant honedig oedd i fod yno, yn ôl at y shefl nes bod y sawdl yn lân ac yn glir. Codi shefliad am shefliad i Siôn. Amau unwaith neu ddwy ei fod yn gwenu ynddo'i hun a bygwth rhoi cip dros ei ysgwydd ar ei bartner oedd yn brysur yn tyllu rhyw droedfedd yn uwch i fyny yr ochor arall i'r piler er mwyn bod yn barod i saethu dri o'r gloch. Amau wedyn hefyd pan oeddem ni ein tri yn y cwt mochal ffeiar yn disgwyl yr ergyd, fod rhyw dinc o ddireidi yn llais Siôn yn dweud,

'Glirion ni faw yn gythril mewn byr amsar yn do, Rhisiart? Hogyn da 'di'r hogyn 'ma.'

Ddwedodd Dic ddim byd. Ond mi ofynnodd i mi ar y ffordd adre,

'Wyt ti wedi blino?'

'Naddo, ddim felly. Pam? Weithion ni yn iawn yn do?'

Chwerthin wnaeth o a dweud,

'Weithiodd John Ifans ddim mor galad ers misoedd… Ond yli, os wyt ti ar feddwl dŵad i'r chwaral mi fydd yn rhaid i ti gael gwell sgidia na'r rheina.'

'A i i'r dre dydd Sadwrn…'

Er i Siôn ddweud drannoeth fod Jacob yn 'hen gythral bach gwydyn' a'i fod o 'wedi methu torri asgwrn ei gefn o', yr oedd yna ryw dyndra yn y gwynt, ond aeth y diwrnod heibio yn ddigon didramgwydd, ac yn llawer ysgafnach na'r diwrnod cynt, ac yr oedd Jacob yn gweld ei hun yn chwarelwr cyn pen pythefnos. Ond fe arhosodd Dic cyn troi adre trwy lidiart Bryn Teg y noson honno wedyn,

'Yn lle roedd y joban honno roeddat ti'n sôn amdani hi yn wetar?'

'*Hotel* yn Nyffryn Conwy. Pam?'

'Wn i ddim. Fasa'n well i ti feddwl amdani hi eto, dŵad? Faint o gyflog oedd o?'

'Pum swllt ar hugain.'

'A dy gadw?'

'Ia.'

'Wel 'nei di ddim cymaint â hynny efo ni. A hen sglyfath o le 'di'r Siefftydd 'na pan fydd hi'n bwrw glaw. Meddwl rydw i cyn i ti brynu sgidia...'

Dim ond gwaith tri munud o gerdded oedd yna o Fryn Teg i Fryn Awel, ond yr oedd y tri munud yn ddigon i freuddwydion y chwarelwr bach fynd yn yfflon y noson honno. A meddwl fod fy nhad wedi bod yn dringo ysgolion Twll Coch Dorothea am y rhan fwya o'i oes...

Ond anaml y bydd cymylau yn chwalu mor sydyn ac mor annisgwyl.

'Mae eisio i ti fynd i'r Post ar ôl i ti fyta,' meddai Mam.

Wyddai hi ddim i beth, ond mynd – ar ôl molchi a chael gwared â chlai a suntur Pen 'rorsedd.

'Wel, labrwr, ddoist ti? Mae Evan Hughes yn sâl. Fydd o ddim yn 'i ôl am fis beth bynnag a mae arna i eisio postman. Be amdani hi? Etîn an sics yr wsnos – *basic*, *overtime* am *late mail* a *inclement weather* yn *extra*. Ddoi di?'

'Ew dof,' a Siefftydd Pen 'rorsedd yn diflannu i niwl

anghofrwydd, a rhyw drefn wedi gofalu na fyddai Dic Môr ddim yn siomedig.

'Hannar awr wedi saith bora 'fory 'ta...'

Bobbie Lloyd oedd y postman arall – y cyn-filwr oedd wedi colli'i fraich yn y Rhyfel, a bu'n rhyfeddol o garedig wrth y postman newydd, yn ei ddysgu i 'sortio' o'r bore cyntaf. 'Sortio' oedd gosod y llythyrau allan ar gownter y siop yn nhrefn y daith a gofalu eu bod yn gywir neu gallai olygu milltiroedd o gerdded dianghenraid, a doedd dim *overtime* i'w gael am gamgymeriadau. Ar ôl y 'sortio' a gofalu fod llythyrau Lôn Bisgah yn dod yn gyntaf, a phawb arall yn ei dro, a gorffen yn y Foty a Than-y-fynwent ar y ffordd yn ôl, yna ei chychwyn hi a'r bag ar eich ysgwydd yn llawn o lythyrau a pharseli, ac ambell barsel mawr wedi ei glymu wrth y strap. Parseli Clwb oedd y rheini fel rheol – y nwyddau amrywiol oedd yn cael eu talu amdanynt wrth yr wythnos ymlaen llaw ar y 'cerdyn', a phan fyddai'r cerdyn yn llawn byddai'r asiant yn ei anfon i fyny gyda'r archeb a'r postman trym-lwythog yn mynd â'r parsel i ben ei daith. Dillad plant, dillad merched, dillad gwlâu fyddai'r archebion cyff-redin a hynny heb fod mor ddrwg, ond ar eu tro byddai rhai o'r gwŷr wedi talu am gelfi neu offer a fyddai'n bwysau annioddefol ar war y postman, yn enwedig pan fyddai'r archebion wedi dod o'r mannau diarffordd oedd yn tynnu at ddiwedd y rownd.

Yr oedd i bostmona ei bleserau a'i ddifyrrwch. Yr oedd codi i fod yn y Post erbyn chwarter wedi saith yn y bore yn gryn broblem ar y dechrau, ond, ar ôl cyrraedd, yr oedd prysurdeb dechrau sortio yn ddigon i ddeffro'r cysgadur tryma. A chwestiwn fel,

'Welist ti'r ddynas trywsus pinc bora 'ma?'

'Naddo.'

'O dyw, well i ni afael ynddi hi 'ta ne mi fydd yn berfeddion arnon ni'n dŵad adra...'

Y 'ddynas trywsus pinc' oedd un o ferched y Rhes Ffrynt fyddai allan efo'i chadach a'i phwced yn golchi carreg y drws am union chwarter wedi saith yn ôl y Postman Lloyd ac, yn ôl Lloyd eto, nad oedd fymryn o wahaniaeth ganddi fod ar ei dau ben glin a'i phen ôl i fyny nes bod y 'trywsus pinc' o dan ei dillad yn weladwy i'r byd a'r betws. Os na fyddwn wedi ei gweld byddai wedi pasio chwarter wedi saith cyn i mi gyrraedd. Ond ffordd o ofyn na fyddai Rolant Owen na'r un o flaenor-iaid Carmel yn ei chymeradwyo. Ond wedyn, dynion wrth eu gwaith a'u gorchwyl oeddem ni ein tri.

Roedd y tywydd yn braf iawn at ei gilydd yn ystod y tri mis ac ni fu angen gwisgo'r gêp yr oedd Ei Fawrhydi wedi ei darparu ar gyfer ei bostmyn ond ychydig iawn o weithiau. Yr oedd postman go iawn yn cael siwt a chap a sgidia ar gyfer ei waith. Bag a chêp yn unig oedd prentis yn gael, a bu'n rhaid i mi fynd am y dre bnawn Sadwrn i chwilio am bâr o esgidiau yn union fel y byddai wedi bod rhaid i fynd efo Dic Môr i Ben 'rorsedd, ac mae'n rhaid cyfaddef fod yna ychydig o falchder wrth glywed clep eu pedolau ar hyd y Rhes Ffrynt ben bore.

O'r Post i Groeslon Bisgah oedd cychwyn y daith, a chymorth derbyniol iawn i bostman oedd y tai lle'r oedd blwch llythyrau yn y drws ac angen dim mwy na chodi'r caead a gollwng llythyr i mewn mewn mater o eiliadau cyn mynd i'r tŷ nesaf. Llefydd fel tŷ Johnny Cilfodan yn wahanol. Dda nad oedd angen galw'n aml, achos byddai'n rhaid curo ar y drws. Curo cadarn a phendant. Distawrwydd llethol. Curo wedyn – yn fwy awdurdodol. Curo'r trydydd tro a llais yn y pellter yn gweiddi 'Reit...' a chyn bo hir y drws yn agor yn llydan a John Roberts yn sefyll yno yn ei drôns ac yn droednoeth, ac yn gwenu'n glên a dweud,

'Dul, rwyt ti'n fora – 'dw i ddim wedi codi...' ac er nad oedd o wedi codi byddai'n tynnu sgwrs fyddai'n para rai munudau ar waetha postman prysur. A honno'n sgwrs ddigon di-fudd a deud y gwir. Ac eto roedd hi'n well bod wedi gwrando, er bod hynny ar draul bod funud neu ddau yn hwy yn cyrraedd yn ôl.

Tŷ Fry, Bryn Gwern, Bron y Werydd, Eryri House... Groeslon Bisgah; a Mair y Foty ar ei ffordd yn ôl wedi bod yn godro yn Nhŷ Newydd Cim a dau biseraid o laeth ganddi yr oedd yn falch cael eu rhoi i lawr i gael gorffwys a chael sgwrs. Tawch bore o haf heb orffen clirio yn troi yn ddagrau gloywon ar du allan y ddau biser llaeth ac yn berlau arian yng ngwallt troellog y ferch oedd yn eu cario lle'r oedd yn 'llifo'n rhydd dan gadach sidan melyn'. Doedd yr haul ddim yn 'lliwio'i grudd', ond 'swyn serch ei hun oedd yn ei llun a'i hosgo'... Ac os oedd rhywun wedi aros i sgwrsio efo Johnny Cilfodan, fedrai neb weld bai os byddai bum munud arall yn hwyrach am fod wedi aros i siarad efo Mair Foty. Achos yr oedd hi yn hogan glws iawn, iawn...

Y tyddynnod a'r ffermydd yn ochr y Gogledd i'r pentref oedd gweddill y rownd, tua dwyawr o gerdded hyd ffyrdd culion a llwybrau, a'r haf yn aeddfedu o ddiwrnod i ddiwrnod o flodau gog gwywedig i rosyn gwyllt a gwyddfid yn aroglau melys yn ias y bore. Braich

Trigwr Bach, ffarm unig i gyfeiriad Rhostryfan oedd y lle pellaf ar y rownd, ac yr oedd yn drugaredd am fwy nag un rheswm nad oedd eisio mynd yno yn aml. Yr oedd yno lythyr i'w ddanfon ddydd Gwener yr wythnos gyntaf.

'Iawn,' meddai'r Postfeistr, 'mi fyddi wedi gneud y rownd i gyd heddiw, ond bydd yn ofalus, mae un o'r cŵn ym Mraich Trigwr Bach heb fod yn rhy glên yn ôl be fydd Evan Hughes yn ddeud.'

'Paid ti â phetruso na dangos bod arnat ti ofn a neiff ci ddim byd i ti,' cynghorodd Lloyd yn garedig iawn ei fwriad mae'n debyg, ac mae'n rhaid fod ei gyngor yn aros yn rhywle yn nhu ôl y meddwl wrth ddynesu at lidiart y buarth. Lle heb fod yn daclus oedd o a deud y gwir – y domen dail cyn uched â drws y beudy; cnwd o ddail poethion wedi cael gwrtaith rhwng y domen a'r pared; berfa wedi torri 'i choes â'i hwyneb yn isa ar y palmant rhwng drws y beudy a'r sgubor, a neb wedi dangos llawer o gariad at frws paent. Ond yr oedd y llwybr ar draws yr iard at ddrws y tŷ yn glir a dim arwydd o ddyn nac anifail yn unman. Y drws ynghau a neb o gwmpas er ei bod hi'n fore braf. Agor a chau'r llidiart yn swnllyd ddwywaith yn y gobaith y byddai'r ci, os oedd yn rhydd, yn clywed y sŵn ac yn ymateb trwy ddod i'r golwg a chyfarth a pharatoi i warchod ei diriogaeth. Dim smic. Ochenaid o ryddhad, a chychwyn am ddrws y tŷ heb ddim ias o ofn. Dim ond bod... Hanner y ffordd rhwng y llidiart a'r drws. Fflach o dduwch ar hyd y llawr o rywle yng nghyfeiriad drws y sgubor, a'r boen fel cyllell yn fy sawdl chwith, a'r düwch wedi troi yn gi defaid du a gwyn yn rhuthro'n lloerig o'r naill ochr i'r llall rhyngof a drws y

tŷ. 'Paid â dangos bod arnat ti ofn,' wir! Ond fe agorodd
y drws, ac ar un chwibaniad yn hollti'r awyr a sgrech o
orchymyn – 'Sdygwt,' diflannodd y bwystfil.

'Ci 'ma'n beryg…'

'Na – na 'di o 'im yn beryg 'chan, dim ond bod o'n hen
gythral slei ac am sodli pob dim. Cynnig gic yn 'i din o os
bydd o'n dy fygwth di a mi swatith ar un waith.'

Aros wrth y gamfa ar ôl mynd o'r iard i dynnu'r esgid
a'r hosan er mwyn gweld maint y difrod. Dau dwll, un o
boptu'r meilwng, a'r ochr allan yn gwaedu ac angen
clymu hances amdano cyn hencian ymlaen am Nant yr
Hafod a Chlwt Foty. Ymateb llwfrgi ddigwyddodd i'r
bwystfil, achos doedd dim mwy o obaith 'cynnig cic yn 'i
din o' nag a fyddai o roi llaw ar ei ben o, ac felly, mynd â
llond poced côt o grystiau bara a mynd rownd llidiart yr
iard yn araf ac yn ddistaw a lluchio crystyn neu ddau at
ddrws agored y sgubor lle'r oedd yr anghenfil yn byw a
disgwyl nes byddai wedi eu gweld. Wedyn pan fyddai'r
crystyn ar draws ei safn mynd i'r golwg a thaflu un arall
i'w gyfeiriad a gofalu ei fod yn gweld pwy oedd ei
gymwynaswr. Ac felly o grystyn i grystyn y tyfodd rhyw
fath o oddefgarwch rhyngom – digon oeraidd ar fy rhan i
er ei fod yn ymddangos yn werthfawrogol a diffuant iawn
ar ei ran o. Gymaint felly yn wir nes i'w berchennog
ddweud un diwrnod ymhen wythnosau,

'Duwch, ma'r hen gi 'ma'n ffrindia efo chdi 'chan – be'
ti'n neud iddo fo dŵad?'

'Dwn i ddim ychi…' a chafodd yr ysgwyd cynffon a'r
danfon at y llidiart a'r ffalsio ddim llawer o effaith
chwaith. Er, hwyrach ei fod o yn hen gi iawn yn y bôn.

Bythefnos cyn diwedd y gwyliau haf daeth Evan

Hughes yn ei ôl, a daeth diwedd ar y codi bore a'r sortio a cherdded y rownd, a diwedd ar y statws swyddogol o fod yn un o weision Ei Fawrhydi, a diwedd hefyd, gwaetha'r modd, ar y deunaw swllt neu'r bunt – ac unwaith bum swllt ar hugain am un wythnos drom ym mis Awst – a mynd yn ôl i ddibynnu ar adnoddau mwy answyddogol, tebycach i ffynhonnell planhigion Crwys – 'ceiniog bach gan hwn a hon yn awr ac yn y man'. Dal i fynd i'r Post yn y pnawniau hefyd i edrych ar ôl y siop ac i ymorol am anghenion y cwsmeriaid, yn gapiau stabal, bratiau cross-over, crysau, crysau isa, incil, eda ril… Ac un pnawn a thri neu bedwar o gwsmeriaid yn y siop, Jane Elin Dôl Ifan oedd yn byw yr ochor arall i'r ffordd yn dod i mewn, a gofyn ar draws pawb heb feddwl aros ei thwrn,

'Dwi isio blwmar mawr glas – un mawr fel cwt ieir. Wyt ti'n meddwl bod 'na un 'y ngwas i?'

Chwarae teg i'r cwsmeriaid oedd i mewn, wnaeth yr un ohonyn nhw wenu wrth weld y gwrid ar wyneb yr egin siopwr wrth iddo droi ei gefn i estyn yr O.S. o'r parsel. Doedd blwmeri dim yn bethau oedd yn cael eu trafod na'u harddangos ar goedd gwlad yr adeg honno, ond fe gydiodd Jane Elin ynddo a'i ddal o'i blaen gerfydd ei lastig wrth ei gwasg er mwyn gwneud yn siŵr y byddai'n ddigon mawr. Ac fe'i prynodd a thalu amdano yng ngŵydd pawb. A rhoi cip ar yr wynebau oedd yn edrych wrth fynd allan. A dod i'r Post pnawn drannoeth i ddweud dan chwerthin,

'Dychrynis i chdi ddoe yn do?'

Mae synnwyr digrifwch yr hil ddynol yn amrywio yn arw iawn…

Un o nodau amgen tai yng Ngharmel oedd y nifer o

gytiau oedd yn perthyn iddynt. Cwt glo, cwt golchi, sied a thŷ bach oedd yn gosod tŷ ar y brig, a'r raddfa yn disgyn yn raddol nes cyrraedd bwthyn y tyddyn lle nad oedd dim ond beudy a chwt mochyn. Dyma'r tai lle byddai'r merched yn straeon Kate Roberts yn sgwrio'r ffustion ar ben y clawdd y tu allan i'r drws. Ond gyda'r tai mwy diweddar fel Bryn Awel a Bodgwilym, y drefn oedd clwt o ardd a'r tri chwt sylfaenol – golchi, glo a bach.

Ar ôl dod i Lŷn a mynd i gapel Tŷ Mawr un bore glawog ym mis Gorffennaf '46 i ddweud ar ôl y Gweinidog – 'Yr wyf fi, Gruffudd Parry…' – a dychrynllyd o beth yw gorfod dweud eich enw eich hun yn uchel o dan unrhyw amgylchiad – fel darllen lebal ar sach tatws – ond anos byth o flaen cynulleidfa o bobol ac amryw ohonyn nhw yn aelodau hŷn o'ch teulu. Ond fe'i dywedwyd y bore hwnnw, a mynd ymlaen i ddweud, '…yn dy gymeryd di Catherine Jane Jones i fod yn wraig briod gyfreithlon i mi…' a thrwy hynny gadw'r ffydd gyda dyhead y dyn 'siwrans' y gofynnwyd am ei fôt y tu allan i'r 'Metro Building' ym Mhwllheli saith mlynedd ynghynt.

Ffarm o ryw ddeugain acer oedd Pencraig Fawr, cartre Kit, a pheth hollol naturiol oedd symud yma i fyw, a chyn bo hir iawn yr oedd y dyn 'siwrans' oedd hefyd yn ffarmwr, yn arddwr ac yn wenynwr yn ogystal â bod yn ddiacon ac yn gynghorydd, cyn bo hir yr oedd o hefyd yn daid, a hynny yn dechrau sicrhau dyfodol ei wehelyth, ac i ddyn oedd wedi bod yn bryderus am ddyfodol ei ferch yr oedd hynny yn dderbyniol a chymeradwy.

Yr oedd swyddogaeth cytiau ar ffarm yn gwbl wahanol i'w diben a'u pwrpas mewn tŷ mwg main. I fyny ffordd bach gul rhwng dau glawdd uchel yr oedd ganddoch chi iard a rhes o feudai ryw ddau gan llath oddi wrth y tŷ – tŷ gwair ddwy gowlas, beudy i rwymo naw, sgubor, stabal i ddau geffyl a chwt malu, ac yr oedd aroglau'r cwt malu yn peri ei fod yn perthyn i oes a chyfnod gwahanol. Yr oedd y cynhesrwydd yn llawn aroglau melys buches fodlon yn cnoi'i chil yn eich cyfarfod wrth agor drws y beudy ar fore o farrug; cymysgedd o aroglau ŷd wedi'i falu a mangyls a rwdins yn y sgubor; aroglau bonheddig ceffylau a lledr ac oel carnau yn y stabal. Arogleuon cynefin ffermydd ar hyd y blynyddoedd. Ond y cwt malu? Aroglau'r dyddiau diwethaf – paraffin a phetrol i fwydo cloben o hen injian oel 'Peters' fawreddog oedd wedi ei phowltio i lawr concrit y cwt, ond er mor gadarn yr oedd wedi ei chydio yn y ddaear, mympwyol ac ansefydlog iawn oedd ei hymarweddiad. Codi coler ceffyl ar eich pen a nesu rhyngddo a'r côr yn y stôl ac fe drôi ei ben i'ch cyfarfod i chi gael llithro'r goler dros ei dalcen ac am ei wddw. Ond injian oel! Rhoech betrol fel arfer yn y cwpan i'w thanio ac agor y tap iddo lifo yn garedig i'w chrombil yn y gobaith y byddai hithau yn ymateb yn rhesymol ac yn troi ohoni'i hun ar ôl i chi roi hergwd ddwywaith neu dair i'r olwyn hedeg drom oedd i fod i beri iddi danio. Fe ddechreuai fynd ambell dro. Ond yn rhy aml o lawer y cwbl ddigwyddai fyddai pwff dioglyd o sŵn unwaith neu ddwy ac yna distawrwydd llethol, a hynny ddwywaith neu dair yn olynol nes gwneud i chi deimlo fel rhoi clustan neu gic iddi a mynd allan a gadael iddi i rydu ei hun i farwolaeth.

Yr oedd yma gwt arall â'r un aroglau ynddo – y cwt moto beic i lawr yn ymyl y tŷ. Un o gymwysterau hanfodol dyn 'siwrans' oedd bod ar gael pan fyddai'i angen, a chyn bod moduron na theliffon, yr oedd moto beic raddau yn uwch na beic bach. Mae'n wir i'r beic bach greu newid cymdeithasol enfawr yn ei dro, ond cyfyng oedd ei faes a gorwelion byd busnes yn lledu. Ond yr oedd pen draw Uwchmynydd a Phen Cilan a phellteroedd Mynydd Nefyn o fewn cyrraedd moto beic. A phan fyddai caseg yn gyfebol ac angen ei diogelu dros dymor ei beichiogrwydd, gallai bod ddiwrnod yn hwyr yn siwr o olygu trafferth pe digwyddai anhap adeg bwrw'r ebol, ond gan fod cesig y gymdogaeth o fewn cyrraedd dwyawr yr oedd cyfnod eu mamolaeth yn cael ei warchod a rhywfaint o arian o leiaf ar gael pe digwyddai'r gwaetha.

'Fuo dim graen arnyn nhw ym Mhen-bont am dymhorau ar ôl colli'r gaseg y flwyddyn roedd yr hogan bach yn bedair oed. Peth felly'n medru sigo rhywun am flynyddoedd...'

Cwt sinc oedd y cwt moto beic – digon cyntefig a deud y gwir, heb ffenest ynddo, a'i ddeuddrws yn wynebu'r dwyrain ac yn ei gwneud yn festiffol o oer yno pan fyddai angen trwsio'r beic ar ddyddiau rhewllyd yn y gaeaf. A byddai angen ei drwsio yn aml. Nid fod ganddo unrhyw fwriad drwg wrth gau tanio er enghraifft. Mater bach oedd gwneud yn siŵr ei fod o'n cael ei betrol, ond faint bynnag o betrol oedd o'n gael doedd dim gobaith iddo afael os nad oedd tân yn y plwg, a'r ateb i'r diffyg tân fyddai mynd i'r tŷ i nôl un o'r plygia dros ben fyddai'n cael eu gadael yn y popty bach a bu hynny'n foddion dwyn perswâd arno lawer gwaith. Hen Erial mawr tair a hanner oedd o a chlec ara deg ei beipan egsost yn awgrymu ei gyflymdra hamddenol fel pe bai wedi ei gyflyru i hel siwrans o ffarm i ffarm heb erioed glywed am lefydd fel yr Eil o' Man. Yr oedd gwawr oes y peiriannau yn dechrau torri dros Gader Idris a Phen Cilan ac, yn fuan iawn, nid cesig cyw oedd yn cael eu siwrio ond ceir – ambell un newydd sbon ac aml i hen sgregyn. Ond pawb yn talu ar y nêl am ddiogelwch rhag ofn anwybod y petai a'r petasai. A'r talu yn help i gael dau ben llinyn at ei gilydd...

Fuo yma erioed gwt ci fel hwnnw oedd yn y Gwyndy. Yn wir fu mo'i angen oherwydd cysgu yn y sgubor y byddai cŵn defaid a mynd ymhen eu helynt o fewn eu libart yn ystod y dydd i wagsymera wrth eu pwysau rownd tyllau cwningod neu i orwedd yn ddioglyd ar ben clawdd o flaen tŷ a snapio ar ambell bry glas neu wenyn meirch fyddai'n dod yn rhy agos ar bnawniau braf o haf. Ymhen tair blynedd yr oedd y ddau oedd wedi mynd i gapel Tŷ Mawr i ddweud 'Cymeraf di...' wedi mynd yn dri ac wedi gwneud eu gorau i ddiogelu llinach y dyn siwrans. O ganlyniad yr oedd y galwadau yn newid:

'Newch chi neud cwt gwningan i ni?'

'Y...'

'Ma' Mami yn deud y ca i wningan os gnewch chi neud cwt iddi hi – mi fydd isio cwt tywyll a cwt gola yr un fath â sy gin Carys. 'Na i hel bwyd iddi hi...'

'Ond...'

'Bloda pi pi'n gwely ma' nhw'n fyta.'

'Ia, ond...'

'Ma' Taid yn deud bod yna ddigon o brenia yn bydai i neud un a gawn ni gymyd rhai.'

Prenia! Roedd clywed 'prenia' yn merwino clustiau

rhywun oedd yn ei ystyried ei hun yn dipyn o saer coed. Rhywun yn wir oedd yn dysgu gwaith coed yn Ysgol Botwnnog ar y pryd, a rhywun oedd yn gyfrifol am baratoi disgyblion y pumed dosbarth ar gyfer yr arholiad pan fyddai'r arholwr allanol yn ymweld ac yn cerdded yn hamddenol o fainc i fainc i asesu meistrolaeth yr ymgeiswyr ar doriad llif a sgythriad cŷn a llithriad plaen. Ac yr oedd eu meistrolaeth yn rhyfeddol o gofio, bedair blynedd ynghynt,

'S... syr? Plis ga i fenthyg twrthwl i gnocio hwn?'

'Morthwyl, Gwilym. A na, dydach chi ddim yn curo cŷn coed efo morthwyl-gordd, Gwilym...'

'S... syr.'

'A... Gwilym – mwrthwl ydi'r gair. "M... Mwrthwl." 'Dach chi 'di gael o?'

'Esyr.'

'Siŵr?'

'Esyr.'

Braidd yn siomedig ar ddiwedd y wers oedd gafael mewn morthwyl a gofyn i Gwilym wrth iddo fynd allan,

'Be 'di hwn, Gwilym?' a chael yr ateb,

'Twrthwl, syr...'

P'run bynnag, 'prenia' oedd yn y sgubor yn y beudai yn hytrach na choed. Gyda'r dogni ar goed o bob math yn ystod y rhyfel, anodd iawn oedd cael gafael ar ddim byd newydd, a rhan o ddarbodaeth Taid fel gwenynwr oedd cadw pob math o focs pren y digwyddai daro arno a threulio awr neu ddwy ar bnawniau gwlyb yn eu datgymalu a thynnu'r hoelion a chadw'r styllenod wedi eu rhwymo yn daclus ar gyfer gwneud cychod gwenyn. Ac yn wir, ar ôl cael côt o baent i guddio'r Fray Bentos a'r

John West, roedd yn syndod mor daclus y byddan nhw'n edrych. A rŵan, os oedd John Evans y Bardd Cocos wedi medru gwneud trol efo bocsys cig moch, siawns na fedrai athro Gwaith Coed wneud cwt cwningen efo bocsys Corn Biff. A mantais arbennig arall oedd fod acw ddigonedd o arfau. Dim ond cryman a lli' oedd gan John Evans at ei law.

Cwningen wen, llygaid pinc oedd hi, ac fe gymrodd at ei phreswylfod newydd, yn gwt tywyll a chwt golau, fel hwyaden at ddŵr, ac fe gariwyd digon o letys a dail tafol a dant y llew iddi i'w gwneud yn wrthrych edmygedd cydnabod a ffrindiau – yn fawr ac yn fwythus a'i blewyn fel y sidan meinaf. Mi gafwyd cynnig fwy nag unwaith gan berchnogion cwningod cyfagos y byddai'n beth doeth mynd â hi am gyfnod i gyfarfod ag aelodau o'r rhyw arall oedd i'w cael yn yr ardal, gan ei bod mor gymen ei lliw a'i llun a gan y byddai ei hepil yn werth arian. Ond dderbyniwyd yr un o'r cynigion, a chafodd dreulio ei hoes yn ei gwyryfdod dihalog heb unwaith ddilyn trywydd canlyniad yr afal yn Eden.

Ar ôl iddi fynd yn fawr yr oedd yn anodd cofio sut un oedd hi pan ddaeth hi acw gyntaf yn belen bach gron, gynnes y gellid ei dal rhwng dwylo i'w mwytho a rhoi ochor boch ar ei chefn cyn ei rhoi yn ei hôl yn y bocs sgidia oedd wedi ei gael gan y gwerthwr i'w chario adre y noson gyntaf. Ond y mae hi'n hawdd iawn cofio o hyd am y wefr oedd yn y llygaid chwech oed wrth i'w llaw deimlo sidan y blewyn ac i'w bys gyffwrdd â'r blaen trwyn gwlyb. A neb yn meddwl ar noson braf felly yn nechrau gwanwyn y byddai bore yn dod ymhen rhyw flwyddyn neu ddwy pryd y byddai Bwni yn hwyr yn codi,

'Dwi wedi rhoi bwyd iddi hi ond ma' hi'n dal i orfadd yn 'i gwely. Pam na chodith hi?'

Fydd rhaid...

'Methu deffro ma'n siŵr iti. Tyd ne mi fyddwn yn hwyr yn 'r ysgol 'n dau...'

Doedd hi ddim haws amser te chwaith, ond ar ôl mynd yn syth at y cwt a gweld mai yr un fath yr oedd hi, sylweddoli fod galar chwech oed yn beth gwahanol iawn. Mi gafodd yr wningen wen gynhebrwng teilwng a cherrig gwynion o lan y môr ar ei bedd.

Yr oedd cytiau yn medru bod yn arwyddion o safle cymdeithasol teuluoedd yng Ngharmel. Yr oedd tai fel Bodgwilym a Bryn Awel a chanddyn nhw deras o gytiau, yn dŷ bach, cwt golchi, cwt glo – a sied ambell dro – yn uwch o ran eu safon na thai Rhes Ffrynt nad oedd gan y rhan fwyaf ohonyn nhw ddim ond toiled digon ffwrdd-â-hi ym mhen ucha'r ardd, ac yn sicr yn uwch eu safon na thai'r Rhes Gefn nad oedd y toiledau hyd yn oed yn ddim ond gwaith y tenantiaid, pawb yn ôl ei gyraedd-iadau a'i fympwy ei hun. Hwyrach mai rhyw feddylfryd fel hyn oedd y tu ôl i'r syniad o gael cwt glo a chwt golchi – wel ia, a'r llall hefyd er bod yno un sinc ym mhen ucha'r ardd – yng nghefn y tŷ ym Mhencraig yr un fath ag yr oeddan nhw ym Mryn Awel. Ac ar yr un egwyddor eto ag yr oedd y Bardd Cocos wedi gwneud trol, wel beth oedd yn rhwystro i rywun oedd yn dysgu Pensaernïaeth i'r chweched dosbarth godi dau neu dri o gytiau – teras o gytiau a deud y gwir. Efallai fod yno hefyd ryw frith awydd i feddwl y byddai cael cytiau felly yn gwneud

Pencraig yn debycach i Fryn Awel a thrwy hynny ddiogelu peth o rin a diogelwch y dyddiau oedd yn prysur fynd heibio, ond heb sylweddoli mai crisialu Bryn Awel yn ei gyfnod a wnaent ac nid ei ail-greu. Yr oedd o'n prysur golli'i afael p'run bynnag. Mam wedi marw ers blynyddoedd, a thŷ gwag nad oedd a wnelom ni ddim ag o oedd o yn fuan iawn wedyn.

Erbyn hyn yr oedd acw dair i gynorthwyo, yr hynaf yn dair ar ddeg oed ac yn un o gynheiliaid y trydydd dosbarth yn Ysgol Botwnnog. Roedd hi'n eiddgar iawn i brofi ei hun fel tendrwr ond gan mai gyda'r nosau ar ôl yr ysgol ac ar Sadyrnau yr oedd yr adeiladu yn digwydd a bod amser yn pwyso, tipyn bach o dreth oedd gorfod aros a thrywel oediog yn eich llaw i ddisgwyl iddi hi gyrraedd efo'i ddarn bwcedaid o sment. Ac yr oedd yna broblemau eraill yn codi hefyd megis beth i'w ddweud wrth yr ail oedd yn methu'n lân â gwybod pam na châi hithau hefyd gario sment. Fyddai wiw dweud y gwir syml ac amlwg, 'Am dy fod di'n rhy fychan,' neu yn waeth fyth, 'Am dy fod di'n rhy wan.' Nerth ewyllys oedd yn cymell y cymorth ac nid nerth bôn braich, ond chododd neb erioed, yn y byd meidrol o leiaf, adeilad trwy ddim ond ewyllysio i frics a mortar fynd at ei gilydd. Ac nid brics oeddan nhw chwaith ond slabiau concrit deng modfedd wrth bedair ar ddeg, yn mynd i fyny yn sydyn rhagor na brics mae'n wir, ond yn drwm iawn i'w trafod, ac yn ei gwneud hi'n anodd iawn ateb cwestiynau fel,

'Pam bod hon yn drwm?'

Hindrans llwyr oedd y drydedd gynorthwywraig yr adeg honno. Newydd ddechrau cerdded oedd hi, ond doedd y ffaith ei bod hi'n medru cerdded yn ddim affliw o gyfiawnhad dros iddi hi gerdded mewn welingtons seis dau i ganol concrit gwlyb newydd ei osod yn sylfaen i'r cytiau. A doedd chwerthin nes bod eco am ben y sŵn oedd y welingtons yn wneud wrth eu codi a'u gostwng o'r concrit gwlyb yn fawr iawn o help chwaith.

Ond gyda, ac er gwaetha'r cymorth, fe aeth y cytiau i fyny, a'u muriau yn eitha syth a'u toeau asbestos, gwa-harddedig erbyn hyn, yn gysgod clyd rhag storom Awst ac eira Ionawr. Gwaetha'r modd yr oedd moderneiddio fel hyn yn golygu, nid yn unig mynd i fyny ond mynd i lawr yn ogystal. Rhedeg trwy beipan geg-agored i un o gaeau'r Gwyndy yr oedd dŵr wast o'r cwt golchi ym Mryn Awel. A doedd yno ddim dŵr – dŵr rhededog felly – yn y toiled. Ond bellach yr oedd angen treiniau a charthbwll, ac er nad oedd y cannoedd o fân reolau sy'n cynnal ugeiniau o fân swyddogion wedi dod i rym, yr oedd yna reolau ynglŷn â mesuriadau carthbyll. Yr un fath ag efo profiad ysbrydol yr oedd hyd a lled a dyfnder yn hanfodol a sylfaenol bwysig. Doedd yna ddim problem ynglŷn â hyd a lled, ond pan oedd dyn yn sylweddoli fod enw'r lle ynddo'i hun yn awgrymu bod ar ben craig, yr oedd dyfnder yn mynd yn broblem.

Cymydog – William Jones Tan-ffordd – ddaeth i'r adwy. Neu i'r twll i fod yn gywir. Stwcyn byr, llydan ei ysgwyddau a chydnerth oedd William Jones, yn rhyw fudur berthyn i fy nheulu i o ochor Mam, wedi gweini ffarmwrs am flynyddoedd, ond wedi bod yn godwr cerrig hefyd yn ei ddydd, yn y chwareli oedd ar ochor Moel Mellteyrn ac ar Fynydd Cefnamwlch lle byddid yn codi cerrig i'w malu i wneud metlin ar y ffyrdd cyn dyfod düwch Macadam. Gweithio yma ac acw wrth y dydd yn ôl fel y byddai'n teimlo yr oedd o erbyn hynny, ac wedi galw i weld Taid ynglŷn â rhyw fusnes siwrans gyda'r nos ar ôl noswyl, ac wedi holi, ar ôl gorffen efo'r siwrans, lle'r oedd y 'titsiar'. Pan ddeallodd o fod y 'titsiar' yn torri twll yn y llain yr ochor isa i'r tŷ, yr oedd o yno ar ei union, achos roedd o'n sylweddoli ei fod o'n gwybod mwy o lawer iawn am dorri tyllau yn y ddaear nag oedd y tyllwr yn wybod.

'Pa mor ddyfn wyt ti am fynd?'

'Dwy lath oedd o'n ddeud yn y papur.'

'Nhw a'u papura! Prin ddwy droedfadd sy' gin ti a rwyt ti mewn craig.'

'Dwi'n gobeithio ma' carrag ydi hi, William Jones.'

'Gwestiwn gin i,' a neidio i lawr wrth f'ochor i'r twll. 'Gad weld y rhaw 'na am funud. Dyw ma' hi'n fudur yma. Does gin ti ddim brws?'

'Nag oes,' gyda gradd o euogrwydd.

'Dos i nôl brws bras 'y mach-i,' wrth y labrwraig dair-ar-ddeg, eiddgar oedd yn sefyll uwch ein pennau ni. 'Ma' isio llnau o'i chwmpas hi i weld sut beth ydi hi yn lle poitsio yn baw fel hyn.'

Y ddedfryd ar ôl ei hymgeleddu oedd,

'Dacia, ma' hi'n anodd deud... Os ydi hwn yn wynab, mi fasa'n werth 'i saethu hi a mi allat fynd i lawr lathan ar drawiad, ond os ma' talcan ydi o, neith hi ddim ond mynd yn sitrws arni 'i hun. Hen gnawas o hen graig ydi hi ymhob man yma, yn boncia ac yn bantia i gyd. Fyddi di adra pnawn Sadwrn?'

'Byddaf ond...'

'Ddo i draw ar ôl cinio a mi rown ni blastar arni hi a chlec iddi hi i ni gael gweld beth ydi hi. Ne mi fydd yn well i ti fynd i ddechra yn rwla arall. I lawr wrth yr hen fonyn coedan 'cw baswn i wedi'i thrio hi. Ond gawn ni weld…'

Rhyw wenu ynddo'i hun wnaeth Taid pan glywodd o am y bwriad i danio, a dweud,

'Ma' William yn lecio saethu yn tydi?' Roedd o ei hun hefyd wedi bod yn saethwr cerrig yn gynharach ar ei oes, ac fe eglurodd o beth oedd 'plastar' yn olygu. Rhoi dyrnaid reit dda o bowdwr ar bant neu wendid yn y graig a'i orchuddio'n ofalus efo darn o sach sych a chaledu digon o bridd sych drosto ac o'i gwmpas wedyn. Rhoi pwysau drosto wedyn – coed, gwaelod pwced, darn o sinc – unrhyw beth nad oedd wahaniaeth iddo gael ei chwythu yn gyrbibion. Rhedeg rhyw lathen fwy neu lai o ffiws ohono a thân arni a gobeithio'r gorau.

Roedd William Jones acw tua un o'r gloch ar ôl cinio cynnar bnawn Sadwrn, ac mae'n debyg fod y si wedi mynd ar led fod yna saethu i fod ym Mhencraig bnawn Sadwrn, achos yr oedd un cymydog wedi dod draw linc-di-lonc 'rhag ofn bod arnoch chi eisio ryw help'. Ond yr oedd Taid wedi ymuno erbyn hyn ac yn barod i gynnig cyngor a chyfarwyddyd. Ond dyn ar ei liwt ei hun oedd William Jones, nid dyn i gael ei ddysgu, a phan awgrymodd Taid,

'Fasa ddim yn well i ti roi ryw refr o bowdwr i lawr 'i hochor hi yn fa'na hefyd, William?' dim ond aros am funud ac edrych i fyny o'r twll wnaeth o, a holi,

'Pwy sy'n saethu, Griffith Jones, y chi 'ta fi?'

'O, gna fel fynno chdi 'ta,' oedd yr ateb swta. Ac felly wrth reswm y gwnaeth o. Pan oedd y cwbwl yn barod a'r pridd a'r sinc a'r coed yn eu lle yn gorchuddio wyneb y twll, yr oedd hi yn amser mynd i'r tŷ i ddweud fod y saethu yn barod. William Jones oedd yn bugeilio'r gynulleidfa a'i rhoi yn ei lle mewn diogelwch rhwng y tŷ a thalcen y cytiau mewn safle i weld yn glir i gyfeiriad y twll. Wrth sefyll yn y fan honno, fe ddaeth cwt mochal ffeiar Siefftydd Pen 'rorsedd yn atgof clir yn y meddwl. Ond dim ond am eiliad. Yr oedd William Jones wedi gwyro a'r England Glory agored yn ei law a phawb yn aros am fflach y fatsen. Mae'n siŵr nad oedd dim angen iddo fo fod yn gweiddi 'Ffeiar' dair gwaith ar dop ei lais wrth gerdded at y gweddill ohonom ni i ddiogelwch, achos doedd yna ddim enaid byw ond y ni o fewn chwarter milltir i'r lle i'w glywed o. Ond defod ydi defod mae'n debyg. P'run bynnag, fe gyrhaeddodd i'n gwarchod, a phan awgrymodd Taid yn y distawrwydd,

'Peidio bod dŷ ffiwsan di'n damp, William?' wnaeth o ddim ond dweud yn bwyllog,

'Un newydd sbon – wedi'i chael hi o'r chwaral bora 'ma. A mi ges rwbath arall hefyd!'

Cyn i neb gael cyfle i ofyn beth arall, fel pe byddai'n cyhoeddi yr ateb terfynol i bob cwestiwn, fe daniodd yr ergyd nes bod y cwbwl oedd o gwmpas y twll yn chwilfriw, yn gerrig a choed a sinc yn yr entrychion, a'r 'twrw twrw mawr' fel yr ergyd arall enwog honno.

'Tila!' oedd y ddedfryd ar werth y ffrwydrad yn y diwedd, a phenderfyniad unfrydol William Jones a Taid oedd mai symud i rywle arall yn y llain ac ail-ddechrau fyddai orau, ac wedi i'r llwch a'r tymherau ostwng, penderfynwyd, ar awgrym William Jones ar,

'Fa'ma. Mae 'ma welltyn gwahanol yma ylwch – mae o'n lasach, a mae 'ma lai o fwsog, ond mi ddylan ni rodio yma i ddechra. Mi a i adra i nôl gwrodan ne ddwy a mi gawn weld.'

Doedd a wnelo 'rodio' William ddim byd â'r gair 'rhodio'. Curo 'rodan' neu 'wrodan' haearn, ryw lathen o hyd i'r ddaear i gael gweld pa mor ddyfn y gellid mynd oedd ystyr 'rodio', ac er rhyddhad i bawb ac er balchder i'r curwr,

'On i'n meddwl – ma' hi'n mynd i lawr fel tasa hi mewn menyn,' a gwên proffwyd buddugoliaethus ar ei wyneb.

'Ddo i draw i sincio tipyn arno fo ddechra'r wsnos.'

'Ond fydda i ddim adra dydd Llun, William Jones.'

'Wn i. Ond dos di i'r ysgol a gad y twll adra a gawn ni weld...'

Rhyw deimlad o gael eich gwthio o'r neilltu oedd o ar y pryd a bod yn onest, a rhyw led awgrym fel oedd i'w gael yn aml nad 'oedd titsiars ddim i fod i fedru'. Ond os oedd yno ryw ias o siom ar y cychwyn, yr oedd hi wedi troi yn falchder a diolchgarwch erbyn cyrraedd adre bnawn Mercher a gweld dwy ffon ucha'r ysgol allan o'r twll a William Jones yn disgwyl â'i bwys ar ei raw. Dim cyfarchiad, dim ond,

'Well i ni gael pwcedad o ddŵr i ti gael ei gweld hi'n mynd i lawr. Mae'i waelod o fel blotin, yn suntur coch ac yn llyncu'r cwbwl.'

Chafwyd dim llawer o drafferth i dorri'r traeniau gan fod William Jones wedi cymryd arno'i hun i arolygu'r gwaith, a phe byddai argyfwng wedi codi yr oedd o wedi paratoi:

'Wyt ti'n cofio i mi ddeud 'y mod i wedi cael rwbath yn y chwaral dwrnod y saethu?'

'Ydw.'

'Wel dyma fo yli...' a mynd i'w boced i estyn parsel bach taclus a'i hanner agor, 'chwe pelan o jeli rhag ofn bydd 'i angan o.'

'Gelignite' oedd y 'peli' hynny – tebyg i ganhwyllau gwêr, pob un wedi'i lapio'n daclus mewn papur sidan a bag siwgwr am y cwbwl.

'Handi gynddeiriog os bydd 'u hangen nhw. Mi saethwn ni o ddifri efo'r rhain os bydd rhaid. Cadwa i nhw ar y bachwalbant yn y cwt moto beic...' Fu dim rhaid saethu, ac mi orffennwyd y cytiau er boddhad i bawb, ac edmygedd i'r tair gafodd dorri eu henwau efo hoelen yn y sment gwlyb.

Ymhen blynyddoedd wedyn, dod ar draws y bag siwgwr ar y bachwalbant yn y cwt moto beic a sylweddoli mai 'peli' William Tan-ffordd oedd ynddo. Ei adael yno heb sôn gair wrth neb a holi'r athro Cemeg yn yr ysgol drannoeth beth fyddai orau wneud. Roedd yr athro Cemeg hwnnw wedi bod yn gweithio mewn gwaith ffrwydron yn y Sowth adeg y rhyfel – mwy adnabyddus trwy Gymru fel dramodydd erbyn hyn.

"Wannwl, peidiwch â chyffwrdd ynddo fo. Os ydi o wedi chwysu mae o'n beryg bywyd. Fydd rhaid deud wrth y plismyn...'

Mi ddeudodd y plisman yn dre, a mi ddeudodd y dre yng Nghaernarfon a mi ddeudodd Caernarfon wrth yr armi a mi ddeudodd yr armi am beidio â mynd ar ei gyfyl o, mai mater iddyn nhw oedd o. Mi fyddai William wedi mwynhau meddwl bod pedwar o filwyr Ei Fawrhydi yn eu lifrai yng ngherbyd y fyddin wedi dod yr holl ffordd acw i symud y 'peli' oedd o wedi eu hanghofio ar y bachwalbant.

Mae'r 'cytiau' wedi dal i weithio ar hyd y blynyddoedd ac wedi sefyll ar eu traed er gwaethaf ambell dymestl gaeaf a dwy neu dair o ddaeargrynfâu.

Rhyw dipyn o gwt sinc oedd y gegin gefn yr adeg honno, wedi ei godi o weddillion tŷ gwair ail-law oedd wedi dod o rywle amser y rhyfel, ac wedi cael ei uwchraddio fesul tipyn bob hyn a hyn trwy gael leinin asbestos un waith, talcen brics a simdde ynddo dro arall er mwyn cael gosod grât yno a mynd yno i fyw yn ystod y dydd. Ond fel brychni'r llewpard, cwt sinc ydi cwt sinc yn y diwedd. A ph'run bynnag, wrth i deulu gynyddu a'r cynnydd brifio mae angen mwy o le mewn tai. Ac mae'r cwestiwn o fedru fforddio yn codi hefyd yn naturiol ddigon, ac mae fforddio yn dibynnu ar gostau yn lleihau neu ar incwm yn cynyddu neu ar i ryw gawod wanwyn o arian ddigwydd dod i'r fei fel bod modd sylweddoli'r breuddwyd heb fynd i fenthyca arian a gorfod mynd i ddyled.

Mi fu'n rhaid ymgynghori ar sawl lefel cyn penderfynu, achos yr oedd y dyddiau braf pan oedd dyn yn cael gwneud yr hyn a fynnai ar ei libart ei hun wedi hen fynd heibio a deddfau cynllunio Lloegr Fawr wedi esgor ar ugeiniau a channoedd o fân reolau ac amodau ac ar ddwsinau o fân-swyddogion uchel eu cloch a'u cyflog i ofalu bod y rheolau a'r amodau yn cael eu parchu a'u cadw i'r llythyren. Yr oedd yn rhaid i bethau gael eu cyflwyno, eu hystyried, eu pasio, eu caniatáu, eu harolygu, eu hadolygu, ac yna ymhen amser hir, a gyda chaniatâd Y Cyngor, yr oedd hawl i ofyn i adeiladydd godi cegin bach yng nghefn y tŷ yn lle'r cwt sinc.

Ond yr oedd yna gwestiwn arall yn codi. Ymhle yr oedd pawb yn mynd i fyw ar ôl chwalu'r cwt sinc i wneud lle i godi cegin? Byddai'n rhaid mynd i fyw allan dros dro. 'Tae rhywun ddim ond wedi meddwl a gwneud y cwt golchi ddwy neu dair troedfedd yn hwy fe allai fod wedi bod yn ateb digon boddhaol. Yr oedd hi wedi bod yn arferiad ers blynyddoedd i ddegau o deuluoedd symud allan o'u tai ym misoedd yr haf i lefydd salach er mwyn gwneud lle i'r fisitors fwyta a chysgu, ond doedd acw erioed fisitors pres wedi bod, dim ond rhai am ddim o bell ac agos, ac mae'n rhyfedd fel mae perthynas gwaed yn twymo ac yn cynhesu at 'yr hen gartref annwyl' pan fydd eisio lle i aros ym mis Gorffennaf a mis Awst. Yn enwedig yng ngwythiennau disgynyddion y rhai adawodd 'yr hen gartref annwyl' er mwyn gwneud eu ffortiwn yn America ac Awstralia.

Yr ateb yn y diwedd oedd – cwt. Yr oedd brys erbyn hyn a'r adeiladydd yn barod i ddechrau unrhyw ddiwrnod. Deall y gellid prynu adeiladau pren o bob mathau yn ochrau llawr a tho wedi eu gwneud yn barod a dim ond angen eu rhoi wrth ei gilydd... Darn bnawn olygodd o i sgriwio a phowltio a churo hoelion i godi'r adeilad hwnnw yn gartre diddos a digon o le ynddo i fwrdd a chadeiriau a chwpwrdd bwyd a stof drydan, ac wrth mai mis Gorffennaf a mis Awst oedd hi yr oedd byw mewn cwt pren yn yr ardd yn beth difyr iawn.

Llythyr o Fangor un bore yn gofyn tybed fyddai gen i ddiddordeb mewn rhoi cynnig ar ysgrifennu wyth stori i'w darlledu yn y gyfres 'Stori Dros Ginio'. Diddordeb? A chegin newydd sbon eisio talu amdani?

Lle da oedd cwt i sgwennu er mai dim ond hogia Ambrose yn mynd a dod yn eu gwaith ar y gegin oedd i'w weld drwy'r ffenest. 'Tae nhw wedi bod yn greyr-offeiriaid ar draeth o dywod yn Nhalacharn – pwy a ŵyr?

Ond yno, a'r bwrdd wrth y ffenest, a phawb wedi mynd i ben ei helynt, a mis Gorffennaf yn rhwyfo'n gynnes o gwmpas, a llathen a hanner o'r muriau newydd yn disgleirio yn yr haul – ryw feddwl hefyd... 'fydd dim eisio codi cwt byth eto chwaith... a fydd ddim rhaid sgwennu dim byd byth eto chwaith... oni bae fy mod i rywdro...' Ond dyna fo – diolch na wyddon ni ddim.

Llyfra

'Does un dim ar wyneb y ddaear yn rhagori ar lyfr braf yn llawn o golofnau trefnus o ysgrifen ddu gyfoethog mewn ymylon hardd o ddarluniau wedi'u gosod yn gyfrwys. Ond y dyddiau yma, yn lle edrych arnyn nhw, mae pobol yn darllen llyfrau. Fyddai waeth i lyfr fod yn ddim ond ordor negas am gig moch a blawd.'

Geiriau yr Iarll Warwick, uchelwr o Sais yn *St Joan*, Shaw pan oedd yn aros i un o esgobion Ffrainc gyrraedd i wneud trefniadau i losgi'r Forwyn o Orleans. Ond er mai penbwl cyfoethog o Sais oedd yr Iarll yr oedd yna ryw elfen o wir yn ei ddylni. Mae llyfrau yn medru bod yn bethau i edrych arnyn nhw. A deud y gwir, dyna yw llyfrau yn y lle cyntaf. Felly yr oedd hi yn y Gwyndy; ychydig o lyfrau oedd yno – beiblau a llyfrau emynau wrth gwrs, ac esboniadau mewn cloriau brown yn un rhes ar silff y palis. *Geiriadur Charles, Taith y Pererin*, dwy neu dair cyfrol o *Gyfres y Fil*, ac ychydig gyfrolau o lyfrau Cymraeg, yn gofiannau a barddoniaeth. Da i ddim byd o ran darllen i rywun yn bedair neu bump oed, a'r unig beth y gellid ei wneud â phethau fel yr esboniadau (yr oedd yno tuag ugain ohonynt) fyddai cael rhywun i'w hestyn i lawr ar y mat o flaen y tân i gael chwarae efo nhw, a'u gosod, y naill ar ben y llall i wneud twr, neu ar eu hochrau yn rhes i wneud ffyrdd, neu yn dwneli i wneud cytiau i gadw'r ceir, gweithgareddau y byddai blociau wedi bod yn llawer mwy pwrpasol i'w cyflawni, ac y daeth y Mecano i beri medru eu gwneud yn llawer mwy effeithiol yn ddiweddarach.

Ond yr oedd diben amgenach i rai llyfrau.

'Ga i sbio ar Beibil?' pan fyddai cysuron y llawr yn pallu ambell bnawn glawog yn niwedd y flwyddyn.

'Ydi dy ddwylo di'n lân?'

'Yndyn,' uchel a chwbwl bendant..

'Well i ti fynd i'w golchi nhw rhag ofn.' Rhag ofn beth yn enw rheswm a hwythau wedi cael eu golchi neithiwr a'r bore 'ma?

'Y Beibil Cymraeg Darluniadol' oedd o, clamp o lyfr cloriau du llythrennau aur a dau glaspyn pres yn cau i ddiogelu ei fater a'i gynnwys. Ond diddordeb celfyddydol yn hytrach na diddordeb ysgrythurol na diwinyddol fyddai'n gyfrifol am y penderfyniad i ofyn amdano, achos yr oedd ynddo ddarluniau diddorol o ddigwyddiadau o hanesion yr Hen Destament a'r Testament Newydd – ysgythriadau wedi eu lliwio yn egwan o bethau fel 'Atgyfodiad Lazarus'. Lasarus ag un goes esgyrnog yn dod i'r golwg o dan ei wisg wen laes wrth iddo gamu allan o'r bedd dros ben rhyw glawdd cerrig bach fel clawdd y cae o flaen drws, a Iesu Grist yn gafael yn ei law a Mair a Martha a'u dwylo i fyny yn ei groesawu. Roedd darluniau'r Hen Destament yn tueddu i fod yn fwy diddorol na rhai'r Testament Newydd. Braidd yn fflat oedd pethau fel 'Porthi'r Pum Mil' er bod rhywun – Dic mae'n debyg – wedi ceisio newid yr 'i' yn 'u', a 'Priodas Cana Galilea'. Ond yr oedd 'Gostegu'r Storm' yn ddigon cynhyrfus a'r llong ar ei hochor a'r tonnau fel mynyddoedd a'r morwyr yn eu cobenni a golwg wedi dychryn arnyn nhw, a Iesu Grist yn sefyll ar ganol y dŵr a'i law i fyny, a gwên ar ei wyneb fel tasa dim byd yn bod. Daniel yn ffau'r llewod, a phedwar o hen lewod mawr brown yn cysgu o'i gwmpas o – un yn gorwedd ar lawr a'i ben ar ei balfau a Daniel yn eistedd ar ei gefn o fel tae o'n eistedd ar soffa, a phenglog neu ddau a senna ac esgyrn cluniau y dynion oedd wedi cael eu bwyta wrth ei draed o. Ond yr oedd yno lafn o oleuni yn tywynnu i lawr ar Moses yr un fath â'r llafn golau fyddai'n gwanu'r tywyllwch yn y Guildhall yn y Dre ar ôl i'r golau yn y neuadd fynd allan a'r pictiwrs ddechrau. A wyneb Daniel yn y golau, efo'r farf yn dechrau britho wedi'i chribo'n daclus, yn edrych yn debycach i wyneb Liasar Morus yn y Sêt Fawr ar nos Sul nag i wyneb dyn yn eistedd ar ei ben ôl ynghanol llewod. Ac erbyn meddwl, wynebau neis, crynion, bochau cochion oedd gan y rhan fwyaf o'r bobol oedd yn y Beibil. Hyd yn oed Abraham pan oedd o'n sefyll wrth yr allor lle'r oedd Isaac yn gorwedd yn noethlymun groen ar wahân i ryw gerpyn o rywbeth fel lliain sychu oedd wedi'i luchio dros ei lwynau i guddio'i gywilydd ac Abraham yn sefyll yn syth fel cawnen wrth ei ben yn edrych i'r awyr ac yn dal cyllell debyg i gyllell fara yn ei law dde yn barod i drywanu. A'r maharen hylla welodd neb erioed a'i ben allan o ryw lwyn o frwgaits yn eithin a mieri i gyd y tu ôl iddyn nhw a chyrn yn dri thro ganddo fo a gwlân fel mwng ar ei wddw. Yn edrych yn beryclach o lawer nag Abraham efo'i gyllell, a deud y gwir. Anodd meddwl pam bod pobol mor neis yn medru gwneud pethau mor hyll.

Mae'n rhaid mai felly yr oedd hi yn amser y Beibil, achos roedd lluniau yn siŵr o fod yn iawn.

Roedd yno lyfr arall o'r Dwyrain yn y Gwyndy, ond yr oedd hwnnw'n fwy anodd cael gafael arno na'r Beibil er bod y ddau yn rhyw led berthyn. Tua amser te dydd Sul oedd yr amser gorau i ofyn amdano fo. Dwylo rhywun yn siŵr o fod yn lân yr adeg honno mae'n debyg. Yn wahanol i bob llyfr arall, clawr pren oedd iddo – cedrwydd yn ôl yr hanes – a'r graen yn batrwm o dywyll i olau yn arbennig o hardd wedi ei gwyro nes ei fod yn ddigon gloyw i chi weld eich llun ynddo. Tua naw modfedd o hyd a rhyw bump o led ac yn agor yn ei hyd.

'Agor di o ar y bwrdd, a phaid â chrafu'r ochor lle ma'r bloda,' fyddai'r gorchymyn di-ffael wrth ei estyn oddi ar y silff ucha yn y cwpwrdd gwydr. Doedd yno ddim Cymraeg, dim ond enwau'r llefydd oedd yn y lluniau ar y tudalennau ochor dde yn Saesneg, ond wrth mai llefydd o'r Beibil oeddan nhw, llefydd fel 'Jerusalem' a 'Hebron', roedd y rhan fwyaf o'r enwau yr un fath yn Gymraeg. Tai sgwâr a tho fflat arnyn nhw oedd y tai, a llawer o goed dieithr i ni, ond yr oedd pob man yn edrych yn olau braf a llawer o dywod ar lawr a'r awyr yn las iawn. Llefydd brafiach o lawer na'r llefydd fel Caerau Jerico oedd yn gefndir i rai o'r lluniau yn y Beibil.

Ond tudalennau'r ochor chwith oedd y rhai diddorol – y rhai yr oedd yn bwysig peidio â'u crafu. Enghreifftiau o ddail a blodau rhai o'r planhigion oedd yn tyfu yn y llefydd oedd yn y lluniau ar yr ochor dde, wedi eu sychu a'u gwasgu, fel y byddem ni'n rhoi briallu a llygad y dydd yng nghanol Geiriadur Charles i'w fflatio. Ond dail a blodau gwahanol iawn i ddim oedd yn tyfu yn y Gwyndy nac yn unman arall yng Ngharmel oedd y rhain, a rhai o'r blodau yn rhyfeddol o liw a llun. Willie Wmffras, pan oedd o'n soldiwr ac wedi bod yng ngwlad Canaan oedd wedi dod â'r llyfr adra a'i roi o'n bresant i ni, ac yr oedd o wedi cael parch haeddiannol iawn ar hyd y blynyddoedd. Dim ond un ddamwain bach oedd o wedi'i gael yr adeg honno. Mistar Hughes y Gweinidog yn digwydd bod acw yn 'ymweld' Ddydd Mawrth Ynyd, ac wedi cael te a chrempog wrth ei fod o wedi galw yn union amser te. A Mam, yn ôl y stori, newydd gael y llyfr ac wedi ei estyn o i Mistar Hughes gael ei weld o wrth ei fod o'n llyfr a wnelo fo â'r Beibil mewn ffordd, ond mi roedd Mistar Hughes wedi tisian ar ganol byta, a'r llyfr yn ei law, a darn o grempog wedi ei sodro ei hun yn sownd ar ganol lili fawr goch oedd ar y tudalen gyferbyn â llun Nasareth, ac wrth i'r gweinidog ei hel o i ffwrdd efo'i law roedd darn mawr o'r lili wedi mynd i'w ganlyn o. Ond brycheuyn bach ar andros o lyfr neis oedd o, a deud y gwir. Ac efallai nad oedd o ddim llawn mor ddrwg am mai'r gweinidog oedd wedi gwneud. Tebyg y byddai hi wedi bod yn wahanol iawn 'tae un ohonom ni wedi rhoi'r farwol i lili Nasareth.

Yr oedd rhyw elfen o safon foesol ynglŷn â llyfrau, ac yr oedd llyfr Willie Wmffras mewn dosbarth reit uchel. Y Beibil, wrth reswm, oedd y pinacl. Llyfr emynau wedyn. Yna i lawr drwy bethau fel yr esboniadau a *Thaith y Pererin* a nifer o bethau diddrwg didda fel *Caban f'Ewyrth Twm* nes dod at y pethau amheus fel nofals. A phob llyfr Saesneg bron iawn. Wyddech chi yn y byd beth allai fod yn llawer o'r rheini.

Ffrancon ddeudodd ar y ffordd adre o Benfforddelen ryw flwyddyn cyn i ni ddechrau yn Ysgol Pen-groes,

'Wyt ti'n cofio fi yn deud wrthat ti bod Evan Hughes wedi deud bod llyfr Harri Stodl yn y giarat acw?'

''Ndw. Pam?'

''Dwi wedi cael hyd iddo fo. Ti isio'i weld o?'

''M...'

'Wel tyd i fyny heno ar ôl i chi gael bwyd chwaral. Ma' nhw i gyd yn mynd i Borthmadog i weld y tŷ newydd...'

Rhyw stwcyn o lyfr bach tew oedd o, tebyg i'r Geiriadur oedd ar y silff isaf yn y cwpwrdd gwydr acw. A doedd enw'r awdur ddim byd tebyg i 'Harri Stodl'. Un gair oedd o erbyn gweld – gair Saesneg mae'n siŵr – 'Aristotle', ac fe gawsom ni dipyn bach o hwyl wrth feddwl bod Evan Hughes wedi gwneud camgymeriad a dweud 'Harri Stodl' yn lle Aristotle gyda phwyslais arbennig ar yr 'e' olaf fel y dylid deud yn ôl ein barn ni ein dau ar y pryd. *De Rerum Natura* oedd y teitl, ac fe barodd hwnnw gryn ddryswch. Roedd y 'De' yn ddigon hawdd – yr un fath â 'de' a 'gogledd', a doedd y gair 'natur' ddim yn ddieithr i ni er nad oedd angen yr 'a' ar ei ddiwedd o. Roedd Ffrancon yn bendant mai 'gair Sowth' oedd 'rerum'. Roedd o'n gwybod am lawer iawn o rai tebyg medda fo ond nad oedd o ddim yn eu cofio nhw ar y pryd.

Dim ond rhyw un adran tua'r diwedd, lle'r oedd y llyfr yn agor ohono'i hun wrth i chi ei ddal o ar wastad ei gefn oedd o lawer o ddiddordeb, a doedd honno, ar wahân i ddau neu dri o luniau ddim yn arbennig iawn o newydd. Wedi'r cwbwl yr oedden ni yn blant yr Ysgol Sul ac yn gynefin â rhai o rannau dadlennol yr Hen Destament. Ac er nad oedd Gwastadfaes yn ddim ond wyth acer o dir, roedd o'n ddigon i ni fod wedi deall cryn dipyn trwy fod eisio mynd â'r fuwch at y tarw i Glynmeibion a rhai pethau ymarferol eraill oedd yn digwydd ymysg anifeiliaid.

Bodgwilym, lle'r oedd Owen Jones, ffrind Dic, yn byw oedd y tŷ agosaf i Wastadfaes – lled cae a lled y ffordd oedd yn rhedeg o Garmel i'r Groeslon oedd rhyngom ni. Richard Jones ei dad yn un o Fynytho yn Llŷn, a'i fam yn un o Garmel. Kate ei chwaer yn cadw tŷ i'w thaid, William Williams, yn Nhan-y-ffordd, led cae eto, ond i gyfeiriad y pentre yr ochr uchaf. Dim ond un cae oedd rhyngom ni a Than-y-ffordd a hwnnw yn perthyn i William Williams ond â'i derfyn yn rhedeg gyda chlawdd y pwt lôn oedd yn dod at y tŷ acw o'r ffordd fawr. Anfantais fawr hynny oedd y byddai'n beryg bywyd i bêl neu saeth weiran ambarél fynd ar ddamwain dros y clawdd i libart William Williams yn y gwanwyn ar ôl i'r gwair ddechrau tyfu. Fyddai dim gobaith mentro yno i chwilio am saeth – dim ond derbyn y golled mor wrol â phosib a gobeithio y byddai wedi cancro allan o fod cyn amser torri gwair rhag ofn y byddai'n rhoi sgrech ar hyd min pladur un o'r criw fyddai'n torri i William. Peth gwahanol oedd i bêl fynd drosodd, a gwaeth wedyn i ffwtbol fynd drosodd ar ddamwain fel y digwyddodd unwaith.

Dim ond dau ddewis oedd – mynd i Dan-y-ffordd a gofyn, 'Plis ga i fynd i'r cae i nôl y bêl?' neu ei mentro hi dros ben clawdd a gobeithio na fyddai neb yn digwydd bod yn gweld. Y fi oedd y dewis amlwg i fynd i ofyn, ond faint bynnag o golli parch oedd o'n mynd i olygu, doeddwn innau ddim heb rywfaint o asgwrn cefn a 'na' oedd yr ateb. Dic i fynd drosodd benderfynwyd yn y diwedd, ac fe'i mentrodd hi yn ei gwman o lech i lwyn nes cyrraedd, a hynny ddim ond rhyw deirllath yr ochor arall i'r clawdd. Munudau o ollyngdod ac ailddechrau chwarae yn y cae o flaen drws, a'r byd yn ôl yn ei gynefin. Nes i ben William Williams ddod i'r golwg wrth glawdd y lôn,

'P'run ohonoch chi fuo'n ffagio yn y cae gwair 'na gynna?'

'Y – y fi, Wiliam Wilias. Ddim ond wrth y clawdd oedd hi...'

'Os gwela i'r un ohonoch chi yn deintio dros y cloddia 'na eto mi fydda i'n cadw'r hen bêl 'na am y sesyn i chi fod yn dallt. Diawlad bach!'

Eiliadau o syfrdan yr un fath â'r eiliadau ar ôl ffrwydrad yn y chwarel cyn i'r corn heddwch ganu ddilynodd cyn i'r pechaduriaid ddechrau ymateb. A'r sylwadau, pan ddaethon nhw, ymhell o fod yn edifeiriol a gostyngedig,

'Fasa chi'n meddwl nad ydi o'n gneud dim byd drw'r dydd dim ond sefyll yn drws yn sbio ar gwair yn tyfu.'

'A gwair sâl sy gynno fo yn diwadd – yn bengalad a phwrs bugail i gyd.'

'A be mae o'n berwi am 'i 'sesyn'? Ma sesyn ffwtbol wedi gorffan p'run bynnag. Amsar chwara criced ydi hi rŵan.'

Hen ŵr digon caredig oedd William Williams yn y bôn ond bod y gair garwa ymlaen ganddo fo yn aml iawn, ac mai ychydig iawn oedd yn ddigon i beri i'r mwnci ddod i'r ffenest. Roedd Tomos wedi meddwl unwaith am ysgrifennu hanes y pentref, ac yn naturiol ddigon, yn meddwl y byddai'n beth doeth cael gair efo William Williams gan ei fod o sbel dros ei bedwar ugain.

'Rydach chi'n cofio'r pentra 'ma yn wahanol iawn ma' siŵr, William Wilias?'

'Nag ydw i 'ngwas i, ddim ond yr un fath yn union – dim ond nad oedd yr hen dai 'ma ddim yma.'

Gwahanol iawn oedd Kate, yr wyres oedd yn cadw tŷ yn Nhan-y-ffordd. Yn hapus ac wrth ei bodd yn byw ac yn chwerthin.

'Fasa ti'n lecio dŵad i Lys Meirion efo mi pnawn 'ma i nôl negas, Gruffudd bach?'

'Ew baswn.'

'Wel dos adra i ddeud wrth dy fam rŵan 'ta a tyd yn dy ôl reit handi – dydw i ddim wedi gneud y llyfr ar ôl yr wythnos dwaetha.'

Roedd yno ddau lyfr ar silff y palis. Y 'llyfr siop' oedd un – lle byddai neges yr wythnos wedi ei roi i lawr yn ofalus, a'r cyfri wedi ei roi i lawr ar y diwedd – a 'settled with thanks' ar ôl hynny fel rheol. Yn anaml y byddai 'owing 2/6' neu ryw swm cyffelyb ar y llyfr hwnnw gan fod yr amgylchiadau yn Nhan-y-ffordd yn ddigon taclus. Gwahanol iawn oedd hanes aml i lyfr siop wedi bod yn y blynyddoedd tlodion a'r 'owing' wedi mynd yn fwy nag y gellid ei gyrraedd, a'r sôn am y teulu 'ei bod hi wedi cau arnyn nhw', sef nad oedd rhagor o goel i'w gael. Bu hynny'n rheswm dros i ambell deulu y byddai hi 'wedi cau' arnyn nhw yn y Siop yng Ngharmel symud i Lys Meirion – siop wlad yn ymyl Capel y Bryn ryw filltir a hanner o'r pentref. Ond yr oedd Tan-y-ffordd wedi bod yn siopio yn Llys Meirion 'cyn bod 'na siop yn fa'ma gin

Lias a pan odd hwn sy' 'ma rŵan yn 'i glytia,' yn ôl William Williams.

Ond y llyfr arall oedd efo'r llyfr siop oedd yn ddifyr – y llyfr stamps. Rhyw wyth dalen o'r papur salaf welwyd erioed wedi eu rhannu yn sgwariau i'r stampiau ffitio iddyn nhw – y stampiau, chydig llai na stamp llythyr – fyddech chi yn gael yn Llys Meirion wrth dalu am y neges. Roedd y raddfa gyfnewid yn amrywio – un stamp am bob swllt oedd wedi ei wario fyddai i'w gael y diwrnod hwnnw. Ond yr oedd stampiau'r wythnos cynt a'r wythnos cyn hynny heb eu gosod ac felly, gwell tacluso'r llyfr cyn cychwyn.

'Na, paid â'u llyfu nhw 'ngwas i rhag ofn i ti gael ryw anfadwch. Gwlycha nhw yn hwn yli,' a rhoi cadach llestri gwlyb ar yr orcloth ar gongol y bwrdd. Gofalus rŵan. Eu torri nhw'n daclus i ffitio'n union i'r sgwariau nes bod y ddwy dudalen yn berffaith gymesur fel pe bai'r stampiau wedi tyfu yno. A chwyddo yn bechadurus wrth glywed,

'Wel am ddel rwyt ti wedi rhoi nhw. Ma' fy rhai i'n draed moch ymhob man yli. Ond rydw i dest â gorffen pum llyfr, wedyn mi fydd gin i ddigon i gael llian bwrdd, a neiff Johnny Llys Meirion ddim traffarth i sbio sut byddan nhw wedi'u gosod os bydd y llyfr yn llawn. Awn ni rŵan a wedyn mi gei di osod y rhai gawn ni pnawn 'ma ar ôl i ni ddŵad adra a chael te.'

Taith ddifyr oedd hi ar bnawn o wanwyn ffres. Yn un peth, doeddwn i ddim i fod i fynd i'r ysgol am chwe wythnos am bod Tomos wedi cael y sgarlad ffefar a'r pliwrisi a'i fod o yn ei wely yn y llofft ffrynt a chynfas wedi ei throchi mewn 'Jeyes' Fluid' yn hongian dros y

251

drws a neb ond Mam yn cael mynd i mewn. Am ei fod o yn Ysgol Pen-groes a bod yn well iddo fo beidio â cholli, roedd Dic wedi mynd i lojio i Bodgwilym efo Owen Jones a dim ond dŵad i'r drws cefn yng Ngwastadfaes gyda'r nos. Mi fydda yna ogla smocio arno fo hefyd, ond ella fod acw ormod o ogla 'Jeyes' Fluid' i Mam sylwi. Neu roedd hi ormod o ofn nad oedd Tomos ddim am fendio a ddim am godi twrw.

Peth arall braf am fynd i Lys Meirion oedd ei fod o'n bell. Groeslon Bisgah yn un pen i'r pentre a Groeslon Cae'r moel yn y pen arall oedd ein libart cyfreithlon ni. Byddai'n rhaid cael caniatâd i fynd i lefydd fel y Mynydd, yr ochor ucha i'r pentre neu i Gors Caeforgan neu Nant yr Hafod yr ochor isaf. Ond yr oedd Kate, a finna'n gafael yn sownd yn ei llaw hi, yn ei chamu hi'n herfeiddiol drwy Groeslon Bisgah y pnawn hwnnw mor hyderus ag y cerddodd Moses drwy'r Môr Coch. Yr oedd yno lefydd newydd i'w gweld – llefydd nad oedden nhw wedi bod yn ddim ond enwau o'r blaen – Pen Bryn, Tŷ Newydd, Cim, Blaenfferam, Cilfodan. Ac yr oedd yno sili-dons bach a chefnau duon a boliau arian yn gwanu trwy ddŵr clir fel grisial mewn afon bach wrth ymyl giât Blaenfferam.

'Mi ddown ni â phot jam efo ni a mi ddaliwn ni rai i fynd adra efo ni i swpar yr wsnos nesa,' meddai Kate, heb fawr feddwl mae'n debyg ei bod hi wedi creu drych yn y meddwl ohonom ni'n dau ar ein boliau ar y dorlan a'r potiau jam, fel 'piser bach' Cynan 'yn fwy na llawn'. Roedd ambell friallen bron ag agor yn y cloddiau. Sŵn cŵn yn cyfarth tua Braichtrigwr. A rhyw chwa o aroglau llosgi eithin yn y gwynt ar ôl i'r hogia fod yn ffaglu yn Gors Dafarn y noson cynt.

Doedd brechdan jam ddim yn un o'r seigiau mwyaf dewisol yr adeg honno, ond roedd hi'n rhyfeddol o dda ar ôl cyrraedd Tan-y-ffordd yn enwedig ar ôl i Kate dorri'r crystiau a'i galw hi'n sangwij. Ac roedd yno deisen gyraints ar ei hôl hi hefyd cyn clirio'r bwrdd a rhoi'r cadach llestri yn ei le yn barod, 'i ti gael gorffen y job cyn i Dic dy frawd ac Owen Jones ddŵad adra o'r ysgol.'

Roedd ganddon ni fwy o lyfrau ar ôl symud i fyw i Wastadfaes nag oedd ganddon ni yn y Gwyndy am fod mwy o lyfrau ysgol y ddau hynaf wedi cael eu cadw a bod ambell lyfr yn cael ei brynu erbyn hynny er mai prin iawn, iawn oedd arian i beth felly. Ond erbyn i Tomos fod yn y Coleg am flwyddyn, yr oedd mwy a mwy o lyfrau yn cyrraedd. Mwy na llond y cwpwrdd gwydyr oedd wrth ochor y tân, a bu'n rhaid gofyn i Now Saer ddod i fesur y palis er mwyn cael rhoi silffoedd yno i gadw rhai ohonyn nhw. Mi fu bron iddi fynd yn flêr hefyd. Roedd Owen Roberts wedi mesur yn ddigon di-lol ac yn gweld y medrai gael pedair silff ddeng modfedd o led a deuddeng modfedd rhwng pob un i ffitio'n daclus ar y palis. Ond na! Mi ddigwyddodd Tomos gyrraedd cyn y penderfyniad terfynol, a deud wrth y ddau drefnydd fod yna lyfrau mawr a llyfrau bychan a bod yn rhaid amrywio'r mesurau rhwng y silffoedd i gyd-fynd â hynny. Amheus iawn oedd y saer ond,

'Wel mi fasan yn ddelach o lawar iawn efo'r un faint rhwng pob un, ond os wyt ti'n deud, mi gna i nhw felly. Ond mi fyddan yn edrach yn betha digri ar diawl.'

Gan fod y silffoedd mor hwylus a bod Tomos yn meddwl y lecia fo gael silff isa'r cwpwrdd gwydyr i gyd iddo fo'i hun, fe benderfynwyd symud holl lyfrau'r capel, Beiblau a llyfrau canu a llyfrau'r Ysgol Sul a'r cwbwl i'r silff isa yn y silffoedd newydd ar y palis. Rhaid cydnabod eu bod nhw'n edrych yn dda yno hefyd. Rhyw dwtsh bach o Phariseaeth Galfinaidd, anghyffredin iddi hi yn eglwysreg yn y bôn, barodd i Mam ddeud ar ôl i ni orffen eu gosod nhw, 'Ydyn, ma nhw'n edrach reit ddel a ma'n iawn i bobol weld bod gynnon ni rywfaint o grefydd yn y tŷ 'ma.'

Roedd y 'rywfaint' yn amrywio o aelod i aelod o'r teulu mae'n debyg. Wedi eu gwasgu i ben draw'r silff isa yr oedd yno dri llyfr tebyg i lyfr cyfri siop neu lyfr rhent – llyfrau'r Gymdeithas Ddi-log. 'Cynllun Carmel M.C.' oedd cael cymaint o'r aelodau â phosibl i roi arian yn y gymdeithas a pheidio disgwyl cael llog ond gadael i bwyllgor y gymdeithas fuddsoddi lle gellid cael y llog gorau a'r capel gadw hwnnw at ostwng y ddyled neu pa gostau bynnag y byddai'n rhaid eu hwynebu. Byddai rhestr cyfranwyr y gymdeithas yn ymddangos yn yr Adroddiad Blynyddol. A rhestr ddigon dadlennol oedd hi – o bymtheg punt Hywel Wyn Elias Jones, mab hyna'r Siop i ddeg swllt Kate Jones, Bodgwilym a phumswllt Owen Jones, Bodgwilym.

Un o'r arwyddion pendant fod plentyn wedi mynd yn hogyn oedd ei fod yn dechrau dweud fod hwn-a-hwn wedi cael beic, ac yna dechrau rhestru ei gymwysterau ei hun i gael yr un anrhydedd. Wrth gwrs yr oedd gwahaniaeth rhwng beic a beic fel yr oedd gwahaniaeth rhwng seren a seren. Dyna i chi feic fel beic Richard Price, y dyn oedd yn hel y dreth – beic yn sgleinio fel swllt – lifar thri sbid ar y llyw a chas du am y tsaen a'r ffri wîl a chloch ddeusain ar y llyw yr ochor arall i'r lifar thri sbid. Roedd beic Harri Pritchard bron iawn â bod yn yr un dosbarth hefyd. Hel Clwb J.T. yr oedd Harri Pritchard – un bychan o gorff, dyn ysgafn yn gwisgo côt fawr ddu laes a dau glip trywsus am ei goesau a het feddal a'i chantel yn troi i lawr am ei ben. Clwb talu chwecheiniog neu swllt bob mis oedd Clwb J.T., a Harri Pritchard yn nodi'r swm yn ddeddfol ar y llyfr a'i roi yn ôl i Mam i'w gadw er diogelwch yn y tecell copor ar y silff ben tân nes byddai galw am ddilledyn neu liain neu ddillad gwely o siop 'J.T. Jones and Son, Drapers and Outfitters' yn y Groeslon, a byddai'r llyfr yn cael 'ei groesi' yr adeg honno ac yn dechrau ar dymor arall. I ddyn yn dal swydd o'r fath yr oedd gofyn i feic Harri Pritchard fod yn tynnu at safon beic Richard Price, ac ar wahân i'r cas du am y tsaen a'r gloch fawr ar y llyw, mi allech ddweud fod y ddau yn ddigon tebyg. Dim ond y byddai beic Harri Pritchard yn fudur bob amser, ac yr oedd hynny'n rhyfedd a meddwl mai ar y clawdd y tu allan i Siop JT yn y Groeslon yr oedd y llun mawr melyn o'r dyn ifanc hawddgar ar gefn beic a'r geiriau 'Raleigh y beisicl sy'n ddur i gyd' oddi tano.

Beiciau cyffredin oedd gweddill beiciau'r pentre – rhai yn well a rhai yn waeth wrth reswm. Ar wahân i ambell un fel rêsyr-drop-handls John Owen – gwrthrych cenfigen rhai fel Dic ac Owen Jones, ond rhywbeth oedd yn gwneud John Owen yn wrthrych tosturi i rai fel Lora Huws oedd yn byw yn No.1 Carmel Terrace.

'Peth bach! Gwilydd i Rolant Ŵan adael iddo fo. Yn 'i

gwman fel'na – mi fydd wedi sigo asgwrn 'i gefn gewch chi weld a mi fydd fel bach S cyn bydd o'n ddeugain oed.'

Y peth barodd i Dic ddechrau swnian o ddifri am feic oedd i Owen Bodgwilym ac yntau weld Raleigh bach aillaw yn siop JT rywdro yn nechrau'r flwyddyn, ac i Dic fynd i mewn i ofyn beth oedd ei bris.

'Tair punt, Richard. Ydach chi'n ei lecio fo?'

'Ew ydw!' Pwy na fuasai?

'Mae o'n fargan fawr cofiwch. Mae'i ddau deiar o'n newydd sbon, a clywch chi 'i ffri wîl o,' a chodi'r beic ar ei olwyn flaen a rhoi cic i'r dradlan i wneud i'r olwyn ôl droi yn yr awyr. 'Neis yn tydi?'

Cwestiwn gwirion. Roedd hi'n troi fel sidan.

'Leciech chi i ni 'i gadw fo am ddwrnod ne ddau i chi gael siarad adra, Richard?'

'Na...' Roedd 'Richard' yn gwybod yn iawn beth fyddai gogwydd y 'siarad adra'.

'Neu os leciwch chi mi gewch chi roi ryw 'chydig i lawr arno fo a mi wnawn ni 'i gadw fo i chi nes byddwch chi wedi cyrraedd ryw swm a wedyn mi gewch chi fynd â fo.'

'Faint fasa eisio...?'

'Wel... punt i ddechra? Wedyn pan fasa chi wedi cyrraedd dwy bunt, mi allech chi gael y beic a gorffen talu fel y medrech chi.'

Fe dyfodd y busnes beics hwnnw i fod yn un o fodurdai adnabyddus Dyffryn Nantlle yn diweddarach. Ond fe wyddai'r darpar brynwr fod peth felly yn swnio'n llawer rhy debyg i 'brynu ar goel' – trefn oedd i'w hosgoi fel gwenwyn.

Punt oedd y cyfalaf mwyaf fedrai Dic ei godi ar ei ben ei hun – roedd yno tua deunaw swllt yn ei gadw-mi-gei, ac fe fyddai modd gwerthu ambell beth, fel un o'r ddwy gyllell boced oedd ganddo, neu un o'r ddwy ffwtbol...

Pan godwyd y mater amser bwyd chwarel gyda'r nos, meddai Nhad, o garedigrwydd ei galon yn ôl ei dyb ei hun mae'n debyg,

'Wel ma' beic Tomos yn hongian yn y sgubor yli. Mi estynnwn ni o i lawr i ti os leci di.'

Hen feic mawr, trwm gwyrdd tywyll oedd 'beic Tomos' a llyw uchel fel cyrn gwŷdd; sêt lydan, a dau deiar llydan oedd wedi hen fynd allan o'r ffasiwn. Wedi ei etifeddu o'r Gwyndy yr oedd o a neb yn siŵr iawn pwy oedd y perchennog gwreiddiol – f'ewyrth Tom oedd wedi mynd i'r Mericia efallai. Doedd Tomos ddim wedi ei dorri allan i reidio beic rywsut. Ddysgodd o rioed fynd ar ei gefn o'n iawn – sefyll ar y dradlan a chodi'i goes dros ei asgwrn cefn o. A dim ond un daith sylweddol oedd o wedi'i wneud efo'r beic – i Ryd-ddu i weld y teulu, ond deud ar ôl dod adre y byddai'n well ganddo fo fod wedi cerdded.

Mae'n wir na fyddai meddwl am fynd i fysg pobol efo anghenfil o'r fath ddim yn atyniadol, yn enwedig o gofio am ambell sleifar fel rêsyr John Owen, ond peth ffôl iawn oedd colli'i dymer ac ateb,

'Na peidiwch â thrafferthu. Ma'r sglyfath ddigon agos lle mae o.'

'O, felly...' oedd yr unig ateb gafodd o, ond yr oedd ei obaith o am gael tua dwy bunt o arian wedi diflannu ac mi fu pethau'n ddigon tynn trwy'r gyda'r nos ar ôl i Mam roi ar ddeall iddo fo'n bendant iawn nad felly yr oedd o i fod i siarad efo'i dad. Ond nid dyn i roi i fyny oedd Dic.

Ar ôl dod o'r ysgol pnawn drannoeth, cyn amser bwyd chwarel, mi estynnodd lyfr cyfrif y Gymdeithas Ddi-log oddi ar silff y palis a dweud wrth Mam,

'Mae 'na dest i bunt yn hwn ylwch.'

'Oes 'na wir? Ma' gin ti fwy na'r ddau arall felly.'

'Oes a 'dwi am 'u codi nhw.'

'Na, hwyrach bod well i ti beidio.'

'Pam? Fi pia nhw.'

'Ia, chdi pia nhw, ond mi rwyt ti wedi rhoi eu benthyg nhw i'r capal.'

'Os ma' fi pia nhw ma' rhaid i mi'u cael nhw. A mi 'dwi'n mynd i ddeud wrth Wil Saith heno.'

'William Robaits ydi'i enw fo a phaid â deud petha fel yna.'

'Dyna mae pawb yn ddeud. A mi wn i pam hefyd. Saith lleng o...' Ond chafodd o ddim gorffen dangos ei wybodaeth.

'Taw! A phaid â sôn am y peth eto. Ma' dy bres di'n mynd i aros yno yr un fath â phres y ddau arall.'

Mynd allan wedi torri'i grib wnaeth o, ac fel Mari Lewis, mam Rhys, wedi ei gystuddio ond heb ei lwyr ddifetha.

Soniwyd dim gair am feic wedyn. Yn wir yr oedd y dyfroedd wedi tawelu'n rhyfeddol, a syndod annisgwyl oedd clywed Dic yn holi am restr testunau Eisteddfod y Plant ymhen noson neu ddwy.

'Wyt ti am drio rywbeth?'

'Ella.'

'Wel da iawn chdi.'

Pan ddaeth dydd Sadwrn Eisteddfod y Plant yr oedd Dic am fynd i'r tri chyfarfod – nos Wener, pnawn a nos

Sadwrn. Mi ddechreuodd pethau nos Wener pan gy-hoeddodd Mr Hughes y Gweinidog, oedd yn arwain,

'Yn fuddugol yn yr arholiad ysgrifenedig i rai dan un ar bymtheg oed – Richard Williams Parry, Gwastadfaes.'

Digwyddodd yr un peth am wahanol gystadlaethau fel 'Traethawd', 'Pedwar Pennill Wyth Llinell' a hyd yn oed 'Darlun o Longddrylliad' yng nghyfarfod pnawn Sadwrn, a dwy wobr wedyn yng nghyfarfod nos Sadwrn. Yr oedd rhyw newid rhyfedd wedi digwydd. Hwyrach fod Dic wedi cael tröedigaeth a'i fod o am newid yn hollol a bod yn hogyn da. Doedd o ddim i'w weld yn wahanol chwaith mewn ffordd yn y byd i edrych arno fo. Ond yr oedd rhyw fflach o falchder yn ei lygad o amser te dydd Sul pan ddeudodd Mam y byddai'n rhaid 'gyrru llythyr i Tomos fory i ddeud hanes y Steddfod'.

Ar ôl iddo ddod adre o'r ysgol pnawn Llun y daeth y goleuni.

''Dwi'n mynd i'r Groeslon i nôl y beic. Ma' gin i ddigon o bres rŵan a mi fydda i adra erbyn bwyd chwaral.'

Cafodd y tri llyfr bach aros efo'i gilydd ar silff y palis. Ond chafodd y Steddfod Plant ddim cefnogaeth buddugwr y flwyddyn honno byth wedyn.

Hyd nes i ni orfod symud o'r tyddyn yng Ngwastadfaes a mynd yn ôl i fyw i Fryn Awel, pethau difyr oedd llyfrau wedi bod – pethau fel *Deian a Loli, Hunangofiant Tomi, Ynys y Trysor, Nedw* a llaweroedd eraill. Ond yn fuan wedyn yr oedd Tomos, yng ngeiriau'r Postfeistr, 'wedi gneud llyfr'. Un melyn oedd o a *Theater du Mond* oedd ei enw, ac yn ôl beth oedd Tomos yn ddeud, dim ond wedi ei ailysgrifennu yr oedd o. Llyfr oedd rhyw offeiriad Pabyddol wedi ei gyfieithu ym Mharis oedd o i ddechrau a 'Gorsedd y Byd' fyddai'r geiriau Ffrangeg yn Gymraeg. Er nad awgrymwyd dim o'r fath ar goedd gellid synhwyro tipyn bach o siomiant pan ofynnodd Mam i Dic ar ei ben ei hun,

'Pwy fydd yn ei ddarllen o wyt ti'n meddwl?' a chael ateb swta braidd,

'Neb os na fydd raid iddyn nhw.'

Mi gododd dipyn bach o obaith y byddai'r llyfrau yr oedd Tomos yn ymhel â nhw yn amgenach pethau pan gyhoeddwyd *Baledi'r Ddeunawfed Ganrif*. Ond ddaeth yna ddim byd tebyg i bethau fel llyfrau Tegla Davies a Kate Roberts a phan ddeallwyd ei fod o wedi dechrau hel gwaith Dafydd ap Gwilym at ei gilydd, mi dderbyniwyd y sefyllfa a rhyw roi'r ffidil yn y to a meddwl 'na fydda fawr neb yn gwybod am ei lyfra fo'. Er, yr oedd yr agwedd wedi newid gryn dipyn pan ofynnodd Tomos i Mam ryw ddiwrnod, ac yntau wedi priodi ac yn byw ym Mangor erbyn hyn a'r rhyfel wedi torri allan,

'Be sy' yn y coffor tún 'na sy yn y llofft gefn rŵan?'

'Dim llawer o ddim rŵan. Plancedi gwlâu fydd ynddo fo yn yr ha'. Pam?'

'Meddwl basa'n well i mi ddŵad â pheth o'r Dafydd ap Gwilym 'na yma i fod yn saff.'

'Wyt ti 'rioed yn meddwl byddan nhw'n bomio Bangor?'

'Na fyddan gobeithio. Ond mi fasa'n saffach.'

'Berffaith saff yma faswn i'n meddwl.'

Ac fe gafodd y llyfrau a'r ffeiliau a'r mynegai hynny, eu personoli yn syth. Pan fyddai eisiau mynd i'r seilin drwy'r trap dôr yn y llofft gefn adeg eira rhag ofn ei fod wedi lluwchio a byddai peryg iddo ddifetha nenfwd y llofftydd,

'Cofia bod Dafydd ap Gwilym yn y coffor. Bydd yn ofalus os byddi di'n ei symud o.'

Chawson ni ddim cywydd i ddiolch am lety chwaith er iddo fo fod acw drwy flynyddoedd y rhyfel am nad oedd modd i Tomos fedru teithio i'r llyfrgelloedd yn Llundain a Rhydychen a Chaerdydd. A phan beidion nhw â rhyfela mae'n debyg y cafodd yntau lonydd i fynd yn ei ôl i'r gro a'r bedw gael dal i dyfu drosto fo. Ac mi gafodd Tomos lonydd i fynd ymlaen efo'i lyfr nes iddo gael ei gyhoeddi yn 1952.

Sŵn dipyn yn dosturiol oedd gan Jane Catrin Cae'r-moel pan welodd hi'r gyfrol ym Mryn Awel ar ôl i Mam gael copi,

''Y ngwas-i! Mae o wedi bod wrthi hi ma' raid. Mae o'n goblyn o lyfr mawr tew yn tydi? A phwysa yno fo. Mi fasa Richie yn lecio'i weld o.'

Mi gafodd 'Richie' ei weld o. Ac fe ddarllenodd rai o'r cywyddau. A chofio efallai am y nosweithiau pan oedd o'n darllen *Rhys Lewis* i Tomos ar ôl mynd i'w gwlâu yng Nghae'r-moel pan oedd y ddau yno yn cysgu eu hunain ar ôl i'r teulu fynd i'r Sowth adeg y rhyfel cynt..

O gofio'n ôl, diddrwg didda oedd llyfrau fel *Theater du Mond* at ei gilydd. Yr oedd yna edmygedd o'r awdur wrth reswm a balchder wrth weld y 'T. Parry' mewn print ar y clawr, ond yr oedd cyfrolau fel *William* Richmal Crompton yn llawer cryfach eu hapêl a lletach eu cylchrediad. Ond gwaetha'r modd, yr oedd yna ddosbarth arall o lyfrau a stamp y ddwy gyfundrefn arnyn nhw – y Gyfundrefn Addysg a'r Trefnyddion Calfinaidd.

Elementa Latina, llyfr bach glas, fawr mwy nag un o gyfrolau *Cyfres y Fil* ond â holl ofnadwyaeth a bygwth dialedd y duwiau o'i gwmpas. Hwnnw, wedi dod i lawr o frawd i frawd, oedd offeryn gweladwy poendod y gwersi Lladin yn Ysgol Pen-y-groes.

'Stand up!' Hynny ei hun ddim mor hawdd a'ch dau ben-glin chi am fynnu curo yn erbyn ei gilydd.

'Decline mensa!'

'Mensa, mnsa mnsam mnsae mnsae mnsa mnsae mnsae mns s...as...' a'ch corn gwddw chi'n mynd yn dynnach, dynnach a'ch tafod chi'n mynd yn dewach ac yn dewach nes hercio i'r '-is' olaf ar y diwedd.

Os mai'r bwriad yn y pen draw oedd dechrau ein cyflwyno, yn un ar ddeg oed i geinion llenyddiaeth Ladin, i areithiau Cicero, i gerddi Ovid a gorchestion cyrchoedd rhyfel Cesar, roedd y pris oedd raid ei dalu yn llawer rhy uchel.

Byrdwn nosweithiau braf diwedd Ebrill a dechrau Mai rhyw dymor gwanwyn meddal oedd cyfrol y Trefnyddion Calfinaidd – un clawr gwyrdd heb fod lawer iawn mwy na'r *Elementa Latina*, a llun y golomen yn disgyn ar y Beibil yn y gornel uchaf a'r teitl, *Hyfforddwr a Chyffes Ffydd* ar y canol.

Doedd y golomen honno ddim yn gennad heddwch arbennig iawn chwaith er mai tila iawn oedd y bygwth gwrthryfel o'i gymharu â gwrthryfel Dic ryw chwe blynedd ynghynt. Nos Fercher ar ôl dod adre o'r Seiat oedd hi.

'Ma' Rolant Owen yn deud ei bod hi'n amser ichi gael eich derbyn yn aelodau.'

'Pwy?'

'Y pump ohonoch chi – y dosbarth Ysgol Sul. Ma'
Rolant Owen wedi siarad efo William Roberts medda fo.'
Dyn y Gymdeithas Ddi-log oedd William Roberts. Ond
llond ei boced o fferis bob Sul.

'Ella nad ydan ni ddim eisio cael ein derbyn.'

'Wel ydach siŵr – rydach chi'n bedair ar ddeg.'

'I be ma' eisio i mi gael fy nerbyn?'

'Fyddi di ddim yn aelod os na chei di dy dderbyn.'

'Ma' Dic yn deud 'i fod o am godi 'i docyn aelodaeth a'i
gadw fo yn drôr.'

'Gawn ni weld am hynny. Ma' Rolant Owen am drefnu
Cyfarfod Derbyn bob nos Iau medda fo, hanner awr wedi
chwech a dechra nos 'fory.'

'Ond 'rydan ni'n mynd i chwara criced i Dai Sibi nos
'fory.'

'Mi neiff ryw noson arall i hynny. Testament a'r
'Fforddwr fydd eisio i chi fynd efo chi medda fo. Dwi
ddim yn siŵr iawn lle ma'r 'Fforddwr chwaith ond mi ga
i hyd iddo fo cyn nos 'fory.'

'Peidwch â thraffarth, ac ylwch mi geith Rolant Ŵan
gadw'i Gyfarfod…' fyddai ateb dyn dewr wedi bod, ond,

'Na, dwi ddim isio mynd i fan'no bob nos Iau,' gafwyd.
Gwantan iawn ac agoriad i,

'Na, mi wn i nad wyt ti ddim eisio 'ngwas-i, ond ma'n
rhaid i ni neud petha nad ydan ni ddim eisio amball dro.
A mi eith heibio ar un waith ysti. A fydd dim eisio i ti
ddeud adnod yn Seiat wedyn.'

Bychan iawn o gysur am golli pob nos Iau am tua chwe
wythnos. Noson braf yn mis Mai a'r dydd wedi ymestyn
a golau ar yr awyr nes ei bod rhwng wyth a naw. Ac os
nad oedd yno 'anhreuliedig haul Gorffennaf' yn galw yr

oedd yno amrywiaeth o bethau eraill – chwarae criced yn y Mynydd Bach, cicio ffwtbol, achos doedd y 'sesyn' dim yn cyfri mwy nag yr oedd hi'n cyfri i William Williams Tan-ffordd. Mynd am dro i Nant yr Hafod, mynd i'r mynydd i nôl pridd du o ymyl y Garreg Lwyd i'w roi yn yr ardd bach, y gongol oedd wedi cael ei thrin yn y cae o flaen drws i dyfu blodau, hel cnau daear yng Nghae Ffynnon Wen, mynd i domen Cilgwyn, y domen rwbel chwarel oedd yr ochor ucha i Dai Sibi, i chwilio am lechi gwastad i gael sglefrio i lawr ochor y domen ar hyd llwybrau'r defaid, gwneud tent efo sachau yng Nghae Cefn Beudai a hel priciau i wneud tân o flaen y drws a rhoi tatws o'r gist yn y sgubor i grasu yn y tân ar ôl iddo droi'n lludw a mynd i'r tŷ i nôl plât a llwy a lwmp o fenyn i gael byta'r tatws trwy'u crwyn a thrwy'u baw yn union fel y byddai Indiaid Cochion Gogledd America yn eu bwyta. Tatws! Wrth gwrs mai o'r Mericia yr oedd tatws wedi dŵad i ddechrau. Roedd y ddynes Hanes yn yr ysgol wedi deud hynny. Ac Indiaid Cochion oedd yn byw yn y Mericia. Ac yr oeddan ni, Indiaid Cochion Cae Cefn Beudai, yn yr ail flwyddyn yn Ysgol Pen-groes erbyn hyn. Ac yn gwybod be oedd be.

Gorfod aberthu rhai o'r gweithgareddau yna oedd mynd i'r Dosbarth Derbyn ar nos Iau yn ei olygu, ac nid bychan oedd yr aberth. Aroglau oer y farnis ar y seti ac ias o sancteiddrwydd rhynllyd lle nad oedd haul byth yn tywynnu i mewn am fod y ffenestri i gyd ond un fach yn wynebu'r gogledd. Gwich y drws, oedd wedi disgyn ar ei drwyn, wrth iddo gau mis Mai allan yn y Rhes Ffrynt a'r Rhes Gefn a Lôn Bisgah a'n gadael ninnau ar ein pum cadair yn hanner cylch o gwmpas grât gwag a Rolant

Owen yn y gadair freichiau gron nesa i'r pentan yn ein croesawu'n hael ac yn ein harwain yn gynnil,

'Wel 'y mhlant i, hanes cychwyniad a sefydlu yr ordinhad sanctaidd Swper yr Arglwydd fydd ein maes ni am yr wythnosau nesa 'ma, a meddwl am arwyddocâd a phwysigrwydd y sacrament ym mywyd yr eglwys a'ch paratoi chitha i gael bod yn gyflawn aelodau o'r eglwys – corff Crist. Ond peidiwch chi â dychryn na phryderu – mi wn i eich bod chi'n blant da i gyd ne fasa chi ddim yma heno – ac am hynny mi fyddwch chi'n barod i gael eich derbyn yn fuan iawn. Mi fyddwn ni'n dechra efo hanas Iesu Grist yn marchogaeth i Jerusalem a'r dyrfa yn gweiddi 'Hosanna i Fab Dafydd'. Wedyn mi awn ni drwy hanas y bradychu a'r llysoedd a'r croeshoeliad. A mi leciwn i i chi fod yn gwybod hyd y bedwaredd bennod ar ddeg o'r Hyfforddwr ar eich cof bob gair at y diwedd. Ond mi fyddwn ni'n mynd yn ddigon pwyllog 'chi. Dim angen rhuthro wrth drafod pethau fel hyn.'

Nefi blw' yma byddwn ni. Roedd hi'n tynnu at ddiwedd y drydedd noson pan ddechreuon ni ar 'Y Fforddwr',

'Mi ofynna i i chi ateb fesul un 'y mhlant i. Dim ond y cwestiwn cynta heno. Ffrancon 'machgan i. Pwy a'ch gwnaeth chwi?'

'Duw a'n gwnaeth ac nid ni ein hunain. Ei bobl ef ydym a defaid ei borfa.'

'Da iawn chdi'… ac ymlaen fesul un ac un. Fyddai gan y chweched ddim gobaith i fethu wedi gwrando ar y pump arall yn dweud yr un geiriau yn union.

Pob parch i Thomas Charles, ond poendod oedd ei Hyfforddwr o o'r dechrau cyntaf. Roedd yna amheuaeth ym meddwl rhywun oedd wedi bod yn astudio Aristotle ynglŷn â gwirionedd y cwestiwn cyntaf un hwnnw – 'Pwy a'ch gwnaeth?'

Yr oedd hi sbel ar ôl Ffair Llanllyfni yn nechrau Gorffennaf pan gawsom ni ein derbyn o'r diwedd. Rolant Owen yn siarad amdanon ni ein chwech, a dweud ar y diwedd,

'Ac mae'n dda gen i, frodyr a chwiorydd, argymell fod y chwech yn cael eu derbyn yn gyflawn aelodau o'r eglwys yn y lle 'ma. Wnewch chi roi'r arwydd arferol o'ch cymeradwyaeth trwy godi deheulaw os gwelwch chi'n dda.'

'Mi aethon i gyd i fyny i'r entrychion 'y ngwas i,' meddai Ffrancon drannoeth. Ac fe gawsom ninnau ein chwech y bara a'r gwin y noson honno ac eistedd yn y Sêt Fawr a'r blaenoriaid wedi cael eu symud i'r seti ochor. 'Fath â finag. Lemonêd yn well na fo,' oedd y ddedfryd ar y gwin.

Yr oedd llyfrau wedi bod yn ein bygwth ni fel teulu o'r cychwyn cyntaf rywsut. Yr oedd wedi bod yn rhaid prynu llyfrau ysgol i'r tri ohonom tra buom ym Mhen-y-groes – rhai ail-law o flwyddyn i flwyddyn gan amlaf, ond er gwerthu cymaint ag a ellid ar ddiwedd tymor haf, yr oedd amryw yn aros heb eu gwerthu na'u rhannu ac yn creu problemau dirfawr o ran cael lle i'w cadw. Bu'n rhaid i'r llestri, llestri o'r Gwyndy a rhyw ychydig o lestri o Lŷn oedd yn cael eu cadw yn y cwpwrdd gwydr wrth ochor y tân, gael eu symud i wneud lle i lyfrau. Dillad oedd wedi arfer cael eu cadw yn daclus yn y cwpwrdd ar ben y grisiau yn mynd i'r dodrefn newydd yn y llofft ffrynt – i wneud lle i lyfrau. Dod â chist llongwr fy nhad oedd wedi cael ei symud i'r cwt golchi ym mhen draw'r ardd yn ôl i'r tŷ – i ddal ei llond o lyfrau.

Llyfrau oedd llawer o'r rheini na ddylid erioed bod wedi gadael iddynt ddod i fodolaeth. *Groundwork of British History* gan ryw Warner a Marten, dau imperialydd unllygeidiog o Saeson na ddylid bod wedi cyhoeddi eu truth anghyfrifol a'i alw yn 'Hanes' erioed. Yr *Elementa Latina* bondigrybwyll, a nifer o gyfrolau eraill cyffelyb na ddylid erioed fod wedi eu cadw. Ond cadw oedd y drefn. Yr oedd llyfr yn beth i'w barchu, i'w ddiogelu, i'w edmygu yr adeg honno.

Fe wagiodd Bryn Awel yn arw pan briododd Tomos a mynd i fyw i Fangor a chael ystafell yn y tŷ newydd a thri phared ohoni yn silffoedd i ddal llyfrau. Ar un o'r silffoedd hynny y bu fy ngolud llyfryddol innau hefyd am y ddwy flynedd y bûm yn byw yno ac yn dod yn B.A. digon symol – ail adran ail ddosbarth – yn Saesneg wedi bod yn ymlafnio efo rhyw ddirgeledigaethau fel 'Beowulf' a sychder y Cronicl Eingl-Sacson. Er, i fod yn onest, yr oedd ar y silff honno rai cyfrolau sydd yma o hyd – nofelau Hardy; barddoniaeth y Rhamantwyr – Wordsworth, Keats, Shelley – ; pererinion Chaucer aeth i Gaergaint, ac yn bennaf oll efallai, gweithiau cyflawn Shakespeare y mae dwy genhedlaeth arall wedi bod yn bodio'i dudalennau erbyn hyn. A sylweddoli nad oedd mwy o obaith dianc oddi wrth y rhain nag oedd i Parry-Williams ddianc oddi wrth ei Gymru.

Yr oedd ysgol yn medru bod yn lle digon difyr ambell dro cyn dyfod dyddiau blinion y blynyddoedd diweddar yma a'u 'hasesu' a'u 'gwerthuso' a'u 'mentora'. Yr oedd marcio pump ar hugain o draethodau'r pumed dosbarth yn y llyfrau ysgrifennu ar ôl mynd adre gyda'r nos yn dasg ddigon trom, ond bron yn ddieithriad byddai rhywbeth fyddai'n bleser llwyr yn dod i'r fei. Ceinwen, yn bymtheg oed, wedi colli'i mam, wedi dewis 'Y Tŷ Gwag' yn destun traethawd o'r tri neu bedwar testun oedd wedi'u gosod, ac yn dweud y byddai ei thad a hithau yn dod i'r tŷ o'r traeth bob gyda'r nos, 'and the silence returns with us into the cold kitchen'. Evan John wedi bod yn Ffair Ŵyl Ifan Ha' a rhyw sipsi dywyll wedi edrych ar gledr ei law wrth ddrws ei phabell ac wedi dweud, 'There's gold in your stars for the future'. Doedd o ddim yn siŵr sut yr oedd hi wedi gweld sêr ar gledr ei law o ond yr oedd o wedi rhoi'r profiad mewn geiriau ac mae'r geiriau wedi aros o hyd.

Mae enwau rhai o'r traethodwyr hynny yn enwau adnabyddus, yn feirdd a llenorion safonol ac uchel eu parch. Bu hefyd rai fel Evan John a Ceinwen, ac y mae eu geiriau hwythau hefyd wedi aros ac yn dod yn ôl wrth gofio am y pentwr llyfrau traethodau a'r bag ysgol brown fyddai'n eu cario adre gyda'r nos.

Yn y bag hwnnw yr oeddwn i wedi rhoi cynhyrchion un o gystadlaethau'r Eisteddfod Genedlaethol oedd i fod i gael eu beirniadu cyn diwedd Mai er mwyn cael golwg arnyn nhw yn ystod yr awr ginio. Dod adre'r pnawn a Geraint Wyn, nai, a'r plentyn cyntaf yn y teulu yn ddwyflwydd a hanner acw i de, ac wedi cael tryc yn anrheg Nadolig gan ei Nain a'r tryc yn cael ei gadw ym Mhencraig, ac yn cael defnydd helaeth bob tro y byddai Geraint acw a'r cowrt a'r lôn o flaen drws yn cael eu troi yn stesion Pwllheli trwy gymorth y tryc, a'r portar llathen, penfelyn yn symud 'lygaij' pobol drwy'r pnawn.

Unrhyw beth y gellid ei roi yn y tryc i'w gario – ffwrdd â fo, a byddai gwaith dod o hyd i'r celfi a'u cario'n ôl i'w lle ar ôl iddo fynd adre.

Damwain hollol oedd i mi ddigwydd ei weld o a'r tryc gwag yn dod i'r golwg drwy adwy'r cae ŷd – Cae Tu Ucha'r Beudai, ac yn cychwyn i lawr am y tŷ a golwg dyn wedi cyflawni 'i ddyletswydd arno,

'O, hylô 'ngwas i. Lle buost ti?' Ond roedd o'n cerdded yn llawer gwell nag roedd o'n siarad, a dim llawer o sgwrs i gael, dim ond,

'Tyc now now,' braidd yn amwys.

'Ew ia, mawr 'te. Ond lle buost ti efo tryc mawr rŵan?'

'Helpu.'

'O ia? Helpu pwy was?'

'A wan...' ac i ffwrdd â fo i chwilio am lwyth arall ac i gynnig cymorth i rywun arall mewn cyfyngder. Mi wyddwn i na fyddai dim gobaith ailagor y drafodaeth, ac mae'n debyg mai dyna pam y penderfynais i mai peth doeth fyddai mynd cyn belled ag adwy Cae Tu Ucha'r Beudai. Roedd y llidiart yn hanner agored ac arwyddion cerdded o'i gwmpas. Ac oedd, yr oedd yno lwybr yn cychwyn trwy'r ŷd i fyny'r cae. Roedd yn well ei ddilyn o rhag ofn... Yr ŷd wedi tyfu'n gryf, tua dwy droedfedd a hanner erbyn hynny ym mis Mai a rhyw ias o euogrwydd wrth gerdded drwyddo a'i ffagio. Ond yr oedd yno lwybr i'w weld a modd ei ddilyn er nad oedd o'n un amlwg iawn. Yn ei ben draw, lathenni lawer o'r adwy, cylch lle'r oedd yr ŷd wedi ei wasgu i'r ddaear, ac yno, yn daclus ar lawr yn ei ganol – y bag ysgol! Byddai wedi bod yno hyd amser cynhaeaf ym mis Medi neu fis Hydref. A byddai 'Steddfod Caerffili wedi hen fynd heibio. A byddai

Dramâu'r Geni wedi hanner pydru yn y Cae Tu Ucha'r Beudai.

Yn fuan ar ôl dechrau'r rhyfel daeth dogfennau a llyfrau newydd i fodolaeth wrth i ryddid a hawliau dyn gael eu difodi y naill ar ôl y llall. Bellach yr oedd yn rhaid i bawb gael cerdyn adnabod a rhif. A'r rhif oedd yn bwysig. Heb y rhif nid oedd modd cael y llyfr dogni i gael bwyd na'r llyfr cwponau i gael dillad. Mae llawer o'r cof am y blynyddoedd brwnt a diffaith hynny wedi cael ei ramantu trwy angof a thrwy bropaganda rhyfelgar gwleidyddion anonest a masnachwyr arfau digydwybod. Wrth i'r dioddefaint barhau a'r gyflafan waethygu yr oedd y llyfrau bach melyn yr oedd yn rhaid eu cael i brynu bwyd a'r llyfrau bach glas i brynu dillad yn dod yn bwysicach bob dydd, a gafael y wladwriaeth yn tynhau ac yn argoeli'r dinistr a'r difodiant sy'n digwydd i gymdeithas y dyddiau hyn. Ond pethau trist a thywyll yw ystyriaethau fel yna, er eu bod nhw'n wir.

Cafodd siopwyr y pentrefi a'r ardaloedd gwledig rym anghyffredin wrth i'r dogni ddechrau.

'Fyddwn ni ddim esio menyn yr wythnos yma na'r wythnos nesa, Mrs Jones…' wrth nôl angenrheidiau'r wythnos o Siop y Bont.

'Rydach chi'n corddi wrth gwrs?'

'Dim ond digon i ni'n hunain.'

'Wel siŵr iawn wir. Alla i dorri'r cwpons yr un fath?'

'Gellwch ar bob cyfri. Mi fydd rhywun…'

'Ma' hi'n anodd yn tydi?'

'Ma' hi'n anodd iawn. A mae menyn cartra mor neis yn tydi?'

'Fyddwch chi yn lecio fo yn byddwch?'

'O amball i le. Ddim o bob man cofiwch.' Roedd hi wedi cael ambell brintan bach o acw.

'Mi fyddwn ni'n corddi eto cyn y Sul mae'n debyg.' Pwt o ddrama fyddai'n dilyn. Mrs Jones yn edrych drwy'r ffenest i weld nad oedd neb ar fin dod i mewn ac, ar ôl sicrhau ei bod hi'n glir, yn amneidio arwydd bach i estyn y bag. A byddai'r bag yn diflannu tu ôl i'r cownter am funud ac yn dod yn ôl â phwys o siwgwr a chwarter o de yn ei waelod.

Ond os oedd modd hepgor ambell gwpon bwyd am ein bod ni'n byw ar ffarm, stori wahanol iawn oedd hi ynglŷn â chwponau dillad a dim gobaith cael yr un driniaeth yn Siop George neu'r Siop Goch ym Mhwllheli ag a geid efo drama fach Mrs Jones Siop y Bont. Gallai ymweliad â Thŷ Cam yn Llangwnnadl, cartre f'ewyrth Ifan, brawd Mam, a Sera'i wraig, fod yn ddigon proffidiol. Rhyw nyth dryw o le oedd y tŷ – cegin a bwtri a dwy siambar a thaflod, a'r ddau yn byw yn yr ha' mewn cwt bach llai fyth – llathen o gegin a llathen o siambar – er mwyn cael gosod i fisitors i helpu i gael dau ben llinyn ynghyd, achos byw main oedd yno, a'r rheswm oedd fod Ifan wedi bod yn ysgrifennydd Cymdeithas Gydweithredol Llŷn a honno, fel llawer menter arall yn nechrau'r ganrif, wedi mynd yn fethdalwr a thorri'n gyrbibion a gadael Sera ac yntau yn dlawd iawn. Wyddai'r naill na'r llall ddim byd am y farchnad ddu broffidiol lle gallent fod wedi gwneud ceiniog reit ddel o elw trwy werthu'r cwponau dillad, a phe gwyddent, mae'n debyg mai ceiniog annheilwng fyddai barn y ddau am arian o'r fath ac mai gwell oedd eu hosgoi. A dyna pam mae'n debyg yr aeth Sera i'r tŷ am funud ar ôl te – te a jam cwsberis a hwnnw'n galed fel haearn Sbaen ond yn flasus ryfeddol – a dod yn ei hôl efo'r llyfr a gofyn,

'Fasat ti'n falchach o rai o'r hen betha yma dwad?'

'Ew annwyl, baswn. Sa'r merched 'cw wrth 'u bodd ond mi fyddwch chi isio nhw'ch hun.'

'Mi fydd arna i isio dau drôns i Ifan cyn y gaea – ma' nhw'n deud yn Siop Pengraig 'na y bydd yno rai cyn Diolchgarwch, ond ma' 'i lyfr o'i hun yna heb 'i ddechra wedyn ma' croeso i ti gael y rhain…'

Roedd hi'n ddifyr iawn brysio'n ôl am adre heibio'r eglwys a Siop y Bont a gwybod yn sicr sut groeso fyddai'n fy aros.

Siôn oedd y ffynhonnell arall a gobaith am gwponau dillad. John Owen oedd yr enw bedydd – plentyn amddifad wedi ei roi allan i'w fagu o'r 'Cartref' ym Mhwllheli i Sychnant ym mhlwyf Llanfael-rhys, cartref fy nhad-yng-nghyfraith, ac wedi ei fagu yno a dod i Bencraig pan briododd Griffith Jones â Catherine Lewis, merch Pencraig Fawr. Ac yma yr oedd Siôn wedi aros, yn fwy na gwas ac yn rhywfaint llai na pherthynas. Gweithio ar y tir drwy'r dydd a threulio'i gyda'r nosau yn y tŷ nes byddai'n amser gwely pan fyddai'n mynd i fyny i'r beudai ac i'w lofft ei hun at ei gannwyll wêr, ei faco siag a'i gloc larwm. Ond wrth i'r teulu gynyddu ac i gysgu mewn llofft stabal fynd o'r ffasiwn aeth Siôn i'w dŷ ei hun – Tŷ Bach – ar y ffordd i Langwnnadl, bwthyn bach a rhyw bedair llath o libart o'i gwmpas.

Un ysgafn, byr oedd Siôn, ac am ei fod, mae'n debyg, yn ymwybodol o hynny, yn gwisgo het a dillad ac, yn enwedig sgidiau, oedd yn llawer rhy fawr iddo a byddai ganddo felt lledr neu linyn beindar am ei ganol yn hel y gôt laes at ei gilydd o gwmpas ei wasg. Tynnu coes a chwerthin a chael hwyl oedd byd cyffredin Siôn er y gallai fod yn ddigon difrif a siarad yn arwynebol-ddoeth pan fyddai angen. Tuedd i roi rhaff i'w ddychymyg pan ddigwyddai gael gwrandäwr gwerthfawrogol fyddai'n barod i ryfeddu at hanes rhai o'i orchestion yn y gorffennol megis yr adeg pan oedd o'n canlyn ceffylau yng Nglynllifon ac yn cario blawd efo lori bedwar ceffyl o Gaernarfon. Roedd o wedi bod yn y rhyfel hefyd – wel na, ddim yn hollol ynddi hi. Cario cyrff i lawr ohoni hi oedd ei waith o wedi bod yno – roedd o wedi digwydd taro ar Robat Bryn Llan yn mynd i fyny i'r rhyfel un diwrnod pan oedd o'n dod i lawr efo'r drol. Mae'n debyg mai'r gwrando gwerthfawrogol a'r rhyfeddu a'r porthi oedd yn gyfrifol am lawer o'r hanesion.

Yr oedd cael cwponau dillad gan Siôn yn broses wahanol iawn i gael rhai gan Sera Tŷ Cam. Un o'r genod fyddai'n rhoi cynnig arni fel rheol,

'Siôn, oes gin ti ddim tri cwpon ga i i gael sana?'

'Nagoes.'

'O'r gwael. Ma' gin ti ddigon.'

'Nagoes. Tasa ti wedi gofyn yn gynt mi fasat wedi cael ond rydw i wedi'u rhoi nhw i gyd.'

'I bwy, Siôn?' ac fe enwai nifer o gyfoedion allai fod yn ddigon posibl. A chwerthin. Drannoeth byddai Siôn wedi sylweddoli yn sydyn ei fod wedi anghofio rhywbeth neu'i gilydd a gofyn i'r deisyfwr cwponau fynd i'r fan a'r fan i'w estyn. Ac yno wrth gwrs byddai'r dau neu dri cwpon yn dâl am y drafferth. Ac yn destun i Siôn gael chwerthin nes byddai llestri'r dresal yn crynu wrth i'r derbynnydd ryfeddu a diolch. Mae eneidiau caredig, diniwed, difalais yn brin. Roedd yna dyrfa fawr yng nghynhebrwng Siôn yn Nhrefor wrth droed yr Eifl.

Fe ddaeth yn amser cyn hir i minnau 'ddeud stori' wrth y ddwyflwydd oed ar wastad ei chefn yn ei gwely, aroglau glân, newydd-molchi arni, newydd gael ei bwydo, wedi cael ei dillad nos yn gynnes braf amdani o'r popty bach wrth ochor y tân, ond a'i dau lygad yn agored ac mor effro â'r gog heb fwy o olwg cysgu arni na phe bai yn ganol dydd. Doedd dim rhaid dibynnu ar *Nedw* neu *Teulu Bach Nantoer* na hyd yn oed *Haf a'i Ffrindiau* erbyn hynny, ac wrth gwrs yr oedd *Trysorfa'r Plant* a'i phlant bach perffaith – dim ond eu bod nhw i gyd wedi marw – wedi hen fynd allan o'r ffasiwn. Ond yr oedd deunydd amgenach ar gael erbyn hynny mewn pethau fel llyfrau hwiangerddi – Cadi mi dawns yn dawnsio – llyfrau straeon, rhai bach hirsgwar yn agor yn eu hyd a lluniau ar bob tudalen a'r stori dan y llun. Un oedd yn dechrau yn afieithus efo llun bachgen bach a geneth yn codi o'u gwely ar fore braf mewn ystafell ysgafn a'r haul yn llifo trwy'r ffenest, a'r bachgen yn neidio ar y gwely ac yn gweiddi, 'Hwrê! Hwrê! diwrnod mynd i fferm Pen-y-bryn.'

Ond o'r dewis eang oedd ar gael, mae'n debyg mai cyfrolau *Llyfr Mawr y Plant* oedd y ffefryn – Siân Slei Bach, Siôn Blewyn Coch a'r gweddill, a'u darllen gyda'r nos yn y gwanwyn a golau machlud haul yn felyn drwy ffenest y llofft gefn yn dod ag atgof am ddyddiau Coleg a dau ohonom wedi cael gwahoddiad i swper i Fethesda at J.O. Williams, awdur *Llyfr Mawr y Plant*. Cyfarfod Jennie Thomas, yr Arolygydd Ysgolion yno – profiad cymysg i ddau lefnyn o fyfyriwr â'u bryd ar fynd yn athrawon ysgol, ond rhyfeddu un mor glên oedd hi a dechrau cyfeillgarwch blynyddoedd. Meddwl y byddai'n well cychwyn i ddal y bws olaf i Fangor yn weddus ar ôl swper. Ond na, i'r stydi a chael gwrando ar rai o anturiaethau diweddaraf cymeriadau *Llyfr Mawr y Plant* a'r amser yn mynd heibio fel gwynt. Fyddai'n well i ni gychwyn am y bws? 'Na, gwrandwch rŵan. Bicia i â chi i lawr nes ymlaen,' ac yn ôl i'r hwyl a'r miri nes ei bod yn hanner awr wedi un o'r gloch y bore. J.O. yn rhoi ei gôt a'i het ond heb drafferthu rhoi esgidiau, dim ond dwy slipan gan fod drws o'r tŷ i'r garej, a mynd â ni'n dau yn ôl i Fangor yn y Morus êt – fel byddigions. Rhoi Tecwyn Lloyd i lawr yn Hirael a mynd â fi ymlaen i 17 Park Street, ac aros nes gwneud yn siŵr fy mod i wedi cael gafael ar y goriad oedd yn crogi ar linyn ar gefn y drws ac y gellid bodio amdano drwy'r blwch llythyrau.

Byddai perygl gadael i'r meddwl grwydro fel yna wrth ddarllen *Llyfr Mawr y Plant* y nosweithiau hynny, oherwydd pe digwyddai'r darllenydd newid y mymryn lleiaf ar rediad y stori, neu adael brawddeg neu ddwy allan yn y gobaith o gael mynd i lawr y grisiau yn gynt, byddai'r feirniadaeth fel ergyd o wn – 'Nid fel'na roedd hi neithiwr,' neu 'Rydach chi wedi gadal rwbath allan.' Temtasiwn i'w gwrthsefyll oedd gofyn pam aflwydd bod rhaid i mi ddarllen a hithau yn ei gwybod hi mor dda. Ond pledio'n euog a dweud ei bod hi'n hwyr o'r nos fyddai'n digwydd. A chyn hir fe lonyddai'r llygad wrth i Huwcyn ddod heibio a'r amrannau'n aros ynghau am eiliad ac agor wedyn yn sydyn ond yn llonyddu ac yn llwydo bob tro. A gallai hymian rhywbeth fel 'Siglo, siglo crud bach fy Iolo' yn ddistaw bach, bach fod yn help yn y cyfwng hwnnw er y byddai allan o diwn fel rheol.

Gall llyfrau droi yn ormesol ac yn fygythiol – nid yn gymaint o ran eu cynnwys fel rhai o lyfrau'r Hen Destament, ond o ran eu feri bodolaeth a'r ffaith fod iddynt hyd a lled a dyfnder a bod hynny'n golygu fod y lle i'w rhoi yn mynd yn brin bob hyn a hyn, ac wedyn fod yn rhaid dewis rhwng heddwch ar yr aelwyd a brawdgarwch ymysg y teulu, neu feddwl am ddilyn llwybr dynion dewr fel Bob Owen Croesor a D. Tecwyn Lloyd – dynion a heriodd awdurdod a llenwi pob twll a chornel o'r tŷ efo llyfrau – a mentro anghymeradwyaeth allai yn y diwedd droi yn wrthdaro agored. A chware teg, yr oedd rheswm yn dweud nad oedd diben na phwrpas cadw rhes o Esboniadau oedd wedi dod o Garmel, er bod cyfrolau'r Parch J. Cynddylan Jones yn eu mysg, a'r cyfan wedi mynd yn hen ffasiwn, ac yn hytrach na'u difa mewn coelcerth i ganlyn sothach o bapurach a nofelau clawr papur, penderfynu, gyda phob cefnogaeth, eu rhoi yn daclus mewn bocsys a'u rhoi yn llofft un o'r cytiau allan. Ac nid yn unig cael heddwch yn Israel y tipyn stydi ond cael canmoliaeth. A silff wag i ddechrau hel rhagor.

Wedi syrthio y tu ôl i'r Esboniadau yr oedd yno lyfr bach clawr coch – 'notebook' – a dim ond rhestr o enwau a chyfeiriadau teuluoedd plwy Bryncroes ynddo fo a chroes fach wrth rai o'r enwau ond y rhan fwyaf heb ddim. Y llyfr yr oeddwn i wedi cadw cyfrif ynddo wrth fynd o gwmpas i gasglu enwau ar y ddeiseb i wrthwynebu troi gwersyll y llynges ym Mhenychain yn 'Byclins' oedd o, a'r croesau yn nodi'r rhai oedd wedi gwrthod llofnodi – y Cynghorydd Griffith Jones, Pencraig Fawr yn eu mysg! Ofn y byddai'r gwersyll gwyliau yn fygythiad i Gymreigrwydd ac i draddodiad yn Llŷn oedd wrth wraidd y brotest, ac er bod y Cyngor Dosbarth yn uchel ei gloch o blaid, a'r ffermwyr yn mynd i wneud eu ffortiwn wrth werthu tatws, ac er bod y brotest fawr yn 1936 yn erbyn yr Ysgol Fomio wedi methu, eto, yr oeddwn i a fy ffasiwn yn ddigon diniwed i fynd efo beic o dŷ i dŷ drwy'r plwyfi i hel enwau – o Hebron yn Llangwnnadl i Dre Dindywydd ar ochor y Rhiw – a'r mwyafrif mawr yn fwy na pharod i roi eu henwau ar y ddeiseb.

'G'na i ne'n tad, 'machgan i. Ma'r hen le 'na wedi gneud digon o lanast ar Bwllheli a'r wlad 'ma fel ma' hi. Yn Ysgol Botwnnog rydach chi 'nte?

'Ia.'

'A rydach chi am fynd i bob tŷ?'

'Gobeithio.'

'Wel ia ar bob cyfri. Ma' hi'n hen noson ffiadd. Dach chi wedi gwlychu 'dwch?'

'Na ddim yn ddrwg.'

'Wel dowch i'r tŷ...' a chael, nid yn unig lofnod ar y ddeiseb ond cael hefyd wybodaeth fanwl am yr hyn oedd o fy mlaen.

'Ma'n well i chi fynd yno yr un fath. Ond dydw i ddim yn meddwl y bydd o'n fodlon seinio – ma'r tatws a'r cywion ieir yn siarad 'dach chi'n gweld. Synnwn i ddim na alla'r merched neud...'

Croes felly wrth ei enw 'o' a theimlo'n falch iawn o fod wedi cael enw'r ferch a'r fam.

Methu wnaeth yr ymdrech, a'r protestio a'r deisebu a'r gwrthdystio i gyd yn ofer, ac er ein bod i gyd yn siomedig iawn, bychan o beth oedd y siom honno o'i chymharu â siom y dadrithiad yn ddiweddarach a sylweddoli ein bod i gyd wedi cael ein twyllo a'n camarwain. Ein safbwynt yn cael pob gwrandawiad. Dwy ochr y ddadl yn cael eu cyflwyno'n deg. Swyddogion y cyngor lleol ym Mhwllheli, a'r awdurdodau yng Nghaerdydd a Llundain yn cydnabod pob llythyr yn gwrtais ac yn rhoi pob cyfle i fynegi barn ac yn addo rhoi ystyriaeth gwbl ddiduedd i'n dadleuon. Yn mynd mor bell yn wir â lled awgrymu mewn ambell gymal fod cryn gefnogaeth i rai o'n dadleuon, a hynny yn ddigon i godi gobeithion.

Yr oedd y gwersyll gwyliau ym Mhenychain wedi hen agor pan ddeallwyd beth oedd y gwir. Yr oedd W.E. Butlin wedi cael y cytundeb i adeiladu'r gwersyll ar gyfer y llynges cyn y rhyfel, a chymal yn y cytundeb yn dweud y byddai hawl ganddo i brynu'r cyfan am hanner pris ei adeiladu ar ôl y rhyfel! Y rhagrith a'r twyll a'r celwydd a'r manteisio ar ddiniweidrwydd oedd yn brifo. A bod wedi gadael i mi reidio beic yn y glaw mân a'r niwl hyd ochor y Rhiw a phopeth wedi ei setlo cyn i mi fod wedi rhoi fy nhroed ar y dradlan.

Ar ôl gweld llyfr enwau deiseb Butlins yr oedd y lleill i gyd yn dod yn ôl. Methiant y brotest yn erbyn cau ysgol Llangwnnadl a symud y plant i Dudweiliog. Un o'r ychydig lwyddiannau prin oedd yr adeg pan oedd rhyw gyfaill o'r enw Smith – dyn gwneud clocia larwm yn ôl y gwybodusion – wedi prynu ffarm Porth Golmon, ac am gau'r ffordd i'r borth a'i wneud yn draeth bach preifat iddo'i hun. Dim ond un pererin bach o Sais oedd o. Roedd trafod awdurdod a grym gwladwriaeth y tu ôl iddo yn beth gwahanol iawn, a dyna pam y methodd y gwrthwynebiad i gau Ysgol y Sarn ac Ysgol y Rhiw ac y daeth enw Bryncroes yn wybyddus trwy Gymru yn niwedd y chwedegau.

Yr un oedd y patrwm y tro hwnnw hefyd. Ymddangos yn gwbl resymol a dangos pob cydymdeimlad. Awgrymu yn garedig nad oedd rhieni yn gwybod dim byd am beth oedd orau er lles eu plant ym myd addysg. Ond yr oedd y rebals wedi dysgu ambell wers o brofiadau'r gorffennol erbyn hyn: gwybod beth oedd gwerth cyhoeddusrwydd, a gwybod nad oedd y Cyngor a'r Pwyllgor yn hoffi gorfod ateb cwestiynau gwŷr y wasg. Ond un noson ac un bore sy'n aros yn glir yn y cof.

Rhwng un ar ddeg a hanner nos yn niwedd Awst, a lori o Ben-y-bont ar Ogwr yn cyrraedd â llwyth o fyrddau a chadeiriau a desgiau ysgol i blant bach. Yr oedd y Pwyllgor Addysg wedi gwagio Ysgol Bryncroes yn ystod gwyliau'r haf ac wedi ei chloi a'n gwahardd rhag mynd i mewn, ond yr oedd y rhieni yn unfryd nad oedd y plant yn mynd i Bont y Gof – dewis y Pwyllgor Addysg – ac wedi penderfynu cynnal ysgol ar eu cost eu hunain mewn hen ysgoldy yn perthyn i'r eglwys – Sgoldy Bach. Dodrefn ar gyfer Sgoldy Bach oedd y dodrefn hynny ac aelodau Cymdeithas yr Iaith ifanc – Emyr Llewelyn, Huw Jones, Dafydd Iwan – wedi trefnu'r gymwynas ar ôl deall am ysgol ym Mhen-y-bont oedd wedi cau a'r dodrefn i'w cael am ddim ond eu cludo. Noson hapus iawn a'r hogiau hynny yn falch o swper er ei bod hi'n berfeddion o'r nos. A'u brwdfrydedd yn magu hyder yn y rhieni a phenderfyniad i ddal ati deued a ddêl. Roedd y gobeithion yn uchel ac edrych ymlaen am ddechrau'r tymor. Bu'r ysgol yn llwyddiant, a chafwyd un o arolygwyr ei Mawrhydi wedi ymddeol i ddod i gynnal arolwg, ac yr oedd ei hadroddiad yn foddhaol dros ben. Ond yr oedd problemau yn codi ynglŷn â'r adeilad a lles y plant wrth i'r haf droi yn hydref a thywydd gerwin gaeaf yn dod ar ein gwarthaf. A dyna barodd y bore byth-gofiadwy hwnnw.

Yr oeddem wedi penderfynu mynd yn ôl i'r ysgol a defnyddio ein dodrefn ein hunain gan ei bod wedi cael ei gwagio yn llwyr. Gofynnwyd am ganiatâd y Pwyllgor Addysg a chael gwrthod anghwrtais a bygythiol. Ond daeth ein cefnogwyr ni o Gymdeithas yr Iaith i'r adwy drachefn a dadlau mai'r plant a'r rhieni oedd piau'r ysgol ac y dylid ei defnyddio i ddysgu'r plant ar bob cyfrif ac y byddent yno yn barod i roi help llaw y bore Llun ar ôl gwyliau Diolchgarwch. Pan gyrhaeddon ni'r pentre cyn naw ar y bore Llun niwlog yn griw bach petrus, pen-derfynol, a sefyll rhyw dri chanllath o'r ysgol ar Ben 'Refail, siom a dychryn oedd gweld car y plismyn yng nghanol y ffordd yn wynebu dau lidiart yr ysgol a chadwyn drom a chlo arni yn ei diogelu. Mae'n amlwg fod rhywun wedi rhybuddio'r Awdurdod... Fedrwn ni ddim herio'r plismyn... Mae Sgoldy Bach yna o hyd... Fydd dim ond... Ond yn wyrthiol o sydyn daeth dau fachgen ifanc o'r gwrych y tu ôl i gar yr heddlu, ac un arall o gyfeiriad arall, ac un arall. Cydio yn y llidiardau a'u codi yn glir oddi ar eu colynnau a'u dymchwel ar goncrid yr iard nes bod eu sŵn yn diasbedain drwy'r pentre. Y ddau blismon yn dod allan o'r car, braidd yn bwyllog, a symud at yr adwy agored. Ond yr oedd eu 'troseddwyr' erbyn hyn wrth y drws cloeëdig a dwy ysgwydd gref yn ei hyrddio yn agored a mynd i mewn, a thri neu bedwar arall wedi ymuno erbyn hyn a mynd i mewn a chau'r drws a'i fario ar eu holau. Ninnau'n cychwyn i lawr o Ben 'Refail yn ddewr fel soldiwrs. Car heddlu arall yn ymddangos yn ddisymwth a dau blismon a phlismon cap pig gloyw yn dod allan ohono a'u bwriad ar fod o gymorth i'w cymrodyr. Daeth Emyr Llewelyn allan a galw arnom heibio'r plismyn.

'Dewch 'mlaen 'nawr. Eich ysgol chi yw hi,' a mynd yn ôl a chau'r drws yn ddiogel ar ei ôl. Croesodd y Rhingyll atom ymhen yrhawg, yn amlwg yn deall y sefyllfa, ac yn dweud nad oedd arwydd fod neb am amharu ar yr heddwch ac nad oedd angen eu presenoldeb hwy. Ond ar ôl rhoi galwad ffôn i Gaernarfon deallodd y byddai rhywbeth yn digwydd cyn bo hir ac y caem wybod. Aeth cryn amser heibio. Blinodd yr heddlu, a'n gadael. A daeth lori Cyngor Sir i lawr y ffordd cyn bo hir iawn ac aros gyferbyn â'r arwydd oedd yn dweud 'School'. Daeth dau weithiwr allan a dechrau cloddio o'i gwmpas a'i dynnu a'i roi yn y lori i fynd i ffwrdd. Gweithred weledol ar ran y Pwyllgor Addysg i ddatgan nad oedd ysgol ym Mryncroes.

Rhybudd cyfreithiol yn bygwth achos llys a chostau a charchar orfododd rieni Bryncroes i ildio'u hawl ar addysg eu plant yn y diwedd.

Siom y dadrithiad oedd siom fwyaf Bryncroes hefyd. Deall yn ddiweddarach o ddirgel ffynonellau cwbl ddiogel mai diboblogi bwriadol oedd y polisi swyddogol ar gyfer Pen Llŷn a bod cau ysgolion yn rhan allweddol o'r cynllun. Druan o'r diniweitiaid oedd yn meddwl mai trech gwlad nag arglwydd.

Yn llofft un o'r cytiau allan y mae llyfr cofnodion

Pwyllgor Rhieni Ysgol Bryncroes hefyd, ac mae'n debyg mai yno y bydd o bellach gan fod yna gymaint o lyfrau wedi dod ar ei ôl.

Ymddihatru o ryw fath o orthrwm llyfrau oedd ymddeol ar un ystyr. Ar ôl penderfynu y byddai'n werth ei mentro hi a meddwl na fyddai rhaid cario'r pentwr llyfrau adre i'w marcio gyda'r nos ddim rhagor, ac na fyddai rhaid sefyll yn nrws yr ystafell arholiad nes i rywun ddod â'r papur cwestiynau allan a chael edrych i wneud yn siŵr ein bod ni wedi darllen y llyfrau gosod iawn, ac i weld ar gip sydyn fod yno rywfaint beth bynnag o bethau yr oedd gan y criw yn y desgiau y tu mewn rhyw grap arnyn nhw. Gwrando'r sgwrs ar ôl iddyn nhw gael gollyngdod,

'Faint o'r Shakespeare oeddat ti'n wybod?'

'Dim ond dau. Roeddat ti yn eu gwybod nhw i gyd?'

'Oeddwn ond mi fyddi di'n iawn efo dau.'

'Gawn ni weld ym mis Awst...'

Diwedd y tymor Nadolig oedd hi a fyddwn i ddim yno ar ôl y gwyliau a fyddai a wnelo fi ddim â'r lle erbyn mis Awst y flwyddyn wedyn.

Ond cymysg oedd y diwedd tymor hwnnw er gwaetha'r rhagolygon rhyddid a gollyngdod oedd i ddod. Yn enwedig yr ambell edrychiad dieiriau o'r Chweched Dosbarth oedd yn awgrymu mai tro gwael oedd gadael y llong ar ganol y fordaith. Rhyw hel pethau at ei gilydd oedd yn digwydd yn y wers Saesneg olaf honno, a theimlo'n weddol fodlon fod y rhan fwyaf o'r llyfrau gosod wedi'u trin a'u trafod a bod dau dymor ar ôl i dacluso ac adolygu, a phan ganodd y gloch ddiwedd y wers, meddwl mai dymuno'n dda i bawb reit sydyn a rhyw led awgrymu y byddwn i ar gael os gallwn i fod o gymorth fyddai'r peth gorau, rhag ofn creu embaras o unrhyw fath i griw bach oedd wedi bod mor gyfeillgar a gwerthfawrogol. Ond yn lle ei chychwyn hi am y drws yn brysur am eu gwers nesaf fel arfer, rhyw ogor-droi tua'r gwaelod ac aros nes i Dylan – un o'r bechgyn disgleiriaf a welodd unrhyw ysgol ond a fu farw yn drist o ifanc – ddweud ar eu rhan eu bod yn dymuno'n dda i mi, a rhoi tocyn llyfr i mi a chyfarwyddiadau ar yr amlen mai at brynu llyfr garddio yr oedd yr anrheg. Mae'r cerdyn, wedi'i lofnodi gan yr un ar bymtheg, wedi ei osod yn ddiogel y tu mewn i glawr un o'r llyfrau garddio gorau a gyhoeddwyd erioed. Daeth llawer o lyfrau acw ar ei ôl – rhai rhad a chyffredin, rhai drud a gwerthfawr iawn yn ddiweddar – ond beth bynnag ddaeth a beth bynnag ddaw, fydd y Llyfr Garddio ddim dra haul yn cael ei symud o'i le ar ei silff er mwyn dim.

Un llyfr pwysig ddaeth acw ymhen rhai blynyddoedd ar ôl hynny, a chael ei anfon drwy'r post wnaeth hwnnw yr un fath ag y byddai llyfrau'r Llywodraeth yn dod adeg rhyfel.

'Wel dyma fo – wedi cyrraedd o'r diwedd!' meddai Mrs Jones y Post yn y Sarn wrth i mi gyflwyno'r llyfr dros y cownter a llofnod taclus ar ei ddalen gyntaf. 'Ydach chi'n teimlo'n hen? Nac ydach siŵr iawn,' oedd yn awgrymu yn gryf y dylai pawb oedd ar ei bensiwn deimlo'n hen.

Clec y stamp ar y ddalen, 'Mae'n iawn ein bod ni yn ei gael o.' Clec arall ar y bonyn, 'Fydda Jac druan yn deud ei fod o wedi talu digon tuag ato fo.' Dechrau estyn arian o'r drôr, 'Ac er mai 'chydig ydi o, mae o'n help...' Y drws yn agor a'r gloch yn canu ond dim yn mennu ar huod-ledd y Bostfeistres wrth iddi gyfrif yn uchel, yn Saesneg, a gorffen '...eleven shillings and sixpence. Iawn fel 'na yn tydi?'

'Ydi, diolch fawr,' swta a throi i fynd allan yn meddwl fod y gwaethaf drosodd. Ond na,

'Mistar Parry wedi cyrraedd aton ni, John Ifas,' wrth i hwnnw fflantian ei lyfr pensiwn ar hyd y cownter, 'a finna yn deud bod gynnon ni bob hawl iddo fo er mai 'chydig ydi o. Amsar yn mynd heibio! Fawr gin i gofio fo yn mynd i'r ysgol ar 'i feic. Pan ddaethoch chi yma gynta 'nte?'

'Ia, Mrs Jones.'

'Ac ylwch rŵan...'

Cael mynd allan o'r diwedd yn llawn euogrwydd a chywilydd a meddwl, 'Fydd hi ddim yn hir rŵan felly mae'n debyg, a'r edafedd yn dirwyn...' Ond mae blynyddoedd lawer wedi mynd heibio er hynny.

Mae llyfr pensiwn yn wahanol i bob llyfr arall. Mae yna ryw elfen o'r Ffenics ynddo fo. Bob tro mae'r llyfr yn darfod mae'r ddynes y tu ôl i'r cownter yn gwyro o'r golwg ac yn estyn llyfr arall glân a newydd sbon yr un fath yn union ac yn cadw'r hen un. Ond,

'There you go,' mae hi'n ddeud wrth lithro'r llyfr dan y weiran ddiogelwch o flaen y cownter.

Wn i ddim sawl tro y bydd hi'n gwneud hynny eto chwaith...